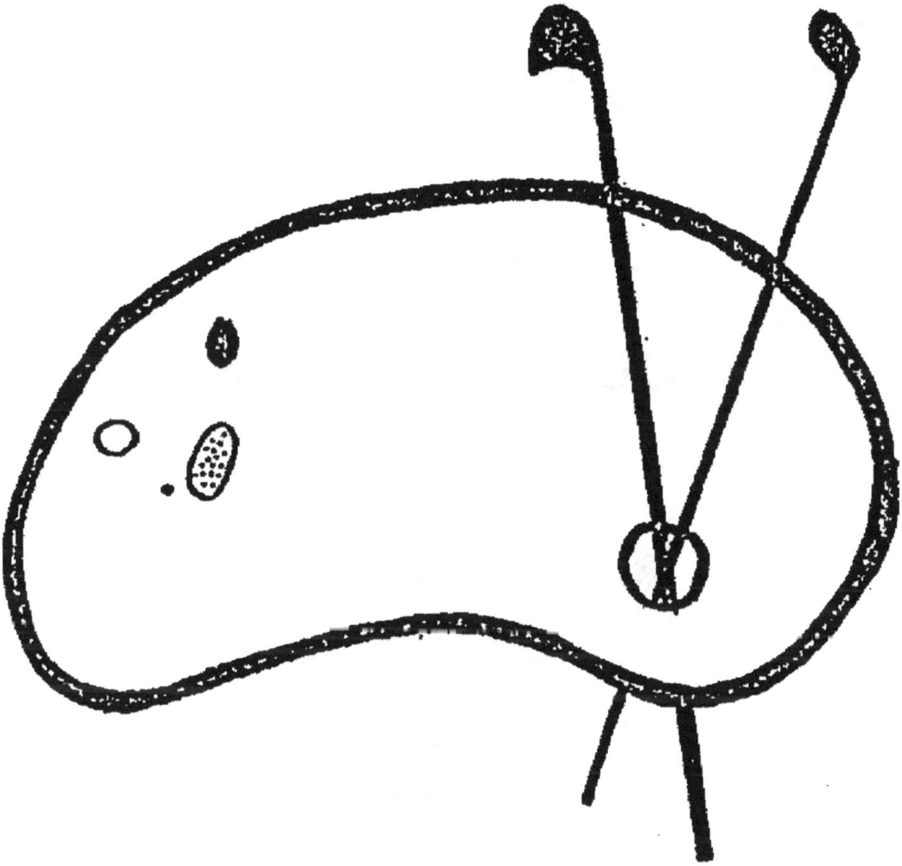

COUVERTURE SUPERIEURE ET INFERIEURE
EN COULEUR

# LE MARQUIS
# DE PONTCALLEC

PAR

RAOUL DE NAVERY

PARIS
LIBRAIRIE CH. BLÉRIOT, ÉDITEUR
55, QUAI DES GRANDS-AUGUSTINS, 55

# LIBRAIRIE DE CH. BLÉRIOT

## A. DE LAMOTHE

Les Camisards, suivis des Cadets de la Croix. 3 vol. in-12, illustrés. . 6 »
Les Faucheurs de la mort. 2 vol. in-12, illustrés. . . . . 4 »
Les Martyrs de la Sibérie. 4 vol. in-12, illustrés. . . . 8 »
Marpha. 2 vol. in-12. . . . 4 »
Histoire d'une pipe, 2 vol. in-12, illustrés. . . . . . 4 »
Les soirées de Constantinople. 1 vol. in-18 jésus. . . . . 2 50
Histoire populaire de la Prusse. 1 v. in-18. . . . . . 1 50
Les Mystères de Machecoul. 1 vol. in-18 jésus. . . . . 2 »
Le Gaillard d'arrière de la Galatée. 1 vol. in-18 jésus. . . . 2 »
Légendes de tous pays. Les animaux. 1 vol. in-18 jésus orné de 100 grav. 3 »
Mémoires d'un déporté à la Guyane française. 1 vol. in-18. . . 60
L'Orpheline de Jaumont. Roman national. 1 fort vol. in-18 jésus. 3 »
Le Taureau des Vosges. Roman national. 1 fort vol. in-18 jésus. 2 50
Aventures d'un Alsacien prisonnier en Allemagne. Roman national. 1 fort vol. in-18 jésus. . . . 2 »
Journal de l'orpheline de Jaumont, par Marie-Marguerite, publié par A. de Lamothe. 1 vol. in-18 jésus. . 1 50
L'Auberge de la Mort, roman national. 1 vol. in-18 jésus. . . 2 50
La Reine des brumes et l'Émeraude des mers, impressions de voyages en Angleterre et en Irlande. 1 vol. in-18 jésus . . . . . 3 »
Les Métiers infâmes. 1 beau vol. in-18 jésus. . . . . . 3 »
Le Roi de la nuit. 2 v. in-18 j. 5 »
Les Compagnons du désespoir. 3 vol. in-18 jésus. . . . . 6 »
La Fille du bandit. 1 vol. gr. in-8°, illustré de 500 grav., broché. 10 »
Les Faucheurs de la Mort, édition illustrée, grand in-8°, broché. 4 50
Les Deux Romes. 1 v. in-18 j. 3 »
Pia la San Pietrina. 2 v. in-18. 5 »
Les Fils du martyr. 1 v. in-12. 2 50
Le Proscrit de Camargue. 1 vol. in-12, orné d'un portrait de l'auteur. 3 »
Le Secret de Pole. . . . 3 »

## RAOUL DE NAVERY

Les Idoles. 1 vol. in-18 jésus. . 3 »
Les Drames de la misère. 2 vol. in-18 jésus. . . . . . 6 »
Patira. 7ᵉ édition. 1 vol. in-12. . 3 »
Le Trésor de l'abbaye. 6ᵉ édition. 1 v. in-18 jésus. . . . . . 3 »
Jean Canada, suite du Trésor de l'abbaye. 1 vol. in-12. . . . 3 »
Le Pardon du Moine. 1 vol. in-18 jésus. . . . . . . 3 »
Les Chevaliers de l'Écritoire. 1 vol. in-18 jésus. . . . . . 3 »
Zacharie le maître d'école. 1 vol. in-12. . . . . . . 2 »
Les Parias de Paris. 2 vol. . 6 »
La Route de l'abîme. 1 v. in-12. 3 »
Le Cloître rouge. 1 vol. in-12. 3 »
La Maison du Sabbat. 1 v. in-12. 2 »
Les Héritiers de Judas. 1 volume in-12. . . . . . . 3 »
Le Juif Ephraïm. 1 vol. in-12. 3 »
Parasol et Cie. 1 vol. in-12. 3 »
La Cendrillon du village. 1 volume in-12. . . . . . . 2 »
La Fille du Coupeur de paille. 1 vol. in-12. . . . . . . 2 »
Le Capitaine aux mains rouges. 1 v. in-12. . . . . . . 2 »
L'Odyssée d'Antoine. 1 v. in-12. 3 »
Comédies, Drames, Proverbes. 1 vol. in-12. . . . . . . 3 »
Le Marquis de Pontcallec. 1 volume in-12. . . . . . 3 »
La foi jurée. 1 vol. in-12. . 3 »

## ÉTIENNE MARCEL

Triomphes de femmes. 1 volume in-12. . . . . . . 3 »
Jeanne d'Aurelles. 1 vol. in-12. 2 »

## Mlle ZÉNAÏDE FLEURIOT

Histoires pour tous, 6ᵉ édition. 2 »
Aigle et Colombe, 5ᵉ éd. in-12. 3 »

## MARIE MARÉCHAL

Béatrix, 2ᵉ édition. 1 vol. in-12. 3 »
Une institutrice à Berlin, 2ᵉ édition 1 vol. in-12. . . . . . 3 »
Le Parrain d'Antoinette, 1 volume in-12. . . . . . . 3 »
La Pupille d'Hilarion. 1 v. in-12. 3 »
La Cousine de Lionel, 6ᵉ édition. 1 vol. in-12. . . . . . 3 »
Sabine de Rivas, 4ᵉ édition. . 3 »

# LE MARQUIS
# DE PONTCALLEC

## DU MÊME AUTEUR :

| | |
|---|---|
| **Les Idoles.** 1 volume in-12 . . . . . . . . . . . . . | 3 fr. |
| **Les Drames de la misère.** 2 volumes in-12. . . . . | 6 » |
| **Patira.** 6ᵉ édition. 1 volume in-12. . . . . . . . . | 3 » |
| **Le Trésor de l'abbaye** (suite de **Patira**). 5ᵉ édit. 1 vol. | 3 » |
| **Jean Canada** (suite et fin de la série ayant pour titre **Patira** et le **Trésor de l'abbaye**). 1 volume. . . | 3 » |
| **Le Pardon du moine.** 1 volume. . . . . . . . . | 3 » |
| **Zacharie le Maître d'école.** 4ᵉ édition. 1 vol. in-12. . | 2 » |
| **Les Chevaliers de l'écritoire.** 1 volume in-12. . . | 3 » |
| **Les Parias de Paris.** 2 volumes in-12. . . . . . . | 6 » |
| **Les Héritiers de Judas.** — Première série : **Jude Malœuvre.** 1 volume in-12. . . . . . . . . . | 3 » |
| Deuxième série : **le Juif Éphraïm.** 1 volume in-12. . . | 3 » |
| Troisième et dernière série : **Parasol et Cⁱᵉ.** 1 vol. in-12. | 3 » |
| *Chaque série forme un volume distinct qui se vend séparément.* | |
| **La Route de l'abîme.** 1 volume. . . . . . . . . | 3 » |
| **Le Cloître rouge.** 1 volume in-12. . . . . . . . . | 3 » |
| **La Maison du sabbat.** 1 volume. . . . . . . . . | 2 » |
| **La Foi jurée.** 1 volume in-12. . . . . . . . . . | 3 » |
| **La Cendrillon du village.** 1 volume in-12. . . . . | 2 » |
| **La Fille au coupeur de paille.** 1 volume in-12. . . | 2 » |
| **Le Capitaine aux mains rouges.** 1 volume in-12. . | 2 » |
| **L'Odyssée d'Antoine.** 1 volume. . . . . . . . . | 2 » |
| **Comédies, Drames et Proverbes.** Musique de M. Henri Cohen. 1 volume in-12. . . . . . . . | 2 » |

*La musique se vend séparément :*

**Marthe et Marie-Madeleine** (partition). — **A brebis tondue Dieu mesure le vent** (partition). — **La Fille du roi d'Yvetot** (partition).

Chaque partition : **1 fr. 50 cent.**

---

SCEAUX. — IMP. M. ET P.-E CHARAIRE.

# LE MARQUIS
# DE PONTCALLEC

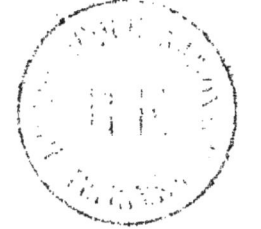

PAR

RAOUL DE NAVERY

PARIS

LIBRAIRIE DE CH. BLÉRIOT, ÉDITEUR

55, QUAI DES GRANDS-AUGUSTINS, 55

1878

# LE MARQUIS
# DE PONTCALLEC

## I

### LES GABELOUS

Dans la salle basse d'une petite ferme à demi cachée sous les feuillages sombres de noyers séculaires se pressait une famille dont le morne silence peignait plus éloquemment le désespoir que ne l'eussent fait des sanglots et des cris.

L'aïeul, étendu sur un lit couvert de misérables *bannes*, grelottait la fièvre; ses dents claquaient, et ses yeux fixes ne quittaient point le groupe formé par une femme pâle et maladive, entourée de six enfants dont l'aîné atteignait à peine sa seizième année.

Non loin de la mère de famille se tenait un homme appuyé contre un bahut; il avait le front baissé, les lèvres serrées et semblait presque avoir perdu la notion de ce qui se passait autour de lui. Il pouvait avoir quarante ans environ, mais les soucis, les misères subies en avaient fait un vieillard. Ses cheveux gris s'emmêlaient sur son front traversé de rides profondes; ses yeux se cavaient sur des joues brunes coupées de lignes transversales pareilles à des cicatrices. La bouche s'abaissait aux angles à force

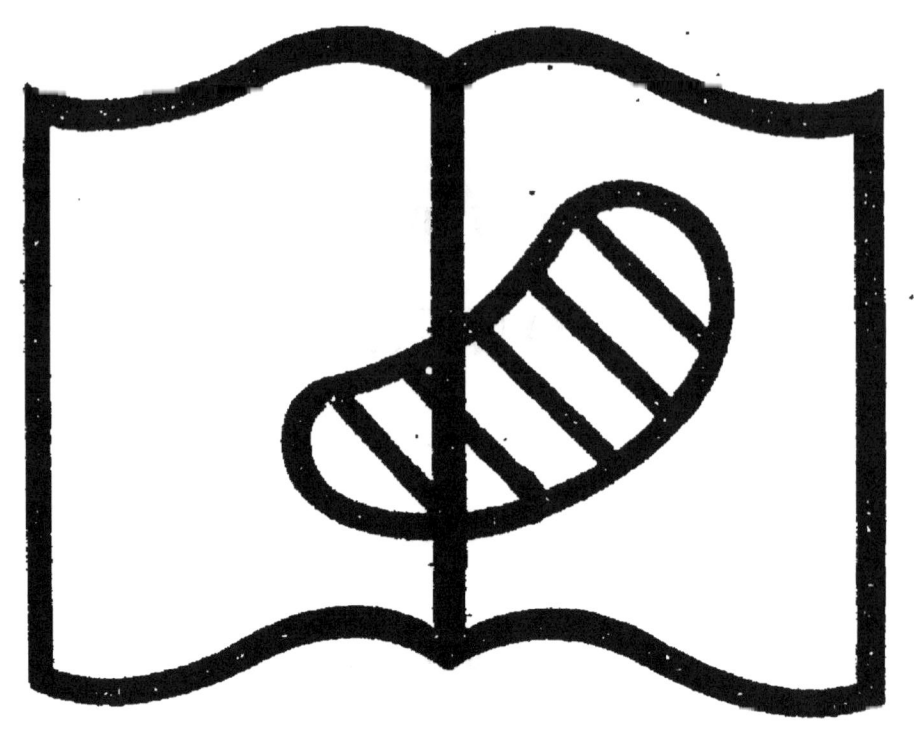

Illisibilité partielle

VALABLE POUR TOUT OU PARTIE DU
DOCUMENT REPRODUIT

d'oublier le sourire; le nez, comprimé aux narines, révélait un état latent de souffrance. Il se taisait, dans la crainte de mêler un accès de rage soudaine à l'explosion de sa douleur.

Le malade détourna ses yeux vitreux des enfants blottis contre la mère, et les reporta sur un grand crucifix de bois sculpté par une main inhabile, mais inspiré par un sentiment de foi assez puissant pour avoir rendu visible le rayonnement de la Divinité dans l'humanité torturée.

Les couvertures de chanvre moulaient le corps amaigri, comme l'eût fait un suaire, dessinant les bras allongés, le torse décharné, les genoux noueux et les jambes osseuses.

Combien de temps restait-il à vivre au malheureux, Dieu le savait. La veille l'abbé Lanténac, curé de Lignol, lui avait apporté le viatique; il attendait l'ordre du ciel pour quitter un monde où il avait besogné, lutté, souffert, ne songeant pas même à demander le secours de la science, convaincu que le rebouteur en savait plus que le premier praticien, et songeant qu'il se reposerait au paradis des misères souffertes en ce monde. Il sentait bien, d'ailleurs, que la source de son mal était le poids même de sa misère, la désolation de son esprit, et la perte d'une espérance terrestre. Il se résignait donc en chrétien, ne luttant pas contre l'arrêt qui le condamnait, regrettant seulement la femme maladive qui l'appelait mon père, et les enfants dont les bégaiements avaient rajeuni son vieux cœur.

Nonna, assise sur un banc adossé contre la table, gardait la tête penchée, les bras tombants, le visage décoloré; elle paraissait pétrifiée par une douleur au-dessus de ses forces. Quand ses regards rencontraient les six enfants groupés devant elle, un sanglot comprimé soulevait sa poitrine, et ses yeux se fermaient, comme si elle eût espéré échapper de la sorte au souvenir des multiples malheurs planant autour d'elle.

L'aîné des enfants, Sylvanik, sortait de l'adolescence pour entrer dans la jeunesse. C'était un garçon grand et mince, bien découplé, à la tête intelligente et fière. En ce moment, un rude combat se livrait dans son âme ; il réprimait à grand'peine l'angoisse dans laquelle le jetait le muet désespoir des siens. Ses mains se crispaient sur l'étoffe commune et rapiécée de sa veste ; un mouvement fébrile agitait son corps, quand son regard errait de l'aïeul expirant à la mère désolée ; il retenait sur ses lèvres des paroles pleines d'amertume, et des éclairs jaillissaient de ses yeux bleus, d'ordinaire purs comme le ciel. Sylvanik ne comprenait pas encore la résignation chrétienne ; l'habitude de la souffrance ne lui avait point communiqué la force morale qui trempe les caractères et leur garde le courage de la lutte. Ses frères et ses sœurs, moins intelligents, plus insouciants aussi, ne paraissaient guère comprendre la scène de désolation qui se passait autour d'eux ; Francéza et Nola nouaient un panier de jonc, riant des yeux, faute de pouvoir sourire des lèvres, empêchées qu'elles étaient par les brins de joncs qu'elles tenaient entre leurs dents ; Yvon enlevait l'écorce d'une baguette de coudrier ; Guénolé et Kado mettaient en commun leur habileté pour arriver à la confection d'un moulin formé d'une grosse noix, d'une pomme verte, d'un bâtonnet et d'une ficelle. Les quatre plus jeunes, assis à terre, mêlaient leurs chevelures blondes ou brunes, et rapprochaient leurs fronts hâlés. Peut-être feignaient-ils de s'absorber dans la confection de leurs pauvres jouets, afin de ne point troubler leurs parents par une angoisse dont l'impression traversait rapidement leurs regards et qu'ils réprimaient en rencontrant le regard de Sylvanik.

Il était plus de midi, et l'*Angelus* était sonné depuis

longtemps à la paroisse de Berné; cependant la mère n'allumait point le feu d'ajoncs et de broutilles, et rien n'indiquait qu'elle songeât à suspendre le chaudron rempli de bouillie d'avoine aux dents noires de la crémaillère. La faim commençait à torturer les pauvres petits, mais aucune plainte ne sortait de leurs lèvres. Seulement Kado prit une résolution suprême : il brisa la noix dans laquelle s'enroulait la corde du moulin, afin de tromper son appétit en croquant l'amande; et Guénolé mordant la pomme verte oublia pour un moment la farine d'avoine qui menaçait de faire défaut.

La pièce dans laquelle cette famille se trouvait réunie était coupée en deux par une claie de genets secs gardant encore un vague et âcre parfum. Derrière cette muraille étayée au fond de la chambre par une grande armoire, on distinguait le souffle régulier et puissant d'une vache au poil roux, et de temps à autre la toux plaintive d'un vieux cheval placé devant un râtelier vide, et qui, reniflant, l'œil morne, attirait de ses longues dents un brin de foin oublié entre les barreaux. Les animaux n'avaient point eu de litière fraîche, et sans doute ils devaient comme leurs maîtres se passer de déjeuner.

Tout à coup Nonna leva la tête et tendit l'oreille; elle distinguait des voix et des pas.

Alors elle marcha vers le lit clos.

— Père, dit-elle, père, faites un effort!... On va venir... levez-vous, père, nous devons quitter la maison.

Le mourant secoua la tête.

— Laisse-moi mourir en paix, dit-il, agenouille-toi, dis les prières qui aident au départ de l'âme, apporte-moi le crucifix, c'est la fin...

En ce moment, un bruit formant un douloureux contraste avec la scène qui se passait dans la pauvre ferme se fit entendre sur la route; des cris de femmes et d'enfants poursuivaient cinq individus marchant d'un pas rapide, en jetant autour d'eux des regards peu assurés. Des groupes d'hommes se formaient et se joignaient aux femmes. Les laboureurs quittaient leurs champs, les pasteurs leurs moutons et leurs chèvres, et à mesure que grossissait la foule, les huées, les injures prenaient d'alarmantes proportions. Plus d'un paysan cassa une branche de chêne, plus d'un enfant s'arma d'une pierre, et si les menaces n'éclataient point encore, la colère grandissait si bien dans les cœurs qu'on en pouvait attendre la subite explosion.

Il aurait en ce moment suffi d'un geste, d'un mot pour faire éclater les manifestations d'une haine latente, sourde, dont les cinq personnages marchant vers la ferme de Piérik connaissaient l'intensité et les dangers.

Ils continuaient d'avancer, pressant le pas, serrés les uns contre les autres, la face blême, le regard sournois, les mains crispées.

Nonna venait d'obéir à l'ordre du vieillard; celui-ci tenait dans ses pauvres doigts le crucifix, dont la vue l'avait soutenu durant sa vie, et dont ses lèvres baisaient pour la dernière fois les pieds transpercés.

La vie de ce moribond avait été rude comme celle de tous les paysans qui demandent au sol le blé, les légumes et les fruits. Il avait souffert du froid, de la neige, de la pluie. Pas une de ses journées ne s'était écoulée sans amener son angoisse; la grêle hacha plus d'une fois sa moisson sur pied, les grosses pluies abattirent ses foins; la gelée brûla les fleurs de ses pommiers, ses bestiaux tombèrent malades; il endura ces épreuves avec un courage résigné, s'en remettant à Dieu du soin de sa consolation comme de sa nourriture. La mort faucha une nombreuse famille, il perdit la compagne de sa jeunesse, et dans le cimetière de Berné neuf croix de bois marquaient les places sur lesquelles il devait s'agenouiller. Une seule fille lui restait, Nonna. La tendresse dont elle l'avait entouré, le respect de Piérik, son gendre, l'avenir des petits-enfants dans lesquels le vieillard croyait voir ressusciter sa famille éteinte, jetèrent sur la fin de sa vie des rayons consolateurs. Son âme s'allégea par l'espérance, la sérénité entoura ses dernières années, et il put croire qu'il s'endormirait presque sans souffrir entre les bras de Piérik et de Nonna.

Malheureusement, bien des choses changèrent après qu'il eut remis la ferme dans les mains de Piérik ; les vieux priviléges de la Bretagne se trouvaient violés impunément ; la misère grandissait partout, et le nombre des chercheurs de pain s'augmentait de tous les petits fermiers dépossédés, de toutes les familles réduites à la misère par les exactions des gabelous.

Longtemps Piérik, naturellement laborieux et doux, s'efforça de satisfaire aux exigences du fisc ; une succession de mauvaises récoltes le mit dans l'impossibilité de solder des impôts doublant sans cesse de nombre et de valeur ; un jour vint où on menaça de l'exproprier s'il ne payait pas la somme exigée, et le jour de l'exécution était venu.

Voilà pourquoi Nonna, toute en larmes, suppliait son père de se lever, pourquoi la cheminée restait sans feu, pourquoi Piérik demeurait debout, le regard sombre, la bouche contractée, pourquoi la foule des voisins, des amis, des curieux, s'acheminait du côté de la *Genetaie*, criant après les gabelous blêmes de peur.

Quand Nonna les vit prêts à franchir le seuil, elle quitta la place où elle était agenouillée, et, traversant rapidement la salle, elle ouvrit le battant de porte et le referma derrière elle, afin d'en mieux interdire l'entrée.

La malheureuse tremblait de tous ses membres, des

larmes ruisselaient sur ses joues, ses cheveux roux pendaient en désordre sur ses épaules; elle joignait les mains devant les messagers de ruine et de malheur.

— N'entrez pas, messieurs, n'entrez pas ! le vieil homme est sur le point de remettre son âme à Dieu... Laissez-le s'endormir sans troubler son agonie... Revenez quand vous voudrez ensuite, nous sommes condamnés, et le Seigneur nous donnera la résignation.

— Pas de larmes, pas de scènes, pas de gieries, dit le plus âgé des gabelous en faisant un pas vers la porte; je n'ai déjà eu que trop de patience... Croyez-vous que nous ayons le temps de revenir plusieurs fois dans chaque maison pour y remplir notre mandat?

— Monsieur, monsieur, dit Nonna en saisissant le gabelou par son vêtement, la mort est sacrée... Songez-y donc! Si la douleur que vous allez causer à mon père troublait son heure suprême... si la pensée de nous voir sans abri, errants, réduits à la besace, soulevait dans son cœur un mouvement de révolte... si à l'heure de rendre à Dieu son âme, cette âme allait maudire!... Que craignez-vous? la maison ne restera-t-elle pas à sa place? ne gardez-vous point les gages répondant de la dette?

— Vous pouvez vendre les meubles, la vache...

— Nous sommes honnêtes, dit Nonna en relevant le front.

— Et moi je suis pressé, ajouta Jonsac le gabelou.

Il repoussa Nonna et mit la main sur le loquet.

Les yeux voilés de larmes de Nonna lancèrent un regard d'indignation.

— Vous n'avez donc point d'âme? demanda-t-elle.

— Je n'ai que des ordres, répondit Jonsac.

A l'intérieur de la ferme, on ne semblait point se douter de ce qui se passait au dehors. Le moribond gardait le crucifix pressé sur ses lèvres. Piérik restait abîmé dans son désespoir; seul Sylvanik s'était rapproché de son aïeul et ses lèvres effleuraient la chevelure blanche du laboureur.

On eût dit que l'adolescent éprouvait le besoin de se réfugier auprès du mourant, pour ne pas céder à une tentation violente. Plus d'une fois ses yeux interrogèrent son père avec une expression de profond étonnement. En voyant Nonna s'élancer au-devant des gabelous et défendre près d'eux les droits de la mort, il ne comprit point l'abstention de Piérik, et, son jeune cœur ardent et courageux battant trop fort dans sa poitrine, il chercha à y rappeler le calme en s'approchant du vieillard.

Les plus jeunes enfants, impressionnés par cette scène douloureuse, dont cependant ils ne comprenaient pas toute la portée, restaient immobiles et muets. Le panier de jonc de Francéza et de Nona gisait à terre; Yvon ne s'occupait plus de sa baguette de coudrier, et la gardait nonchalamment dans les mains; Guénolé et Kado avaient tous deux envie de pleurer et se prenaient de peur en voyant leur grand-père si pâle, en entendant la foule passer du murmure aux vociférations.

Le tumulte devint tel que l'agonisant se tourna vers Sylvanik :

— Où donc est Nonna? dit-il; que se passe-t-il, mon enfant?... Mes yeux se troublent, et je vois à travers un nuage... Il faut faire avancer les petits, je voudrais les embrasser encore une fois, avant...

Il n'acheva pas, mais sa main serra la main de Sylvanik.

L'adolescent regarda au dehors; Nonna parlait toujours aux gabelous, priant, suppliant, tendant les mains, versant des larmes, défendant le seuil de sa porte contre une suprême profanation.

Sylvanik comprit que le mourant avait l'éveil. Pour l'empêcher de se préoccuper de ce qui se passait, il s'empressa de pousser le coffre de chêne près du lit; puis, prenant Guénolé et Kado par la main, il les souleva jusqu'au coffre, et fit signe aux deux petites filles, puis à Yvon, de les imiter.

Un sourire passa sur le visage rigide du moribond, ses mains tremblantes s'étendirent sur ces jeunes têtes.

— Vous vous souviendrez de moi, dit-il; chaque jour vous demanderez au Seigneur qu'il m'appelle à la jouissance de sa gloire... Aimez, respectez votre père et votre mère; soyez honnêtes, préférez à tous les biens de ce monde votre âme et votre devoir... Je vous bénis et je prie le Seigneur de vous rendre heureux...

Tandis qu'il prononçait ces paroles, le moribond s'était soulevé, et, appuyé sur Sylvanik, il baisait l'un après l'autre le front de ses petits-enfants.

A la porte de la ferme, la scène prenait un caractère de brutalité révoltante.

— Yermé, dit Jonsac, et vous, Constant, maintenez cette femme; nous avons déjà perdu trop de temps.

Obéissant à l'ordre de leur chef, Constant et Yermé saisirent Nonna par les épaules; la malheureuse fit un soubresaut et ses mains se crispèrent sur le ventail inférieur de la porte:

— Pitié! dit-elle; ayez pitié de moi, si vous êtes chrétiens, et si vous avez une âme.

— Une âme! ah! s'écria un mendiant, les gabelous n'en ont pas! le diable l'a emportée d'avance.

— Au nom de votre mère! ajouta Nonna.

— Elle a dû mourir de chagrin de voir son fils exercer un si méchant métier, ajouta un boiteux bien connu dans le pays.

— S'il faut neuf tailleurs pour faire un homme, dit un meunier de taille athlétique qui venait de se joindre à la foule, il faut au moins neuf gabelous pour valoir un tailleur!

— Autant dire les frères du bourreau !

— Qui a une corde pour pendre ceux-ci ?

— Les corbeaux ne voudraient pas de leurs carcasses !

— Si je porte une besace, dit un mendiant, c'est à Jonsac que je le dois.

— Haine aux gabelous !

— Défendons le logis de Piérik !

Ces injures et ces menaces se croisèrent d'une façon rapide, tumultueuse, menaçante ; Jonsac, blême de rage, tremblant de se voir faire un mauvais parti, se retourna brusquement vers la foule :

— Je représente la loi ! dit-il ; gare à qui m'insulte et me touche ! je vous connais par vos noms, tous tant que vous êtes, et il me suffira de vous dénoncer à la maréchaussée pour vous envoyer ramer sur les galères du roi ! On en a branché plus d'un dans le pays qui n'en avait pas fait davantage.

Ces paroles de Jonsac produisirent sur la foule une émotion rapide, sérieuse, profonde ; la figure bilieuse et vipérine du petit homme prouvait assez que ses menaces ne seraient point vaines ; d'ailleurs, comme il le disait, plus d'un témoin de cette scène le connaissait de vieille date. Au lieu de soutenir Nonna, les hommes et les femmes placés au premier rang des curieux opérèrent un léger mouvement de recul ; c'en fut assez pour que Yermé et Constant repoussassent la femme de Piérik et franchissent le seuil de sa demeure. La porte retomba lourdement, et les curieux, se massant dans le cadre qu'elle formait à hauteur d'appui, virent Jonsac, Yermé, Constant s'asseoir sur le banc, tirer de leurs poches des encriers et des plumes et procéder aux dernières formalités de la saisie.

Un grand cri s'éleva du lit clos :

— Les gabelous ! les gabelous !

Le moribond comprenait enfin que la ruine s'abattait

sur sa famille. Deux grosses larmes coulèrent lentement sur ses joues caves et ses mains se dressèrent vers le ciel comme pour protester contre cette dernière épreuve. Nonna était accourue près du lit, et pressait son père dans ses bras.

— C'est la volonté de Dieu! dit-elle; résignez-vous au nom du Sauveur, père... La Providence n'abandonne jamais les faibles, et les pauvres deviennent les frères de Jésus-Christ... Père! père! ne regardez pas les hommes de la gabelle... Il paraît que c'est la loi, et que nous devons nous soumettre... Ne voyez que le crucifix, ne voyez que le ciel où les anges vous attendent...

Mais le moribond ne paraissait plus entendre les pieuses consolations de Nonna, et, la douleur lui communiquant une force inattendue, il se redressa, se pencha au dehors du lit clos et répéta d'une voix entrecoupée par un hoquet funèbre :

— Piérik! Piérik!

Constant et Yermé, les assesseurs de Jonsac, avaient poussé la barrière de genêt; puis, détachant la vache et le pauvre bidet, ils venaient de les amener dans la salle, et, tirant sur les cordes, ils les traînaient vers la porte; la vache beuglait d'une façon lamentable, le cheval redressait la tête et se rebellait. Les maigres bêtes n'étaient point accoutumées à cette brutalité. Sylvanik les traitait avec une caressante douceur, et Nonna les aimait comme des êtres inférieurs, mais doués d'instinct et capables de reconnaissance. La vache, si douce d'ordinaire, essaya de donner de la corne, et le cheval efflanqué détacha une ruade. Ces mouvements de révolte irritèrent les gabelous, déjà fort mal disposés : la canne de Constant se brisa sur le dos du bidet, et Yermé tira la corde de la vache avec une telle brutalité que les pieds de la bête glissèrent sur le sol.

Pendant longtemps Piérik avait paru complétement étranger à tout ce qui se passait autour de lui. Le coup qui l'atteignait comme une masse frappe le front d'un bœuf à l'abattoir le laissait sans défense comme sans pensée! Depuis la veille, il savait qu'on le chasserait de la maison où sa mère était morte, où ses six enfants avaient vu le jour, et à partir du moment où Nonna lui apprit ce malheur, en s'efforçant de lui communiquer sa vaillance, il resta immobile, stupide, oublieux de son devoir de chef de famille, le front brûlant, le cœur glacé. Il refusa de manger, et ne songea pas à dormir; devant lui passèrent sa femme en pleurs, ses enfants effrayés, il ne les vit pas. L'agonie l'environnait de ses tristesses, la faim criait dans ses entrailles, il ne pensa pas à prendre sa part de bouillie d'avoine ni à plier les genoux devant le lit clos presque semblable à une tombe. Il resta comme étranger à sa misère présente, à sa ruine; il ne se demanda pas ce que deviendrait dans deux jours sa famille errante le long des chemins. L'excès du malheur le frappa d'atonie, de mutisme; la paralysie de l'esprit et du corps paraissait complète; une folie furieuse eût semblé moins effrayante que l'abêtissement morne de ce visage et la rigidité de ce corps, dont les muscles et les nerfs semblaient pour jamais atrophiés.

Plus d'une fois, en jetant les yeux sur ce mari qui ne paraissait plus ni la voir ni l'entendre, Nonna s'était demandé si le Seigneur ne frappait pas d'idiotisme le compagnon de sa vie, et si cet irréparable malheur ne s'ajouterait point aux coups qui l'accablaient; dans son impuissance présente à tirer Piérik de son inertie, elle feignait de l'oublier, de crainte d'irriter davantage la plaie qu'elle lui sentait au cœur. D'ailleurs en ce moment les devoirs de la fille primaient ceux de l'épouse; elle retrouverait le lendemain son mari, mais Dieu seul savait combien de minutes lui restaient pour raffermir l'âme effrayée qui se débattait contre l'ange de la mort, avant de paraître devant le tribunal de Dieu.

Nonna ne voyait, ne songeait qu'à son père; une timide tentative faite la veille près de son mari avait été d'ailleurs repoussée avec une sourde colère; Nonna n'en pouvait conserver de rancune, mais elle ne croyait pas qu'il fût prudent de s'exposer par une obstination même affectueuse à voir se déchaîner subitement le courroux endormi de Piérik.

Celui-ci restait absorbé dans ses pensées, ou plutôt il ne pensait même pas, et la nuit enveloppait son cerveau d'une façon complète, quand l'un des gabelous, tirant à lui la corde liée aux cornes de la vache, provoqua la révolte de l'animal, qui recula, beugla, et frôla de ses flancs maigres les jambes de son maître. On eût dit que Piérik s'éveillait d'un lourd sommeil. Il secoua son front, renvoya en arrière ses longs cheveux, fit le geste de serrer autour de son corps sa ceinture de laine bleue, s'affermit sur ses pieds, tourna autour de lui un regard inquiet, irrité, sauvage; enfin, bondissant vers le gabelou qui emmenait la vache, il le saisit à la gorge et serra de toutes ses forces.

Le misérable Constant ouvrit des yeux ronds, tira la langue avec un râle, agita les bras, puis, ses pieds perdant le sol, il se trouva soulevé par le cou et à demi étranglé par les deux mains de Piérik.

Yermé s'aperçut le premier du danger couru par son compagnon; il saisit Piérik à bras le corps, et s'efforça de lui faire lâcher prise: mais le fermier, fou de désespoir et incapable en ce moment de raisonner la portée de ses actes, partit sans lâcher prise d'un formidable éclat de rire : il venait de regarder la face violacée du gabelou, et il le trouvait hideux.

Se voyant impuissant pour arracher Constant des mains de Piérik, Yermé appela à son aide Jonsac et Gobin, et bientôt les cinq gabelous se précipitèrent sur le fermier. Afin de garder ses poings pour se défendre, Piérik, qui avait été un des forts lutteurs de Bretagne, et qui, dans sa jeunesse, ne se laissait jamais vaincre au jeu de la *soule*, lâcha le gabelou à demi mort et se mit dans une attitude de bataille. Nonna comprit le péril. Le malheureux allait non-seulement refuser d'obéir à la loi, mais entrer en rébellion ouverte avec ceux qui la représentaient; il ne s'agissait plus de se voir chasser de la *Genetaie*, mais d'encourir la peine des galères; elle quitta le lit de son père, et se jeta dans les bras de son mari, croisant les mains derrière son cou pour lui rendre toute lutte impossible et lui servir de bouclier.

Mais que pouvait Nonna contre cinq hommes irrités, dont à cette heure tout contribuait à doubler la colère et la haine? Constant, à peine remis de sa strangulation, se secouait comme un chien qui sort de l'eau, et hurlait d'une voix rauque :

— Garrottez-le! Enmenons-le à la prison de Guémené, en attendant qu'il soit enfermé à Quimper. Son affaire est bonne, nous sommes cinq... vous déposerez tous!

Jonsac saisit à les briser les poignets de la jeune femme, et la douleur qu'elle éprouva fut si vive que ses doigts se dénouèrent; elle tomba sur le banc et resta défaillante, le dos appuyé contre le table.

— Seigneur! Seigneur! j'en appelle à vous, dit le moribond; ces hommes sont trop durs, ces hommes n'ont point d'âme...

Mais les gabelous se trompaient, s'ils pensaient en avoir fini avec la rébellion de Piérik; il avait été longtemps engourdi dans sa douleur, maintenant elle était secouée; la force lui revenait, il se jurait de ne jamais céder à ceux qui venaient apporter chez lui le deuil et la misère. La vue des voisins, des curieux, dont les regards plongeaient dans la salle, irritait encore sa fureur.

— Regardez bien ce qui va se passer, vous autres, cria-t-il en tendant ses poings noueux vers les gabelous ; ces gens-là ne font peur qu'aux lâches... J'ai payé jusqu'à ce jour tous les impôts demandés par le roi, c'était trop juste ! mais je ne connais pas les financiers qui ont pris ces impôts à ferme et je ne solderai point ce qu'ils demandent... Nous sommes Bretons, les gens de Paris n'ont pas le droit de nous imposer des taxes ; je sais ça, quoique je sois un ignorant... Ce sont les États qui nous imposent ; et Messieurs des États savent bien ce que l'on doit demander à des mangeurs de bouillie d'avoine comme nous... Si le petit roi a besoin de nos bras, nous nous battrons pour lui ; s'il veut le prix de nos moissons, il l'aura ; pour le reste, nous nous en remettons à Dieu et à la justice du Parlement.

— Vive le roi ! crièrent les laboureurs et les mendiants groupés autour de la maison.

— Révoltons-nous contre la gabelle ! Plus d'argent pour le sel, les Bretons n'en doivent pas payer ; plus d'argent pour le tabac, nous avons le droit de le planter dans nos courtils ; et si les gens de loi nous lancent des grimoires, plus d'argent pour le papier timbré.

— A bas la gabelle ! hurlèrent vingt voix.

— Au diable les maltôtiers.

— Les gabelous à mort !

Piérik, encouragé, bondit sur la table, décrocha une faucille pendue à un clou, puis, brandissant cette arme dangereuse, il retourna au milieu des gabelous.

La partie à jouer devenait dangereuse. Sans doute ils étaient cinq contre un, mais Piérik était armé, et la colère, une colère mêlée de folie, décuplait ses forces ; le fermier et les employés du fisc comprenaient d'ailleurs qu'au premier moment la porte allait céder sous l'effort des curieux et que la mêlée deviendrait générale.

— A moi! à moi! je meurs... cria le vieillard agonisant.

Nonna courut vers lui.

— Père! père! dit-elle, c'est une grande épreuve... ne regardez pas cette lutte, ne voyez que le crucifix... priez avec les enfants pour le salut de Piérik.

Mais le fermier agitait sa faucille, menaçant le premier qui l'approcherait de lui trancher le cou, comme pourrait le faire le bourreau.

Il fallait en finir, cependant. Yermé, le plus hardi des cinq préposés de la gabelle, passa derrière ses compagnons, enlaça subitement les jambes du fermier dans une courroie de cuir, tira violemment à lui, et Piérik s'abattit brusquement la face sur le sol.

Un cri s'échappa de la bouche des six enfants. Sylvanik bondit vers son père; Nonna éclata en sanglots, et le moribond retomba sur ses oreillers avec un spasme avant-coureur du dernier soupir.

Les curieux venaient de voir lier Piérik; ils avaient entendu les cris, les sanglots de Nonna et des enfants; ils se regardèrent; un même mouvement de pitié les saisit; un toucheur de bœufs se retourna vers la foule :

— Ça y est-y, les gars?

— Ça y est! répondirent les hommes.

L'avalanche humaine roula dans la salle.

Il se passa alors une scène d'indescriptible tumulte. Les amis de Piérik coururent aux gabelous en poussant des cris de rage et en levant leurs bâtons durcis au feu. Une clameur d'angoisse mêlée de hurlements de rage s'éleva dans la chambre où le père de Nonna agonisait; le sang allait couler, car un souffle de vengeance courait dans les groupes, et les mots de « malédiction rouge »! se faisaient entendre, quand un jeune homme franchit le seuil de la ferme, se fraya un passage parmi les paysans, et demanda d'une voix sourde, habituée au commandement :

— Est-ce que l'on s'assassine ici ?

## II

### LE MARQUIS DE PONTCALLEC

Le nouveau venu qui venait d'une façon inopinée se mêler au drame de la *Genetaie* répéta en s'approchant du groupe formé par les gabelous, Sylvanik et le fermier :

— Que se passe-t-il ? Répondez-moi.

— Monsieur le marquis, dit un paysan qui maniait son *pen-bas* d'une façon menaçante, béni soit Dieu qui vous envoie dans cette maison ! lui seul sait comment tout ceci aurait pu finir.

En entendant prononcer ces mots : « Monsieur le marquis, » Jonsac, Yermé, Constant et leurs camarades levèrent la tête et, reconnaissant le gentilhomme qui intervenait d'une façon inattendue, ils se levèrent, lâchant Piérik à demi suffoqué, qui, les jambes et les bras liés, eût été dans l'impossibilité de faire un seul mouvement si son fils n'eût rapidement coupé ses liens.

Le fermier, subitement ranimé, se redressa et s'approcha du jeune homme, dont le regard clair, intelligent, doux et passionné à la fois, interrogeait tour à tour les groupes de travailleurs et de paysans.

Nonna tomba aux genoux du gentilhomme.

— Monsieur le marquis, dit-elle, le sang allait couler dans cette chambre, et mon père est à l'agonie... Pitié, pour l'amour de Notre-Seigneur et de votre mère qui était une sainte !

Le jeune homme releva Nonna avec bonté.

— Rassurez-vous, dit-il; comptez sur moi...

Puis, se tournant vers le chef des gabelous :

— Vous vous appelez Jonsac, je crois?...

— Monsieur le marquis est bien bon de se souvenir...

— Ne me remerciez pas, car voici ce que votre nom me rappelle : il y a deux ans, vous avez arraché les plants de tabac d'un pauvre homme des environs de Guémené. Il n'avait d'espoir que dans cette récolte; la misère est venue, il mendie maintenant sur les grandes routes... André Bossage avait reçu en cadeau de son frère une provision de sel économisée sur ses profits de saunier; le procès que vous avez intenté à André l'a réduit à un tel désespoir que sa tête, déjà faible, n'a pu supporter le choc de ce nouveau chagrin... La chaumière de Jeannie la boiteuse a été vendue; j'ai appris l'autre jour qu'elle couchait dans les meules laissées dans les champs, et Jeannie a quatre-vingts ans.

— Monsieur le marquis sait que le devoir de ma charge...

— Il n'est point de charge qui dispense de montrer de l'humanité ! répliqua le jeune homme d'une voix sévère ; je suis vos traces dans le pays à l'étendue des misères que je dois soulager...

— Est-ce nous qui créons les impôts? demanda Jonsac avec une certaine insolence.

— Vous êtes sans excuse ! reprit le gentilhomme ; ne voyez-vous pas que l'on agonise dans cette maison? Ne savez-vous respecter ni la misère, ni la vieillesse, ni la mort? On vous charge de remplir un mandat et non de procéder à une exécution.

— Avons-nous donc le temps de revenir plusieurs fois

dans cette ferme ? Nous agissons au nom du gouverneur de la province.

— Cela est faux ! s'écria le marquis ; vous remplissez les ordres des traitants qui ont acheté le fermage, et le régent ne manquera pas de faire justice de ces financiers scandaleusement enrichis !

— Piérik n'a point soldé l'impôt, nous emmenons le bétail... Reste à régler entre lui et la maréchaussée le compte de sa rébellion.

Un geste de colère échappa au gentilhomme ; il se contint à grand'peine, tira de sa poche une bourse gonflée d'or, et demanda :

— Combien vous doit Piérik ?

— Vingt-trois livres six deniers.

Le marquis compta la somme.

— Voici pour la gabelle, dit-il.

Puis, regardant les gabelous avec une expression de dédain :

— Combien estimez-vous les bourrades reçues ?

— Ceci, monsieur le marquis, dit Yermé en saluant jusqu'à terre, reste à votre généreuse appréciation.

Le jeune homme posa dix louis sur la table.

— Partagez ! dit-il.

Les gabelous se jetèrent sur les pièces d'or, et ils se disposaient à quitter la salle quand le marquis les retint par ce mot :

— Attendez ! je n'ai pas fini.

Les cinq maltôtiers ployés en deux demeurèrent immobiles.

— Je vous défends, ajouta-t-il, je vous défends, vous m'entendez, de poursuivre dorénavant un seul paysan des environs de ma terre ; je voudrais pouvoir dire de toute la Bretagne ! Les impôts seront touchés chez moi, et quand je devrais abattre le dernier chêne de ma forêt, et vendre la dernière pierre de mon château, je le ferai sans regret pour le soulagement des paysans et des pauvres!

— Cela suffit, monsieur le marquis, dit Jonsac.

Les gabelous sortirent accompagnés par les sourdes malédictions des amis et des voisins de Piérik.

Quand ils eurent disparu, un soupir de soulagement sortit de toutes les poitrines, et Piérik, saisissant la main du jeune homme qui venait de le sauver, la pressa sur ses lèvres en y laissant tomber des larmes.

L'émotion du gentilhomme égalait celle du fermier. Il sentit en ce moment entre lui et cette foule tout à l'heure furieuse un courant ardent de sympathie, de respect et d'amour. Il comprit qu'il tenait dans ses mains le cœur de ces paysans; que sur un mot, sur un geste, ils se feraient tuer à son service, et qu'il venait de conquérir à jamais la plus belle, la plus sainte des popularités, celle qui s'appuie sur de nobles vertus et des dévouements héroïques!

Clément-Chrysogone de Guer-Malestroit, marquis de Pontcallec, paraissait âgé de vingt-deux ans à peine. Sa taille était haute, son corps souple et robuste; son visage, d'une remarquable beauté, conservait la pureté antique du type conservé en Bretagne depuis l'arrivée des colonies grecques.

Son front large et pur se découpait dans sa blancheur mate au milieu des boucles d'une chevelure noire nuancée de reflets fauves. Ses yeux, enfermés sous l'arcade des sourcils, lançaient un regard plein de puissance qu'une émotion de pitié mouillait aisément de larmes. Sa bouche était franche et belle, surmontée de moustaches plus rousses que ses cheveux. Ses mains possédaient une grande perfection de forme. Tour à tour tonnante et douce, sa voix gardait un timbre sonore propre au commandement et pouvait prendre les notes attendries de la compassion et de la bonté. En voyant le marquis de Pontcallec, en étudiant cette individualité puissante, on comprenait qu'il était né pour tous les héroïsmes, et qu'il saurait, l'heure venue, verser son sang et sacrifier sa vie pour une noble cause. Ce colosse breton à tête d'Antinoüs pouvait, suivant les circonstances, se trouver à la tête d'un parti, remuer les passions, sauver une province, ou passer ses jours dans le calme heureux de la vie de famille. Toutes les mâles vertus existaient en lui, de même qu'il conservait les grandes croyances. Mais plus que tous les cultes, hors celui de Dieu, il gardait celui de son pays; il se tenait pour Breton avant de se dire gentilhomme, et l'amour de sa patrie primait en lui les autres tendresses.

Clément de Pontcallec était fils de Charles-René de Guer et de Bonne-Louise Le Voyer, dame de Trégonnec et de Haie-Pausel; sa famille jouissait d'un crédit considérable dans les évêchés de Vannes et de Quimper, et les domaines dont il gardait la jouissance s'étendaient sur plus d'une douzaine de paroisses. Il appartenait à la branche cadette des Brou de Malestroit, qui avaient joué un rôle important dans l'histoire administrative et guerrière de la Bretagne, et descendait de ce Jean de Malestroit qui, presque seul parmi les gentilshommes du pays, se déclara opposant au mariage de Charles VIII avec la duchesse Anne, parce que le résultat de ce mariage était de priver la Bretagne d'une vie propre, et du gouvernement de ses princes, pour l'adjoindre au royaume de France. La reine Anne, dans l'espoir de le rallier, lui offrit vainement le bâton de maréchal de France : Jean de Malestroit refusa toutes les dignités, se démit de ses emplois, et fut un de ceux dont Louis XIV disait plus tard : « Ils ne retirent d'autre récompense de leurs glorieuses actions que la gloire de les avoir faites. »

Clément de Pontcallec, qui semblait prédestiné à tous les hasards de la guerre, et que sa grande fortune mettait à même de faire figure à la cour, acheta dans sa première jeunesse un brevet de cornette de chevau-légers ; mais, ennuyé de son inaction, ne voyant s'annoncer aucune guerre qui lui donnât l'espoir de se distinguer à l'armée, peu soucieux des plaisirs de la cour, il se défit de son brevet à la mort de Louis XIV. Ajoutons que la nostalgie de la Bretagne s'était emparée de l'âme de ce robuste enfant des forêts de chênes et des montagnes, et qu'il regrettait, au milieu des concerts de Versailles, les airs naïfs et sauvages que lui jouait Arfol dans son extrême jeunesse.

Clément de Pontcallec, inutile à la cour, se croyait appelé à rendre de réels services dans le pays de Vannes et de Quimper.

Le gentilhomme breton ne pouvait fraterniser avec les roués de son époque.

Tout ce qu'il entendait et voyait à Paris froissait ses idées patriotiques, sa foi religieuse, la poésie vivace qui germait en lui, parfumée et cachée comme les fleurs dans la lande.

Il ne se crut point le droit de rester inactif ; et, pensant que la vie d'un homme ne se dépense pas entre le bal de la veille et la promenade du lendemain, que la vie de courtisan seyait mal à sa fierté hautaine, et que sa noble taille ployait difficilement dans les antichambres, il quitta Paris sans regret, y laissant un seul ami, comme lui d'origine bretonne, le jeune comte de Laval. Celui-ci boudait le Palais-Royal et le duc d'Orléans, pendant la minorité de Louis XV, pour faire sa cour à Bénédicte de Bourbon, duchesse du Maine, petite-fille du grand Condé. M$^{me}$ du Maine régnait à Sceaux par droit de beauté, de naissance et de volonté surtout.

Les adieux du comte de Laval et du marquis de Pontcallec furent plus graves qu'on ne devait l'attendre de deux jeunes gens de leur âge.

— Votre place est à Paris, disait M. de Laval.

— Vous reviendrez en Bretagne... répliquait Pontcallec.

Puis, les mains pressées, ils répétèrent ensemble :

— Frères dans la vie, frères dans la mort.

Lorsque Clément de Pontcallec rentra dans son pays breton, il sentit la joie puissante de l'exilé foulant le sol de la patrie. L'air de la capitale ne suffisait point à sa large poitrine ; il avait besoin pour son regard des horizons bleus formés par les bois fuyants et de la ligne indécise des montagnes Noires. La langue sonore des Bretons, qu'il parlait avec une perfection rare, résonnait à son oreille comme une musique, et quand, le soir de son retour, il entendit le biniou d'Arfol gémir et chanter le long d'un chemin creux, il sentit ses paupières humides de larmes. Il était fait plus que tout autre pour comprendre les beautés simples de l'harmonie nationale, il tressaillait aux sons de l'instrument sur lequel Arfol était passé maître, comme l'Écossais s'émeut aux sons du pibroch ; comme le montagnard des Abruzzes tressaille en écoutant la piva ; comme le pâtre tombe dans la rêverie quand résonne, renvoyé par les échos, le ranz des vaches du canton des Grisons. Pour le marquis de Pontcallec, le biniou eût sonné une marche guerrière, mieux que les trompettes, les fifres et les tambours.

Mais, si grande qu'eût été l'émotion du gentilhomme breton en rentrant au château de Pontcallec, elle n'égala point la joie de ses domaniers et de ses paysans ; son arrivée fut une fête dans les deux évêchés ; pendant trois jours, les laboureurs chômèrent ; pendant trois jours, on vit les paysans en habit de fête passer par grandes bandes le long des routes, une branche de genêt fleuri au chapeau, s'en allant au manoir saluer leur jeune maître.

Le curé de Lignol, qui l'avait vu grandir, lui conduisit les petits enfants du bourg. Pendant la moitié d'une semaine, les tables restèrent dressées dans le parc, les barriques de cidre doré se succédèrent avec une prodigalité joyeuse ; aucune licence ne dénatura le caractère de cette fête. Pour lui donner une couleur plus vivante, le jeune marquis proposa des prix pour la lutte et le jeu de la *soule*, le plus populaire des jeux de Bretagne. Au moment où les jeunes garçons entraient en lice, Clément de Pontcallec parut vêtu pour la lutte, les cheveux noués sur le front, la poitrine nue, et montrant les muscles saillants de ses bras de jeune Hercule.

A la vue du jeune seigneur descendant au milieu de l'arène pour rivaliser avec eux de force et d'adresse, l'enthousiasme des paysans ne connut plus de bornes, et, vainqueur de la *soule*, Clément de Pontcallec put se dire qu'il était vraiment le maître du pays.

A partir de ce jour, le gentilhomme eut une seule ambition, celle d'adoucir le sort des paysans et de soulager la misère des mendiants errant de ferme en ferme. Depuis quelques années, l'aspect de la Bretagne était bien changé ; cette noble terre, qui ne connut jamais le servage, apprit à souffrir mille maux.

La persécution agrandissait son œuvre, l'oppression la tenait refoulée sous son joug de plus en plus lourd ; on doublait les impôts anciens, on en inventait de nouveaux ; ils prenaient toutes les formes, pour créer sans fin de nouvelles douleurs.

Dès son arrivée dans le pays, Clément de Pontcallec se trouva en opposition déclarée avec les fermiers des gabelles et tous ceux qui tentaient d'arracher leurs derniers liards aux malheureux, qu'ils traitaient de « paysantaille »

2

La guerre ne devait plus cesser entre eux. Pontcallec, généreux jusqu'à la prodigalité, dépensait ses revenus et engageait ses terres afin de soulager des misères sans cesse renaissantes. L'altière bourgeoisie, qui tentait de prendre le pas sur la noblesse, ne tarda point à ranger Pontcallec parmi les jeunes gens remuants, meneurs parlementaires et fauteurs d'opposition. Mais Pontcallec dédaigna les dénonciations, et n'en continua pas moins son œuvre, à laquelle il ne tarda pas à adjoindre d'autres gentilshommes possédant des domaines aux environs, et dont MM. de Lambilly, d'Hervieux de Mellac, du Couëdic, de Talhouët Le Moyne, de Montlouis, de Noyant, furent les principaux. Entre ces gentilshommes fut conclu un pacte ayant pour but de tout mettre en œuvre et de tout sacrifier pour le soulagement des pauvres du pays, la grandeur et la franchise des droits nationaux.

A partir de ce moment, Clément de Pontcallec poursuivit son but sans défaillance. Il oublia presque la chasse, pour laquelle il avait jadis une passion violente. Au lieu de courre le cerf ou de traquer le sanglier, il parcourut les campagnes, cherchant les misères cachées, portant des secours dans les chaumières, signalant les malades à la sollicitude de Servan Tredern, son médecin. Il se réservait des heures d'audience, pendant lesquelles entrait qui voulait dans l'ancienne salle des gardes de Pontcallec. Le marquis avait droit de haute et basse justice et ne renvoyait pas un malheureux sans consolations ni sans secours. Il réglait les différends survenus entre voisins ou parents, servait d'arbitre dans les partages, et faisait de sa vie un noble et saint emploi. Le culte des paysans pour le jeune seigneur de Guer-Malestroit et Pontcallec tenait du fanatisme, et à l'époque où commence ce récit, M. de Montesquiou avait cent fois moins d'autorité en Bretagne que l'ancien cornette de chevau-légers. Quand il eut chassé les gabelous de la maison de Piérik, reçu les témoignages de dévouement et de respect de tous les témoins de la scène qui venait de se jouer, le jeune marquis resta seul dans la salle avec la famille du fermier. Sylvanik s'était empressé de rentrer la vache et le bidet dans l'étable, et Nonna, le visage couvert de larmes, serrant dans ses mains la main de son père expirant, ne trouvait pas un mot pour témoigner sa reconnaissance. Piérik, réduit à l'impuissance d'exprimer ce qui se passait en lui, saisit tout à coup par le bras et poussa devant lui Yvon, Guénolé et Sylvanik, et les faisant s'agenouiller devant le jeune homme :

— Souvenez-vous, dit-il, s'il court un danger, que vous devez mourir pour le sauver.

Et le fermier se signa pour donner plus de valeur à cette parole. Guénolé et Yvon regardèrent le marquis avec des yeux riants et clairs. Sylvanik, qui était d'âge à comprendre l'ordre de son père, répondit d'une voix grave :

— Je me souviendrai, mon père, et si l'occasion vient, je ferai mon devoir.

— Braves gens ! braves gens ! répéta le marquis remué jusqu'au fond du cœur, qu'ai-je fait pour mériter tant de reconnaissance ? N'est-ce pas naturel que sur cette terre bretonne j'aime les hommes du sol et je les protége contre le malheur et l'exaction…? Ceux qui vous poursuivent et vous menacent ne sont pas du pays, tous les Gallois parlant la vieille langue s'aimant comme des frères ! Les hommes qui arrivent de Paris ne savent pas votre histoire et ne connaissent pas vos droits. La Bretagne ne devrait être dirigée que par des Bretons. Patience ! patience ! nous parlerons pour vous, braves gens, et si les États ne transmettent pas nos paroles, nous irons au Parlement, et le Parlement portera ses remontrances au petit Roi.

Pontcallec avait d'abord parlé d'une voix affectueuse et douce ; quand il acheva ces mots, une sourde irritation faisait vibrer son accent mâle et sonore. Il se leva et s'approchant du lit du mourant :

— Bon père, dit-il, le Seigneur vous appelle avec les Lazares qu'il met en possession de sa gloire ; quand vous serez là-haut, de même que vous prierez pour vos fils, priez pour Clément de Pontcallec, priez pour notre chère Bretagne !

Le mourant étendit sa main tremblante et toucha le front du gentilhomme avec le pauvre crucifix que sa bouche tremblante avait tant de fois pressé.

Pontcallec se leva, posa sa bourse dans le panier de jonc tressé par les deux fillettes, et quitta la ferme de Piérik, suivi par les ardentes bénédictions de Nonna et de ses enfants.

Il marchait rapidement, la tête baissée, songeant à ce qu'il venait de voir, se souvenant de ce qu'il avait vu la veille, pensant à ce que, sans doute, il verrait encore le lendemain.

Il suivit la route poudreuse dont les talus étaient recouverts de bruyères violettes, tandis qu'au sommet se balançaient les digitales pourpres et les genêts aux légères fleurs papillonnacées.

Une voix plaintive l'arracha à sa méditation.

Agenouillé sur la route, un vieillard aveugle récitait son chapelet.

Son grand front chauve levé vers le ciel, une longue barbe, ajoutaient à la majesté de son visage ; ses yeux clos donnaient un calme étrange à l'impression de cette physionomie résignée. Tout le jour il priait de la sorte, les genoux en terre, assis sur ses talons ; un chapeau de paille placé devant lui recevait les rares aumônes ; un chien gris de poussière, au poil emmêlé, qui semblait traîner des guenilles comme son maître, s'immobilisait à côté du vieillard.

— Guillaume, dit M. de Pontcallec, ma bourse est vide ; venez au château demain.

— Dieu vous garde, monsieur le marquis ! répondit l'aveugle ; je reconnais votre voix, et je me sens tout consolé !

Un peu plus loin, le jeune homme rencontra une bande de mendiants boiteux, galeux, manchots ; ils s'en allaient chercher de ferme en ferme un chanteau de pain et une galette de blé noir. Tous saluèrent le marquis avec un empressement mêlé de respect et d'affection.

— Je vous attends lundi ! dit le gentilhomme.

— Les pauvres connaissent votre maison, monsieur le marquis ; Dieu vous accorde une longue vie !

— Demandez-lui plutôt qu'il me donne une belle mort, répliqua Clément de Pontcallec.

Puis, quittant la route, il **gagna** à travers champs un cours d'eau, égayé dans le lointain par le bruit des palettes d'un moulin, formant des cascades blanches qui retombaient toutes moutonneuses entre les pierres et les herbes du bord.

La petite rivière était charmante ; des fleurs y formaient des îlots ; des taillis de joncs et des touffes d'osier en coupaient la ligne régulière ; de distance en distance un vieux saule creux, à branches noueuses et coudées, inclinait sur l'eau son feuillage à reflets d'argent ; des vols d'oiseaux passaient dans les branches et rasaient l'eau de la pointe de l'aile ; des reinettes endormies dans l'herbe sautaient avec un coassement étouffé dans les trous de la rive ; le jour commençait à baisser, et les beautés simples et mélancoliques du paysage s'imprégnaient d'une sorte de mystère. La marche du marquis se ralentissait à mesure qu'il rêvait plus profondément.

Ah ! s'il eût deviné ce qui se passait non loin de là, au coude de la rivière enveloppée dans cet endroit de l'ombrage d'un bouquet de saules, il aurait couru au secours d'une nouvelle infortune ; mais le rideau de verdure cachait à ses yeux un tableau navrant, et, de plus en plus absorbé dans ses pensées, le marquis de Pontcallec demeurait immobile, le regard perdu, suivant au dedans de lui-même les progrès de sa pensée !...

A l'endroit où le cours d'eau formait une anse et s'évasait en forme de lac, une femme d'environ vingt-cinq ans, pâle comme la faim, maigre comme la misère, venait de s'agenouiller sur le sol.

Un tout petit enfant gémissait dans ses bras ; deux autres se cramponnaient à sa jupe en guenilles. Quand elle eut achevé sa prière, elle posa à terre son nourrisson, prit dans la poche de sa jupe un mouchoir dont elle entoura la taille d'un joli petit garçon de cinq ans, noua à sa ceinture l'extrémité de ce même mouchoir, puis en tira un second de sa poche ; elle lia de même une mignonne de trois ans au plus. Les enfants croyaient à un jeu, et riaient en dessous ; la mère réunit deux de leurs mains dans une des siennes, reprit son nourrisson dans ses bras, s'avança sur les bords de la petite rivière, puis d'un élan s'y jeta, en entraînant les enfants avec elle.

Trois cris d'innocents fendirent l'air.

La mère ne dit rien ; elle tenait ses lèvres collées sur le front de son dernier né !

Mais ce triple cri d'appel Pontcallec l'entendit, et, devinant qu'il partait du bouquet de saules, il courut dans cette direction, aperçut des haillons flottant sur l'eau, et se précipita dans le Scorff ; il nagea rapidement et atteignit la mère, dont les longs cheveux flottaient comme un voile.

En l'attirant sur la rive, il vit que deux enfants étaient liés à sa taille et que le dernier reposait sur son sein.

Appeler était inutile, chercher du secours pouvait

entraîner une grande perte de temps ; le marquis de Pontcallec, se fiant à sa force, souleva dans ses bras la mère et les innocents, et se dirigea vers le moulin, auprès duquel il avait passé un quart d'heure auparavant.

C'était un riche et gai moulin, bien couvert d'ardoises, fleuri comme un bouquet, plus babillard qu'une lavandière. Tout le monde y semblait heureux ; les garçons chantaient en piquant la meule, une fillette y montrait ses yeux bleus et sa cornette blanche ; le rouet d'une aïeule s'y mêlait au bruit de l'eau tombant en nappes argentées. Il n'était point dans tout le pays de moulin plus achalandé que celui de Gildas.

Le marquis était certain de trouver là un généreux empressement, des soins éclairés. Il continuait à courir, portant sur un bras tendu la mère et les trois petits. Hélas ! ils avaient tant souffert qu'ils ne jasaient guère, les pauvres !

Tout à coup un visage de jeune fille s'encadra au milieu des branches fleuries de la fenêtre ; en apercevant le jeune marquis courir à perdre haleine et soutenant une femme évanouie, Épine-Blanche ouvrit toute grande la porte du moulin, puis appelant de toutes ses forces :

— Gildas ! grand'mère ! quel malheur ! mon Dieu, quel malheur !

L'aïeule quitta son rouet et toute tremblante s'approcha de la jeune fille.

— Qu'y a-t-il ? pourquoi parles-tu d'un malheur ?

— Gildas, cours au-devant du marquis... Dieu sait quel fardeau il porte ! on dirait des morts... Vous permettez que j'offre mon lit, grand'mère ?...

La vieille femme ne comprenait pas bien encore ce qui se passait ; les paroles d'Épine-Blanche l'avaient rendue tremblante ; elle se tenait debout, appuyée contre la cheminée, se demandant quel nouvel accident était survenu.

Gildas entra avec les enfants. Pontcallec soutenait encore la mère sans parler. Le jeune meunier s'élança dans la chambre dont Épine-Blanche tenait la porte ouverte, puis, quand la jeune femme et les enfants furent étendus sur le lit, le marquis, tout ruisselant d'eau, mais qui ne semblait pas même s'en apercevoir, revint rapidement vers les deux femmes :

— Mère Typhène, dit-il, et vous, Épine-Blanche, déshabillez ces enfants, cette femme, et frottez les pauvres corps jusqu'à ce qu'ils aient recouvré le souffle et la chaleur ; pendant ce temps, Gildas fera flamber des bourrées, pour tiédir une boisson réconfortante.

Les deux femmes obéirent à l'ordre de Pontcallec avec le zèle d'une charité dévouée.

— Du feu, vite du feu, Gildas ! ces malheureux ont besoin d'être enveloppés de couvertures chaudes.

— Mais vous, monsieur le marquis...

— Moi ! répondit Clément de Pontcallec, ne te tourmente pas ; je vais me dépouiller de ces habits trempés, et tu trouveras pour moi dans l'armoire de chêne des braies, la veste et la ceinture bleue du pays de Cornouailles.

— Vrai ! monsieur le marquis, demanda Gildas ; vous daigneriez ?...

— Ces habits-là, dit Clément de Pontcallec en repoussant du pied le costume de velours bleu passementé d'or qui gisait sur le sol de la chambre, sont les vêtements de cour de l'héritier des Malestroit ; mais la braie gauloise et la ceinture bleue, Gildas, c'est l'habit de l'enfant de la Bretagne, dont l'épée est la sœur de ton rude *pen-bas*.

Gildas venait de tirer de l'armoire son costume du dimanche. Pontcallec le passa rapidement, tandis que le jeune meunier faisait chauffer les couvertures de laine au grand feu de *lande* séchée qu'il venait d'allumer. Quand elles furent brûlantes, il entre-bâilla la porte de la chambre dans laquelle son aïeule et la petite Épine-Blanche prodiguaient leurs soins à la pauvre jeune mère.

Une tasse de vin blanc attendait la malade, et le marquis, assis sur le banc de la cheminée, ses belles mains aristocratiques appuyées sur ses genoux, demanda au meunier :

— Connais-tu cette femme, Gildas ?

— Si je la connais, monseigneur ! nous avons été au catéchisme ensemble ; c'était alors une fillette insouciante comme un linot, et que la pensée de la présence du Sauveur avait bien de la peine à garder tranquille sur son banc. Son ange gardien ne comptait sans doute pas toutes les distractions à péché, car de grandes ferveurs la prenaient souvent, et alors elle nous édifiait tous, la pauvrette. Quand vinrent ses dix-sept ans, elle se maria à un garçon étranger au pays, qui hantait un peu trop les cabarets et se promenait dans les bois plus tard que de raison. On l'accusait de faire le braconnage, et il faut croire que tout n'était pas mensonge dans ces dires, car plus d'une fois des gardes forestiers le menacèrent de le dénoncer. Trois fois Yvette obtint sa grâce : elle avait un parler si doux et pleurait à fendre le cœur ! Mais il y a six mois le méchant garçon fut rencontré par un garde au moment où il emportait un chevreuil dont la blessure saignait encore.

« On l'emmena en prison à Quimper, on le jugea et le condamna... Cette fois, les larmes d'Yvette ne purent rien pour son salut... elle revint à Berné, traînant ses innocents après ses jupes et portant le dernier dans ses bras... Que faire avec cette charge d'enfants ? elle mendia...

« Mais Yvette est fière ; l'idée de tendre la main toute sa vie lui causa sans doute une sorte de désespoir... Depuis qu'elle était devenue la femme du Léonais, sa foi s'en était allée, comme une toison de brebis dont les flocons de laine s'accrochent aux buissons... et vous savez aujourd'hui jusqu'où le désespoir l'a poussée...

— C'est affreux! affreux! s'écria le marquis.

— Oui, répondit Gildas, désespérer si jeune!

— Ne savait-elle donc pas qu'elle trouverait du pain au château?

— C'était toujours mendier.

— Tu te trompes, Gildas, dit le marquis de Pontcallec en se levant, celui qui me tend la main pour que j'y place une pièce de monnaie ne s'abaisse pas! En le soulageant, je remplis un devoir. La fortune que je possède est en partie le patrimoine des pauvres, et je n'en jouirais pas sans remords si je n'en distribuais la meilleure part... La tentative de suicide d'Yvette m'accuse devant Dieu; si cette misère ne venait pas à moi, je devais la découvrir et aller à elle!

— Monsieur le marquis, tous les pauvres gens de Berné vous aiment; Yvette est née un peu plus loin, c'est son excuse...

— Ma bourse est vide, reprit le marquis, j'ai laissé ce que j'avais chez les Piérik... Fais au mieux pour le soulagement d'Yvette. Entre toi, Typhène et la petite Épine-Blanche, vous saurez bien sauver la femme du braconnier. J'ai gardé du crédit... J'écrirai au comte de Laval, mon ami, et j'obtiendrai, je l'espère, la grâce du condamné!

— Dieu vous récompense en l'autre monde du bien que vous accomplissez en celui-ci! s'écria Gildas.

Épine-Blanche entr'ouvrit la porte :

— Le vin est-il chaud? demanda-t-elle.

Ce fut le marquis de Pontcallec qui tendit la tasse à la jeune fille. En reconnaissant le gentilhomme sous les rustiques habits du meunier, Épine-Blanche ne put retenir un cri de surprise; la voix de Typhène qui l'appelait l'arracha à la contemplation; elle rentra près d'Yvette, qui, complétement remise et appuyée contre les oreillers, rapprochait de son cœur les têtes de ses blonds chérubins.

— Qui donc m'a sauvée? fit Yvette d'une voix douce; est-ce vous?

— Non, répondit Épine-Blanche, c'est le jeune maître de Pontcallec.

— L'ami des pauvres, un vrai Breton! dit Yvette; les petits prieront pour lui chaque jour, je vous le jure.

— Vous passerez la nuit ici, fit gravement Typhène; pendant ce temps, Épine-Blanche lavera et repassera vos habits.

— Que de peines je vous cause! murmura la pauvre mère; elle ajouta plus bas : Quel péché j'ai commis! le curé de Lignol, qui est un saint, voudra-t-il m'en donner l'absolution?

— Vous ne désespérerez plus, ma fille? demanda l'aïeule.

— Jamais, répondit la mendiante.

— Alors le bon Dieu vous pardonnera... Dormez en paix, maintenant... Les enfants réchauffés, comme des oiseaux, sont déjà retournés dans les rêves du paradis... Ne craignez rien; de temps en temps, la fillette viendra prendre de vos nouvelles...

— Merci! merci! répéta Yvette.

Les yeux de la jeune femme se fermèrent, un souffle égal souleva sa poitrine, elle dormait.

Épine-Blanche et Typhène rentrèrent dans la salle où se tenaient Gildas et le marquis.

— Mais regardez donc, ma mère! dit le meunier rayonnant; n'a-t-il point belle mine sous l'habit cornouaillais, le seigneur marquis? et toutes les *pennérès* du pays ne jetteraient-elles point dans le Scorff leurs anneaux de fiancailles, si, sans le connaître, elles le rencontraient à Quimper le jour de la fête de sainte Cécile, la plus belle du pays, celle où le vieux roi Grellon à cheval sur son destrier de pierre, vide un hanap de vin en présence des descendants de ses sujets?

Typhène s'extasia sur l'élégante tournure du marquis; Épine-Blanche ne dit rien, mais une teinte pourpre envahit ses joues délicates.

La nuit était tout à fait venue, Typhène et la jeune fille s'occupaient sans bruit des préparatifs du souper; le marquis et Gildas, assis l'un en face de l'autre sous le vaste manteau de la cheminée, causaient à demi-voix des duretés du temps, de la pauvreté d'un grand nombre, du moyen de soulager de terribles misères. Puis le meunier questionna son maître sur Paris, et le gentilhomme à son tour s'enquit avec détail des vieux usages, des fêtes populaires dont il n'avait point perdu le souvenir au milieu des plaisirs de Versailles.

— Non, monsieur le marquis, dit Gildas d'une voix douce, rien ne s'oublie, rien ne meurt dans cette terre de granit couronnée de forêts et battue par les vagues. L'esprit des vieux bardes anime encore nos chanteurs; si la harpe de Merlin est enfermée dans sa tombe, nous tirons encore du rebec des sons doux et mélancoliques. Il est des *kloër* qui composent des *sônes* pleins de poésie, et l'âme de la Bretagne se garde vivante dans ces chants antiques. Ce soir même, avant une heure, tout ce que le pays des environs renferme de gens capables d'apprécier nos vieilles ballades et de jouer nos drames héroïques se trouvera dans le moulin de Gildas, et jusqu'à ce que l'oiseau gris qui chante la nuit lance ses lamentations, on répétera ici les chants de la vieille Bretagne.

— Bien! bien! dit le marquis de Pontcallec; un jour prochain, j'espère, tu me feras place à ton foyer, et j'y viendrai retremper mon cœur... A cette heure, j'ai besoin qu'une heure de marche rétablisse la circulation du sang dans mes veines... Bonsoir, Gildas!... Adieu, Typhène! Dieu vous garde, Épine-Blanche!

— Ne voulez-vous point que je vous conduise, monsieur le marquis? demanda le meunier.

— Je suis un enfant du pays comme toi, Gildas, et de plus un enragé chasseur.

Le gentilhomme se coiffa d'un large chapeau garni de rubans et de chenilles multicolores, puis, descendant les degrés du moulin, il prit la route du château en suivant les bords du Scorff.

## III

#### GILDAS LE MEUNIER

Gildas Conmor avait vingt-quatre ans. C'était un beau jeune homme, à la physionomie pensive d'ordinaire, mais qui, soudainement, et sous l'influence d'une grande pensée, pouvait rayonner d'enthousiasme. Depuis plus de deux cents ans, les membres de sa famille occupaient le moulin dont les seigneurs de Pontcallec étaient propriétaires ; les générations se succédaient au château et dans la modeste maison qui baignait ses pieds dans le Scorff, sans que rien ne changeât dans les rapports des maîtres et des tenanciers. Les Conmor ne croyaient point possible que leurs petits-fils cessassent jamais de servir les Pontcallec, et dans le seul pays de France qui ne souffrît point le vasselage, sur la terre libre de Bretagne dont les fils portaient les cheveux longs comme les anciens rois, un lien d'indestructible fidélité attachait le domainier à son seigneur. Quand le père de Conmor mourut dans la force de l'âge, Gildas étudiait au séminaire de Sainte-Anne. Sa ferveur, le sérieux de ses habitudes, son exactitude à remplir ses devoirs religieux, la forte direction donnée à ses études théologiques faisaient parfois penser que le jeune homme prendrait la robe noire. Ses maîtres l'espéraient : quand ils interrogeaient à ce sujet le *cloarek*, il souriait sans répondre ; ses yeux bleus, dont la sérénité n'avait jamais été troublée, se levaient sur le vieux prêtre qui lui demandait le secret de son âme, puis il montrait le ciel et paraissait dire :

— Ceci est le secret de Dieu.

Du reste, un double courant se partageait cette âme ardente : la théologie et l'austère beauté de ses mystères, la poésie avec son charme rêveur, la grâce de son langage, le merveilleux de ses apparitions. Sans nul doute, le *cloarek* priait avec ferveur devant l'autel de la Vierge, et répétait pieusement les psaumes composés par un roi courbé sous la main vengeresse de Dieu, la prière de l'ange descendu des cieux pour saluer la fille des hommes, ou l'invocation révélée par le Sauveur lui-même ; mais, après avoir ouvert les ailes de son esprit et gravi les hauteurs accessibles à l'âme humaine, Gildas, errant dans les prés, songeait avec un sourire à la danse des poulpiquets, tandis que la lune projette sur l'herbe des clartés argentées. S'il se reposait au bord d'une fontaine, il n'y cherchait pas seulement la légendaire figure de Rivanone, la vierge poëte de Bretagne qui devint la mère d'Hervé, patron des bardes bretons ; il regardait s'il ne voyait point penchée sur le cristal de l'onde une korigane blonde comme la paille au mois d'août, lissant ses beaux cheveux avec un peigne d'or. Il lisait avec un sentiment de joie mêlé d'admiration les œuvres des poëtes de son pays, les légendes celtiques remplies de la sainteté des cloîtres, les cantiques pieux légués par les moines qui avaient sanctifié la harpe de Merlin. Plus d'une fois, et sans qu'il pût s'expliquer comment le souffle de l'inspiration le visita, il écrivit des pages imprégnées de la beauté triste de sa patrie, et parfumées par les lavandes et les genêts en fleurs.

Quand il revenait à lui, des larmes inondaient son visage ; il relisait plein de surprise les vers qu'il venait d'écrire; puis, saisi d'une sorte de remords, il les jetait dans un tiroir et courait à la chapelle, se demandant avec angoisse s'il était coupable de distraire une part de lui-même et de ne point s'abandonner tout à Dieu.

Les jeunes gens de son âge, ses camarades d'études éprouvaient pour Gildas une sorte de respect; ils le sentaient supérieur à eux par mille qualités d'esprit, et se demandaient de quels travaux ne serait point capable celui qui les charmait si souvent par l'enthousiasme de sa parole. Le temps approchait où Gildas serait appelé à prendre une décision, quand la subite maladie de son père l'arracha du séminaire et le rappela au moulin, qui battait gaiement l'eau du Scorff au bas du village de Rice.

Quand il aperçut la hauteur sur laquelle s'étageaient les maisons du bourg, quand il vit la masse imposante du château de Porte-Neuve appartenant au marquis de Pontcallec, les bois sombres lui formant une ceinture, il sentit son cœur battre avec une soudaine violence. Rien ne lui parut plus beau que les champs de seigle et de sarrasin qui s'allongeaient sous son regard; il croyait, en respirant l'air pur qui lui soufflait au visage, sentir le vent de la mer parfumé par les herbes marines, et voir en rêve la roche de Penmarck battue par les flots courroucés. Il s'effraya de sa joie de se sentir libre, d'aller à travers la lande, et d'aspirer un souffle de jeunesse. Sa pensée s'envola vers le cloître où les heures avaient été calmes et saintes; un soupir souleva sa poitrine à l'idée que peut-être il n'y retournerait jamais; puis, hâtant le pas, il gagna les bords du cours d'eau, sauta par-dessus la passerelle et gravit les marches conduisant au moulin.

Jean Conmor allait mourir. Un mal subit le terrassait dans la force de l'âge; il sentait qu'on pouvait commencer les prières de la recommandation de l'âme, et il attendait son fils, afin de le bénir et de dégager son cœur des affections de la terre.

A genoux près du lit de Conmor sanglotait sa mère, la vieille Typhène; elle n'avait jamais cru que Dieu la frapperait dans son enfant; elle espérait s'endormir dans ses bras, et pensait souvent avec une douceur attendrie qu'il viendrait le dimanche, au sortir dès offices, prier sur sa tombe et pleurer à son souvenir. Et c'était l'homme robuste qui s'en allait, la laissant seule, vieille, à jamais désolée. Gildas se jeta dans les bras du mourant, effleura d'un baiser le front pâle de sa grand'mère et pria avec des sanglots. Sa douleur ne lui permit même pas de remarquer une fillette d'environ quinze ans s'occupant sans bruit dans la chambre, préparant les tisanes, et faisant le repas des garçons meuniers.

Le recteur de Rice revint dans la soirée, le marquis de Pontcallec envoya son médecin, rien ne pouvait sauver Conmor; il mourut résigné, après avoir dit à son fils :

— Tu te dois à ces deux femmes; elles n'ont plus que toi au monde.

Ce fut ainsi que Gildas apprit que Serpn-Gwen, *Épine-Blanche*, appartenait à sa famille. La pauvre enfant, devenue orpheline quelques mois auparavant, avait été adoptée par Conmor, son oncle; Typhène s'y était subitement attachée, et Gildas comprit que désormais il l'aimerait comme une sœur.

A partir de ce jour, son sort fut fixé. Après avoir rempli les devoirs des funérailles, depuis l'enterrement jusqu'au repas où se pressèrent les voisins et la parenté, Gildas prit la direction du moulin, et devint le chef de la famille. Souvent, en jetant un regard vers le passé, il regretta sa cellule de *cloarek*, ses longues heures d'études, ses prières ardentes dans la chapelle. Alors il s'asseyait à sa petite table de sapin et laissait courir sa plume, ou bien, appuyé sur sa fenêtre, il y restait de grandes heures, perdu dans ses songeries que berçait le bruit des palettes battant l'eau et le ruissellement des cascades retombant sur les cailloux polis.

Il ne tarda pas, du reste, à apporter de notables changements dans l'aspect de l'antique demeure. Des plantes grimpantes cachèrent la nudité des murailles ; il sema des fleurs, planta des oignons sur le bord de la petite rivière ; autour du moulin de Rice s'étala bientôt un parterre réjouissant pour le regard, et dont les parfums montaient dans les chambres. — Les buissons s'emplirent de nids apportés par Gildas, et le concert des rossignols enchanta les soirées de printemps. La surveillance du moulin ne prenait pas toutes les heures du jeune homme ; il embellit la grande salle où Typhène et Spern-Gwen filaient pendant les jours d'été et les soirs d'hiver. Il rassembla autour de lui la poésie des prés et des bois ; il se délassait du travail avec le chant d'un oiseau ou l'arome d'une fleur.

Dieu l'avait créé poëte, et cette poésie envahissait ses facultés sans déranger l'équilibre de sa vie.

Gildas possédait un sentiment juste et naïf de la nature ; il ne croyait point possible d'embellir par des paroles cette beauté parfaite unissant l'imprévu de la grâce à la majesté de l'ensemble. Ce qu'il peignait dans ses vers, il le faisait d'un mot, mais ce mot rendait visible et vivante sa pensée, comme le crayon d'un artiste fixe l'aspect d'un paysage ou le contour d'un objet. Le tour de ses vers était neuf, hardi, dans les descriptions ; sa pensée, quand il parlait des mystérieuses choses de l'âme et du cœur, s'imprégnait de mélancolie. Pétrarque champêtre, il permettait à une ombre d'errer au milieu de la campagne décrite par lui avec une exactitude n'excluant pas l'enthousiasme, mais cette ombre était chaste comme celles des jeunes vierges représentées par les artistes du moyen âge sur les frises des cathédrales.

Plus d'une fois Spern-Gwen charmée, attendrie par les vers de Gildas, se demanda quel nom se cachait sous le mystère dont s'enveloppait la jeune fille célébrée par le poëte ; elle ne le découvrit pas et cacha dans son cœur une inquiétude jalouse, dont nul ne suspecta le secret, et qui pâlit encore davantage son teint déjà si blanc qu'il l'avait fait comparer à l'aubépine.

Un homme de l'intelligence et du caractère de Gildas ne pouvait revenir dans son pays sans y exercer, et presque en dépit de lui-même, une grande influence. La franchise de son accueil attira les voisins ; l'harmonie de sa voix, la beauté des *sônes* qu'il composait amenèrent peu à peu au moulin de Rice tous les paysans cornouaillais gardant la tradition de ses légendes, sachant par cœur les poëmes de Merlin, le chevaleresque roman de *Leiz-Breiz*, les chants de bataille des aïeux célébrant le « glaive bleu », la liberté de la Bretagne et son drapeau semé d'hermines. De Berné, de Lignol, de vingt autres paroisses, arrivaient le soir au moulin du clerc quittant les bancs de l'école des toucheurs de bœufs improvisant durant les longues journées de labour, tandis que fume la terre entr'ouverte et que les bergeronnettes sautillent dans le sillon nouveau.

Une sorte d'académie rustique se fonda au moulin de Gildas ; tandis que bon nombre de garçons s'enivraient de pichets de cidre dans les auberges, la salle du moulin, fleurie par les soins d'Épine-Blanche, s'emplissait d'hommes de conditions et d'âges divers, rapprochés par le mutuel amour de la poésie nationale. Bientôt le bruit s'en répandit assez loin en Cornouailles pour qu'il ne fût point rare que les tailleurs et les mendiants, toutes gens qui joignent la chanson à l'aiguille ou appellent l'aumône à l'aide d'un refrain, vinssent frapper à la porte du moulin pour y demander une complainte nouvelle, un *sône* triste comme l'oiseau gris de l'hiver, un *guerz* effrayant comme l'oiseau noir de la mort.

Le jour même où le marquis Clément de Guer-Malestroit de Pontcallec avait sauvé Piérik de la ruine et des galères, et la pauvre Yvette du suicide et de la damnation était un de ceux que Gildas consacrait à la poésie. Quand la roue du moulin s'arrêtait, ouvrière lasse de la besogne accomplie; quand le petit cours d'eau cessait de former des cascades sur les palettes, et s'en allait, paresseux, des touffes de glaïeuls à des tallées de joncs fleuris de petits bouquets bruns, puis redescendait lent et plein de murmures sous les feuilles des osiers et les branches des vieux saules, l'aspect de la demeure de Gildas changeait d'une façon absolue.

Une lampe remplaçait la résine à flamme bleuâtre et pétillante : les bancs, les chaises étaient rangés le long de la muraille; Épine-Blanche revêtait son plus élégant costume, entourait sa quenouille d'un ruban neuf, attifait l'aïeule de Gildas avec un soin filial, puis les deux femmes s'installaient près de la cheminée en hiver ou de la fenêtre en été.

L'une posait son pied alourdi sur la palette du rouet, tirant le fil d'une main et tournant de l'autre la petite roue couverte d'un écheveau grossissant.

Épine-Blanche, la quenouille à la ceinture, lançait de ses doigts mignons le fuseau garni d'un anneau de plomb. Le ronflement du rouet, le bruit léger et strident du fuseau, semblable à un susurrement de sauterelles dans l'herbe, semblaient l'âme du vieux moulin. Gildas se tenait sur le seuil de la porte, prêt à faire accueil à ses hôtes, grave, doux, heureux, parfois ému, surtout les jours où il devait lire devant ses amis une poésie nouvelle.

— Bonjour à vous, Loranz, dit-il en reconnaissant de

loin un homme dans la force de l'âge qui s'avançait vers le moulin de Rice. Il y a longtemps, trop longtemps que nous ne vous avons vu.

— J'arrive du pays de Tréguier, et j'y ai fait une longue tournée.

— Fructueuse, je l'espère? demanda Gildas.

— Oui et non, mais triste à coup sûr.

— Comment cela? Les femmes ne filent-elles plus dans le pays?

— Elles filent toujours, elles filent plus que jamais, le jour, la nuit, ni plus ni moins que dans les contes de fées... Elles filent à s'user la chair des doigts et à manquer de salive! Mais, vous le savez, le travail hâtif ne vaut pas l'autre; ensuite, dès que la pièce de fil est revenue de chez le tisserand, au lieu de l'étendre comme jadis sur les prés, afin de la blanchir à la rosée du soleil, elles se hâtent de la rouler et de la vendre... On veut de l'argent, et de l'argent encore. Les maltôtiers se multiplient dans le pays comme la vermine dans les habits des mendiants... Il faut payer, payer toujours; on vend la toile en attendant de vendre le reste du grain et les dernières bottes d'oignons. La toile encombre le marché ; nous la payons moins cher en raison de l'abondance du produit, mais nous la cédons à des prix médiocres. Pour faire fortune en ce moment, il faudrait devenir accapareur de toiles, en garder des rouleaux en magasins, en faire élever le chiffre en raison du manque de marchandise sur la place, et la débiter à loisir, quand les bras des filandières se seraient arrêtés et que leur poitrine se serait desséchée!

— C'est horrible, Loranz, et je veux croire que vous exagérez.

— Non, je n'exagère rien, et vous savez que ce n'est point dans nos habitudes; depuis la mort du vieux roi Louis XIV, dont Dieu ait l'âme, tout va mal, et son arrièrepetit-fils n'est pas d'âge à comprendre les suppliques que l'on pourrait lui remettre. Je vous le dis comme je le pense, Gildas, les jours sont passés où nos gars chantaient aux fileries les *sônes* harmonieux de la Cornouailles ; il est maintenant un seul air que l'on devrait tirer de l'oubli.

— Lequel? demanda Gildas devenu rêveur.

— *Le Tribut de Noménoë*, répondit le marchand de toile.

— En sommes-nous donc là?

— Oui, je vous le jure sur l'âme des trépassés! Je ne connais pas seulement le pays comme vous connaissez Rice, Lignol et Berné; j'entre dans toutes les fermes, je pénètre dans les pauvres quartiers de toutes les villes, et, je vous le déclare, vous n'avez rien entendu, rien vu, si vous ne connaissez de la misère des pauvres gens que celle des chercheurs de pain. Et encore les laboureurs sont moins à plaindre que les tisserands. Si vous les voyiez penchés sur leurs métiers, la poitrine rentrée, le front blême, tremblant la fièvre, le cerveau halluciné par le parfum que garde le fil de chanvre, vous tressailleriez de pitié. A chaque mouvement que fait l'homme pour enlever la machine, sa poitrine souffle, la sueur mouille la pointe de ses cheveux. Il est tenté de se coucher sur le métier pour mourir, et de se faire un linceul avec le dernier morceau de toile qu'il tisse, mais il voit sa femme épuisée, courbée sur un nourrisson affamé, des enfants grouillant sur le sol boueux de la chambre ; il sait que la *maie* est vide, qu'il n'y a pas de fagots dans le grenier, et il reprend la navette : le bois crie, la machine bascule, et l'homme, comme s'il n'était qu'un rouage de cette même machine, arrache un soupir de sa poitrine creuse et continue son infernal labeur.

— Oh! cette misère du tisserand, comme vous la peignez! s'écria Gildas.

— Je l'ai vue partout, à toute heure, rendue plus rude par le manque d'air, plus douloureuse par la phthisie; si je faisais la chanson du tisserand, vous reculeriez d'épouvante, et, vrai! je ne suis capable de faire que cela.

En ce moment, un individu à figure narquoise, boitillant et claudicant d'une façon si bizarre qu'il devenait impossible de dire laquelle de ses jambes lui rendait le moins de service, et que l'on était tenté de croire qu'il boitait des deux pieds, gravit les quatre marches du perron, et, tirant son chapeau garni de chenilles variées, il salua le meunier d'une joyeuse bienvenue.

— C'est mon jour de fête, dit-il, quand j'entre au moulin de Rice. Vive Dieu! j'aime mieux les soirées qu'on y passe que les bals de pardons et les chansons de noces! Épine-Blanche embaume toujours, et vous, l'aïeule, saine comme un fruit mûr!

— Merci, dit Gildas; la maisonnée va bien.

— Tant mieux! je m'en réjouis, car je vous aime. Je n'en dirai pas autant des Douzek; il faut que la famille soit à mes trousses pour que je me décide à coudre un justin aux femmes et un habit aux hommes. Habillez donc des gens bossus et des filles dont la taille ressemble à la quenouille de Typhène! La grosse Marianik est furieuse: ne s'était-elle point persuadé que Bernard le maquignon songeait à en faire sa femme? La paille blanche mûrira bien des fois avant qu'on chante la *Chanson de l'armoire* à la Marianne.

— Bonjour à tous, gens de la maison! dit une voix douce.

C'était Mylio, le pastour, qui faisait son entrée; Mylio dont le nom avait la douceur d'un nom grec, et qui marchait en tenant à la main un long bâton blanc, comme en portaient les pasteurs antiques. Il ne comptait pas seize ans, Mylio le pastour; sa mère, une belle fille de Saillé, lui avait transmis le type si pur de la colonie grecque qui s'y créa une seconde patrie. Ses grands yeux bleus gardaient la pureté des *doués* abrités sous les arbres ou des fontaines claires sur les bords desquelles les Mary-morgan vont peigner leurs cheveux. Ses habits prenaient une désinvolture étrangère à ceux des autres ; ses mains étaient blanches comme s'il les lavait dans du lait. Bien que Mylio fut très-jeune, sa physionomie reflétait quelque chose d'étrange qui n'était pas la tristesse, car un sourire errait toujours sur les lèvres de Mylio ; on eût dit plutôt qu'il portait sur son visage le mystérieux signe auquel on reconnaît ceux qui doivent mourir jeunes. Mylio chantait presque toujours ; tandis qu'il gardait ses bêtes, un refrain montait à ses lèvres ; chaque soir, il allait dans les fermes du voisinage entendre ou redire des chansons et des cantiques. Sa douceur, une expression de visage d'une pureté qui reflétait son âme le faisaient accueillir par tous avec bienveillance. Mais, entre toutes les maisons où il se rendait le soir avec joie, il n'en était point qui lui fût plus chère que le moulin de Rice. Mylio professait un culte pour Gildas ; il n'eût pas mieux aimé un frère de son sang. Aucun des jeunes gens de son âge qu'il connaissait ne jetait dans son esprit autant de clartés que le meunier. L'entretien de l'ancien cloarek, empreint d'un mysticisme rapporté du séminaire, remplissait l'âme de Mylio de saintes pensées et de visions bénies. Peut-être aussi le gardeur de chèvres éprouvait-il une joie indéfinissable à voir les grands yeux d'Épine-Blanche se fixer sur les siens avec la paisible sécurité de l'innocence.

Ce fut vers elle que s'avança Mylio, après avoir salué Gildas. Il posa près d'elle un gros bouquet de fleurs des champs, puis tous deux causèrent à demi-voix, jusqu'au moment où une vieille femme, s'arrêtant sur le seuil de la porte, se mit à réciter l'Oraison dominicale.

Typhène reconnut la voix de la pauvre créature.

— Entrez, Clauda, dit-elle; nous avons toujours pour vous une livre de farine; votre part est la part du bon Dieu!

— Qu'il vous bénisse, dit la vieille femme, et acquitte ma dette dans l'autre monde... En celui-ci j'y ajouterai peut-être, car je vous demanderai un coin pour y mourir, quand le froid de l'hiver ne me permettra plus de coucher dans les paillis.

— Et votre cabane de genêts? demanda Mylio.

— Elle a fait un feu de Saint-Jean! répliqua Clauda d'une voix âpre.

— Que voulez-vous dire? demanda Typhène.

— Les gabelous sont venus hier me demander de l'argent. De l'argent à Clauda! Il ne me restait pas même de pain, sauf un morceau de pain bénit que je conserve pour attirer le bonheur dans ma maison... Ils ont vidé mon coffre, sans y trouver autre chose que ma besace; et, après avoir remué la paille de ma couche et fait sauver les misérables rats de ma cahute, une idée a traversé la cervelle des gabelous; il paraît que, faute des deniers que je ne pouvais payer, les fermiers généraux se trouveraient en peine; il fallait me faire expier ma misère. Les misérables, après m'avoir garrottée, m'ont laissée étendue dans la cabane, qui ne valait pas, vous le savez, une loge de sabotier... Puis, pour achever de me châtier, l'un des maltôtiers approcha un morceau d'amadou de la clôture de genêts, et la clôture se mit à flamber... Elle brûlait, et je me trouvais dans l'impossibilité de faire un mouvement... elle brûlait, et le feu se communiquant à la toiture ne pouvait manquer de me couvrir de flammes et d'étincelles... Les gabelous étaient partis en riant... J'appelai, je criai. Une femme qui revenait du *doué* m'entendit, prit dans le paquet posé sur sa tête un drap mouillé dont elle m'enveloppa; puis, me soulevant dans ses bras, elle me porta sur le revers du fossé... De là je vis brûler la misérable masure qui abritait ma vieillesse, et quand il n'y eut plus que cendres de ce qui avait été la demeure de la Clauda, j'en pris une poignée, j'en emplis cette boîte de fer, et j'irai de porte en porte en semer des pincées, en demandant aux gens de la campagne : « Jusqu'à quand supporterons-nous les gabelous et les maltôtiers qui dévorent le meilleur de notre sang? »

— C'est affreux, murmura Typhène, vraiment affreux! Les misérables payeront leur péché. Quant à vous, Clauda, vous le voyez, la table est longue, la place du pauvre y est réservée à côté de celle du chef de la famille; c'est vous dire que vous l'honorerez quand vous viendrez vous y asseoir.

Tandis que l'aïeule prononçait ces paroles, Épine-Blanche s'était levée et, coupant un chanteau de pain, elle l'apporta sur les genoux de la vieille femme, en même temps qu'une écuelle de lait caillé! Clauda fit un signe de croix et parut bénir tous ceux qui se trouvaient dans la maison.

Les yeux de Mylio étincelaient d'indignation.

— On ne peut donc rien contre les gabelous? demanda-t-il.

— On peut, chaque fois qu'on en rencontre un, dit un homme robuste qui venait d'entrer, lui fendre la tête avec son *pen-bas*.

Et, pour accentuer ces paroles, Porzou, dont une courroie de cuir soutenait le bâton pendu à son poignet, opéra un moulinet savant, capable de broyer la plus dure tête de Bretagne.

— Bonsoir, Porzou ! dit Gildas.

— Dieu vous protége, petits et grands! répondit le *pillawer*.

Tout le monde connaissait Porzou dans le pays; Porzou était aussi populaire que Loranz; l'un achetait la toile neuve sortant du métier ou blanchissant encore sur les prés, l'autre allait de ferme en ferme, achetant du vieux linge, des haillons, des morceaux de drap ou de futaine... tout ce que la ménagère laissait inutile, tout ce que ne pouvait employer l'industrie du tailleur Loëïz. Un bissac sur le dos, il marchait une partie de la journée; quand sa charge devenait trop lourde, il la plaçait sur le dos d'un âne. Porzou était un homme juste, énergique et bon; il n'eût pas fait pleurer un enfant, et il se détournait de son chemin pour ne point écraser une mouche, et cependant l'on comprenait qu'un mouvement de haine violente soulevait sa poitrine.

— Tant qu'il y aura des gabelous en Bretagne, dit-il, la Bretagne sera opprimée.

Un silence pénible succéda à ces paroles; il durait encore quand la porte s'ouvrit avec fracas; le sonneur Arfol entra, son biniou sous le bras. Lui aussi paraissait préoccupé.

— Galormez a tué un homme... dit-il.

— Qui donc? s'écrièrent plusieurs voix.

— Louis Gervol.

— Ce n'était pas un homme! dit le pillawer, mais bien un des assassins de la Clauda, un gabelou... Galormez payera son crime, Gervlo a expié le sien.

Certes, dans le moulin de Gildas, qui d'ordinaire retentissait de chansons, il ne pouvait être question ce soir-là de *guez* effrayants ou de *sônes* mélancoliques. La réalité, mille fois plus poignante que la fiction, étreignait le cœur et serrait la gorge des hôtes du meunier de Rice. Tandis qu'ils échangeaient leurs impressions et leurs angoisses, la salle s'était lentement remplie de laboureurs à l'allure grave, au visage méditatif, dont le regard se remplissait jusqu'au fond de la tristesse des horizons lointains et de la mélancolie d'un ciel dont la douceur exclut l'éclat. Des meuniers du voisinage, des *pillawers* amis de Porzou ne tardèrent point à grossir l'assemblée. L'animation de l'entretien devint plus vive, chacun des assistants ajouta son trait nouveau à la peinture si pénible déjà de la situation présente. L'un des *pillawers*, vieillard à cheveux blancs, avait habité les environs de Rennes, au temps où le duc de Chaulnes y représentait l'autorité.

— Je me trouvais dans la ville par hasard, dit-il, le jour où la foule jeta un chat mort dans le carrosse de gala de la duchesse, et j'ai vu flamber un peu plus tard tout un quartier de la cité. Eh bien ! ce n'était rien en comparaison de ce qui se passe aujourd'hui. Nous souffrons trop, et nous avons droit de libre langage. Depuis quand les Bretons ont-ils mérité de subir un joug? Nous acceptons celui de nos gentilshommes ; nous admettons le pouvoir de nos seigneurs, qui nous connaissent et qui nous aiment. Le comte de Toulouse ne peut rien contre notre droit d'exiger pour maîtres des hommes nés sur la lande, dont les veines sont rouges de sang breton. Ceux-là se contenteront de notre dévouement, de notre respect, et quand nous leur porterons les clefs d'une ville, ils ne les refuseront point avec mépris, sous prétexte que nous ne les offrons pas dans un bassin d'argent.

Une sorte de fièvre gagnait les invités de Gildas ; ce n'était point ce sentiment de haine malfaisante et jalouse qui met le fiel au cœur du pauvre, mais une pensée de noble fierté, d'antique indépendance qui se réveillait dans les âmes de ces durs Bretons.

Ils venaient de le dire : jamais, tandis que les autres provinces étaient peuplées de serfs, ils ne courbèrent le front sous le joug de la servitude ; ils pouvaient encore prononcer le mot *liberté*, car ils avaient toujours joui de ses priviléges. Depuis le jour où Noménoë rendit l'indépendance à leurs aïeux, ils la gardèrent fidèlement. Dans leur cœur, la fidélité pour leurs maîtres restait une sorte de religion; ils tenaient à leur drapeau semé d'hermines comme au symbole de leurs droits, et quand ils se promenaient dans les champs où jaunissait le blé de la récolte prochaine, ils se souvenaient qu'un de leurs ducs avait fait de ces mêmes épis un ordre de chevalerie, et que les princes et les princesses de Bretagne les portaient en collier.

Bientôt, dans la réunion du moulin de Rice, tous ces souvenirs prirent corps; chaque invité rappela une phase de l'histoire du pays de Vannes, de Tréguier ou de Cornouailles; les vers brûlants des vieux poëtes inconnus revinrent à la mémoire, le sentiment des grandeurs passées et la honte des abaissements présents se disputèrent les cœurs et amenèrent sur les lèvres des paroles enflammées.

Sur un mot de Clauda, Spern-Gwen sortit, et rentra bientôt portant sur son épaule une cruche de grès dont sa main droite soutenait l'anse.

Les gobelets d'étain passèrent du dressoir sur la table, Épine-Blanche y fit mousser le cidre blond, et Gildas en porta le premier gobelet au vieux *pillawer* Goward, dont les mains jointes tremblaient sur la poignée de son bâton.

Ce ne furent point leurs santés réciproques que portèrent ces hommes; pas un d'entre eux ne songeait en ce moment à son intérêt personnel ; une préoccupation unique emplissait leurs âmes, et, sans qu'ils eussent besoin de se concerter, tous choquèrent leurs verres avec la solennité qui semble l'apanage de cette grande et forte race, et ils s'écrièrent :

— A la Bretagne!

Typhène fit dévotement le signe de la croix, après avoir arrêté son rouet, et les grands yeux d'Épine-Blanche se fixèrent étincelants sur le visage de Gildas rayonnant d'un noble enthousiasme.

Nous l'avons dit, tous ces hommes étaient de véritables poëtes, plus poëtes encore par le sentiment que par la forme ; mais chacun d'eux était l'auteur d'une ou de plusieurs chansons répétées le soir aux veillées, tandis que les femmes filaient et que les hommes creusaient des sabots ou dessinaient les arabesques d'une boîte à sel. Quelques-uns dont l'inspiration atteignait un vol plus haut avaient écrit des drames étranges dans lesquels la fiction se mêlait à la légende, et que l'on jouait les jours de pardons à Morlaix ou à Tréguier. Dans ce pays breton qui garde le tombeau mystérieux de Merlin, la harpe vibre chaque fois qu'un groupe d'hommes pense dans un milieu sympathique. Il arrive souvent que les poésies nouvelles, loin d'être l'œuvre d'un seul, sont une composition collective. Qu'un homme doué d'inspiration se sente soudainement ému, il se lève, et dit : « Faisons une chanson », et sur un rhythme facile à saisir il improvise le premier vers, répété par les assistants ; tandis que le chœur le redit, l'improvisateur trouve le second. Généralement le couplet suivant commence par ce même dernier vers, de telle sorte que le chant entier s'entrelace comme les anneaux d'une chaîne. L'inspiration se trouvant montée au même diapason, si le premier chanteur s'arrête faute de trouver une pensée qui lui échappe, son voisin reprend la chanson, et poursuit jusqu'à ce qu'à son tour il cède le chant à un autre. Il résulte de ce mode d'improvisation un ensemble parfait dans la donnée générale de la composition, et une variété très-grande dans la façon d'exprimer la pensée.

Certes, si jamais heure avait été propre pour composer un chant national, c'était bien celle où la Bretagne poussait un cri d'épouvante, en essayant de se lever du sol sur lequel la maintenait le pied d'une injuste oppression.

Épine-Blanche le comprit si bien qu'elle alla décrocher le rebec de Gildas pendant au lambris de chêne, et le mit en rougissant dans les mains du jeune homme.

— Bien, la mignonne! s'écria Mylio en frappant dans ses mains en signe de joie. Un chant, les maîtres, composez ce soir un chant sur la terre des chênes, un chant qui la peigne gisante et froide comme un enfant mort que bercerait sa mère. Arfol, un air de biniou, et toi, Gildas, prends en main le rebec; les hommes vont ce soir composer un bardit qui sera demain répété de Tréguier à Vannes.

— Oui, oui, dit Loranz, je me charge de le dire aux Bretons des villes.

— Je le murmurerai sur les grands chemins, ajouta Clauda, car ma voix n'a plus qu'un murmure.

— Et les *pillawers* l'apprendront aux gens de ferme en courant acheter leurs chiffons! ajouta Porzou.

— Un chant, un chant pour la Bretagne! dirent les laboureurs en levant leurs larges fronts brunis par le soleil.

Gildas venait de saisir son rebec; Arfol prit son biniou, et, suivant avec un grand art le chant indiqué par l'archet du meunier de Rice, il improvisa un accompagnement ne manquant ni d'originalité ni de grâce. Le mode du chant était trouvé.

Debout au haut de la table, Gildas ne semblait plus rien voir ni rien entendre. Le souffle des vieux bardes passait en lui; la tête fièrement rejetée en arrière, ses longs cheveux ruisselants sur ses vêtements, un reflet de passion dans le regard, il commença d'une voix lente et triste qui ne devait pas tarder à monter et à donner des sonorités plus franches. Le mot de Mylio le pastour avait été la note première donnée au chant du meunier. Oui, la Bretagne était couchée agonisante, pareille à un enfant mort étendu dans un berceau et que berce sa mère affolée.

Gildas commença :

— Bretons, faisons une chanson sur les larmes de la Basse-Bretagne. Venez entendre, ô peuple, venez entendre chanter.

Les laboureurs, les *pillawers*, les mendiants et les meuniers reprirent ensemble :

— Venez entendre, ô peuple ! venez entendre chanter !

Gildas continua :

Les hommes de la Basse-Bretagne ont fait un joli berceau, un berceau fièrement travaillé ;
Un beau berceau d'ivoire orné de clous d'or et d'argent :
De clous d'or et d'argent orné, et ils le balancent maintenant le cœur triste ;
Maintenant, en le balançant, les larmes coulent de leurs yeux ;
Les larmes coulent, des larmes amères : celui qui est dedans est mort !
Il est mort, mort depuis longtemps, et ils le bercent toujours en chantant.
Et ils le bercent, ils le bercent toujours, car ils ont perdu la raison.
La raison, ils l'ont perdue ; ils ont perdu les joies du monde.
Le monde n'a plus pour les Bretons que regrets et peines de cœur ;
Que regrets et peines d'esprit, lorsqu'ils pensent au temps passé.

La voix de Gildas faiblit. Il abaissa son rebec ; l'émotion étranglait sa voix. Alors Hervé Le Roux, dont les ailes du moulin tournaient sur le premier plan des montagnes, reprit d'une voix stridente :

Dans le vieux temps, on ne voyait point ici se promener certains oiseaux ;
Certains oiseaux verts du fisc, la tête haute, la bouche grande ouverte.
Le pays ne devait d'impôt ni pour le sel ni pour le tabac.
Sel et tabac coûtent bien cher ; ils coûtaient moitié moins jadis.

Arfol cessa de souffler dans son biniou et lança au meunier des collines Noires un regard dans lequel brillait moins de malice que d'amitié; et comme Arfol comprit qu'une fois ce trait lancé Hervé Le Roux n'improviserait point davantage, il poussa le coude de Porzou, qui, reprenant au vol la pensée de ses devanciers, poursuivit, soutenu par le son du rebec de Gildas :

On n'envoyait point autrefois nos jeunes gens dans les pays étrangers ;
Dans les pays étrangers, entendez-le! pour mourir, hélas ! loin de la Basse-Bretagne!

Le *pillawer* n'en dit pas davantage : il se souvint de son jeune frère dont la tombe verdissait dans le cimetière de Lignol.

Le plus vieux des laboureurs se leva et dit d'une voix âpre :

En Basse-Bretagne, dans les manoirs, il y avait des hommes de bien qui soutenaient le pays.
Au manoir, quand venait un pauvre, on ne le laissait pas longtemps à la porte.
La bonne dame, allant au grand coffre, lui versait la farine d'avoine plein sa besace.
Elle donnait du pain à tous ceux qui avaient faim, et des remèdes à tous ceux qui étaient malades.
Pain et remèdes aujourd'hui manquent; les pauvres s'éloignent du manoir.
Tête basse s'éloignent les pauvres, par la peur du chien qui est à la porte !
Par la peur du chien qui s'élance sur les paysans comme sur leurs mères !

De vifs applaudissements saluèrent les couplets du laboureur. En effet, si les paysans gardaient aux gentilshommes de leur pays un respect atteignant les proportions d'un culte, ils éprouvaient en revanche pour les traitants, les fermiers de gabelles et tous les bourgeois enrichis qui achetaient peu à peu dans le pays les domaines des anciens seigneurs, une répulsion que rien ne pouvait vaincre. Ils sentaient que ces manieurs d'argent les méprisaient; les appelant la « paysantaille »; près d'eux, ni pitié, ni appui, ni recours. Quand une noble famille quittait le sol natal, c'était un deuil pour le pays; on savait d'avance qu'un financier essayerait de prendre sa place. Les Bretons aimés, protégés par la noblesse, se sentaient haïs par la bourgeoisie, qui se mettait sans cesse du parti de leurs oppresseurs. Aussi le laboureur qui venait de comparer le passé au présent et l'accueil des châtelains à la cruauté des nouveaux propriétaires, qui semblaient aux Bretons des intrus et des ennemis, reçut-il de ses amis une ovation véritable. L'émotion étrangla sa voix dans sa gorge; il se tourna vers son ami, et lui dit d'un accent rauque de pleurs :

— A toi, Jean ; la douleur m'étouffe.

Et Jean continua l'idée du dernier poëte :

L'année où ma mère devint veuve fut pour ma mère une mauvaise année.

Elle avait sept enfants, et n'avait pas de pain à leur donner.

— Celui qui a, celui-là donnera; je vais le trouver, dit-elle.

Je vais trouver l'étranger; que Dieu le garde en bonne santé !

Bonne santé à vous, maître de ce manoir ! je suis venue ici pour savoir une chose;

Pour savoir si vous auriez la bonté de donner du pain à mes enfants;

Du pain à mes neuf petits enfants, monsieur, qui n'ont pas mangé depuis huit jours.

L'étranger répondit à ma pauvre mère quand il l'entendit :

— Va-t'en du seuil de ma porte, ou je lâche sur toi mon chien.

A mi-chemin de chez elle, elle rencontra le seigneur comte,

Le seigneur comte du manoir de Pratuloh, allant chasser la biche au bois du Loli.

— Ma bonne chère femme, dites-moi, pourquoi donc pleurez-vous?

— Je pleure à cause de mes enfants; je n'ai pas de pain à leur donner.

— Ma petite femme, ne pleurez pas; voici de l'argent, allez en acheter.

— Que Dieu bénisse le seigneur comte ! Voilà des hommes, sur ma parole !
Quand je devrais aller à la mort, j'irai pour lui, quand il voudra.

Un troisième laboureur ajouta pour donner plus de poids aux couplets de Jean :

Voilà des hommes qui ont bon cœur ; ceux-là écoutent les gens de toute condition ;
Ceux-là sont bons pour tout le monde !

Thomas serra la main de Jean, comme s'il lui demandait la faveur d'ajouter, lui aussi, une parole de reconnaissance pour les seigneurs bretons :

Ceux-là sont bons pour tous les malheureux laboureurs : ce n'est pas eux qui les chasseraient ;
Qui les chasseraient comme les nouveaux maîtres pour accroître leur fortune ;
Leur fortune, sans penser que celui qui l'accroît de la sorte la diminue pour l'autre monde.

Thomas venait de laisser parler sa rancune. La plupart des paysans de Bretagne étaient *domaniers*, et, moyennant une redevance, jouissaient de la terre arrosée de leurs sueurs. Depuis deux ou trois siècles, souvent, une famille habitait la même maison et labourait les mêmes champs ; les seigneurs ne songeaient jamais à remplacer leurs *domaniers*, et quand l'un d'eux mourait, ils le regrettaient comme un humble ami de la maison. Il n'en fut pas de même quand les châteaux et les terres devinrent la propriété de financiers avides ; ils chassèrent les paysans de la terre, qu'ils avaient l'habitude de considérer comme leur appartenant, et les traitèrent sans pitié. Thomas venait d'être renvoyé de la sorte d'une ferme où ses aïeux habitaient depuis l'époque du second mariage de la bonne duchesse avec le roi Louis XII.

— Ce ne sont pas eux, dit une autre voix, qui font vendre le lit d'un fermier avec ses meubles.

Porzou ajouta d'une voix aiguë :

Ce ne sont pas eux qui font payer deux écus d'amende à une femme qui cherche son pain ;
Deux écus pour ce que sa vache a mangé d'herbe, dans le lieu où sa bête a toujours pâturé.

Le *pillawer* à cheveux blancs reprit :

Ce ne sont pas ceux-là qui défendent de chasser; quand ils vont au bois ils mandent tout le monde.
Les anciens seigneurs, s'ils ont la tête chaude, aiment les paysans de tout leur cœur.

Porzou dit d'une voix amère :

Les pauvres seront toujours pauvres ! ceux des villes les pilleront toujours.

Alors Gildas reprit d'une voix douloureuse :

Toujours ! Pourtant on avait dit : La pauvre mauvaise terre rapportera le meilleur blé ;
Le meilleur blé, quand reviendront les vieux rois, pour gouverner.
Il est fou, celui qui a cru que les corbeaux deviendraient colombes ;
Qui a cru que la fleur du lis sortirait jamais de la racine de la fougère ;
Qui a cru que l'or brillant tombe du haut des arbres.
Du haut des arbres, il ne tombe que des feuilles sèches.
Chers pauvres, consolez-vous ; vous aurez un jour des lits de plume.
Vous aurez, au lieu de lits de branches, des lits d'ivoire dans l'autre monde !

Le beau visage de Gildas rayonna, tandis qu'il faisait cette consolante promesse ; il venait de voir rouler de grosses larmes sur les joues basanées des chercheurs de pain, sur le visage ridé de la vieille Clauda.

Le maître du moulin à vent des montagnes Noires acheva de la sorte la ballade du temps passé :

Ce chant a été composé la veille d'une fête de la Vierge, après souper.
Il a été composé par douze hommes : trois font le métier de chercher des chiffons; sept sèment le seigle, deux le changent en farine.
Et voilà faite, voilà faite, ô peuple! et voilà faite, voilà faite la chanson!

Le rebec de Gildas et le biniou d'Arfol prolongèrent, puis éteignirent le son dans une phrase douce et mélancolique. Les notes pleuraient sous l'archet, et la basse de la cornemuse se lamentait, tandis que les lèvres d'Arfol pressaient le hautbois sur lequel ses doigts se levaient et s'abaissaient en cadence, et que son bras pressait l'outre de peau de chevreau.

Mylio se leva le visage enflammé :

— Douze hommes ont fait la chanson, répéta-t-il, mais le peuple entier de Bretagne la chantera le jour de la fête du saint patron, à l'aire neuve où se réunit la jeunesse ; les *pillawers* la diront en conduisant leurs petits chevaux achetés à la foire de Lamballe ; les mendiants sur le seuil des manoirs des seigneurs, pour les bénir de l'hospitalité reçue ; et aussi ils la diront en face des nobles demeures achetées par les fermiers des gabelles, par les financiers qui ne craignent pas de pressurer le peuple breton, devant leurs femmes dont les bijoux valent le pain de dix paroisses. La chanson du *Temps passé* est la glorification de notre vieille noblesse, l'expression de cet amour pour le petit Roi, celle de notre mépris pour les parvenus insolents.

— L'âme de la Bretagne se retrouve dans ce chant, dit Épine-Blanche dont les yeux s'animaient de fierté tandis qu'elle considérait Gildas.

Elle reprit sa cruche de grès, remplit les gobelets à la ronde, puis effleurant elle-même une coupe d'étain :

— La Bretagne n'est pas morte, dit-elle ; la Bretagne ne peut pas mourir !

Et comme d'une seule voix les amis de Gildas répétèrent :

— La Bretagne ne peut pas mourir !

— Qui la sauvera? demanda Porzou.

— Ses anciens maîtres, répliqua le meunier de Rice. Si vous m'en croyez tous, hommes de Bretagne, gens de Berné, de Lignol et des montagnes, nous irons le *pen-bas* en main comme des voyageurs, le chapelet au poignet comme des chrétiens, frapper à la porte de celui de nos seigneurs qui vous semblera le plus brave, le plus généreux, le plus capable de prendre en main notre cause, de soutenir nos intérêts, d'embrasser notre querelle, et, lui racontant ce qui se passe, lui montrant les maux qui fondent sur nous en dépit de notre loyauté, de notre bonne foi, de notre fidélité au roi, de notre affection pour nos véritables maîtres, nous le supplierons d'unir son épée de gentilhomme à nos *pen-bas*, et d'enrégimenter les paysans bretons pour en faire une armée obéissant à un chef capable de gagner une victoire, et de montrer aux trafiquants qui vivent de notre sueur ce que vaut la « paysantaille ».

— Oui ! oui ! dit Arfol, Gildas a raison ; pour venger notre querelle et racheter nos vies, nous avons besoin de l'appui de nos légitimes protecteurs ; nul d'entre eux ne nous fera défaut, j'en jure !

— Certes, dit Loranz, et pas un des manoirs de la vieille noblesse ne se fermera devant les gens de Cornouailles ; mais, pour inspirer ce dévouement généreux à tous les seigneurs, il faut trouver un avocat de notre cause, un homme qui, noble comme pas un, exerce une influence sur tous.

— Bien parlé, Loranz, fit Loéïz en applaudissant.

— Cet homme, reprit Mylio en agitant son chapeau, nous le connaissons, nous l'aimons tous, et son nom jaillit à la fois de tous les cœurs de Bretons.

— Clément de Guer-Malestroit, marquis de Pontcallec, dit Gildas.

— Oui, oui, répétèrent les hôtes du meunier, Clément de Pontcallec !

Un enthousiasme spontané réchauffa toutes les âmes. Dès que le nom du jeune gentilhomme eut été prononcé, les cœurs perdirent de leur oppression, la confiance rentra dans les cœurs ; il parut à ces poëtes qui venaient d'énumérer les misères du présent, en les comparant au bonheur du temps passé, que l'espérance recommençait à leur sourire. Les fronts s'éclaircirent, les yeux brillèrent, et, les mains se rapprochant, une alliance fut scellée entre ces travailleurs également doués de courage, de cœur et d'intelligence. Une heure après, le lieu du rendez-vous était choisi pour le lendemain ; les hôtes du moulin de Rice se séparèrent. La nuit était calme, limpide et bleue ; de scintillantes étoiles se montraient à la voûte du ciel, et l'on eût dit que le Seigneur répandait sa bénédiction sur les hommes de la terre prêts à se faire soldats pour protéger le sol natal, disposés à mourir pour le soulagement du dernier mendiant de Cornouailles.

## IV

### LA VOIX DES OPPRIMÉS

Le château de Pontcallec dressait ses épaisses murailles au centre d'un pays sauvage, dont les accidents de terrain et la topographie générale formaient sans le secours de l'art de merveilleuses défenses. D'un côté, un immense étang rendait le manoir inaccessible, tandis que des trois autres une épaisse forêt de plusieurs lieues d'étendue étalait ses fourrés inextricables et gardait dans le mystère et l'ombre les vieilles murailles où jadis les gentilshommes bretons se réunissaient du temps de la Ligue.

Aucune demeure ne pouvait mieux convenir que celle-là à Clément de Pontcallec; ses souvenirs s'avivaient à toute heure quand il regardait dans la grande salle basse les armures bossuées de ses aïeux et les épées de ses ancêtres. Chaque livre relatant les grandes pages de l'histoire nationale du pays lui montrait le nom des membres de sa famille qui se firent à l'armée un renom de bravoure. Souvent, en regardant les reliques du vieux temps où s'échangeaient de si bons coups de dague, le bouillant jeune homme se prit à le regretter. Il se demandait quel but il donnerait à sa vie. La laisserait-il se consumer dans le manoir héréditaire, se contentant d'un bonheur ignoré, dont l'espérance faisait monter à sa joue une fugitive rougeur? quitterait-il la Bretagne pour chercher un emploi à la cour du Régent?

Après avoir rendu son épée de parade, deviendrait-il courtisan?

Il ne se sentait point assez de flexibilité dans le caractère pour se prosterner devant le duc d'Orléans. Il se rendait cependant bien compte que, pour une âme énergique comme la sienne, il y avait autre chose à faire qu'à chasser dans ses bois, à rendre visite à ses voisins et à ouvrir hospitalièrement les portes de son château.

Le jeune homme se répétait parfois que sa vie pouvait avoir pour but le soulagement des misères frappant souvent ses yeux, et dont la veille, par deux fois, il avait eu le terrible spectacle; mais en même temps il songeait que, quand même il jetterait toute sa fortune dans le gouffre de ces indigences, il arriverait à peine à soulager les pauvres gens qui l'entouraient. Pour les sauver, l'or ne pouvait suffire; il fallait offrir ses biens sans doute, mais aussi, et plus encore, être prêt à donner sa vie pour la cause des opprimés.

Lorsque la veille Clément de Pontcallec rentra du moulin de Rice au château, une profonde méditation rendait singulièrement graves les lignes de son beau visage. Ses yeux lançaient de temps en temps une flamme sombre, des exclamations sourdes s'échappaient de ses lèvres. Sa préoccupation était si grande qu'il ne toucha guère au repas qui lui fut servi, et quitta la salle pour errer sur les bords de l'étang.

La soirée était belle, claire; une brise très-douce courbait les fleurs sous les berges de l'eau, et bruissait en murmures alanguis et lointains dans les arbres de la forêt sombre. Les plaintes qu'elle tirait des rameaux, les chants expirants des oiseaux sous les feuilles s'harmonisaient avec les pensées du marquis de Pontcallec. Sa vie ressemblait en ce moment d'une façon absolue au paysage qui s'étendait devant lui : paisible d'aspect, mais troublé pourtant d'une façon intime et mystérieuse par les soupirs du vent plissant l'eau du lac en petites rides, et courbant les branches avec des bruits mélancoliques.

Peu à peu, et sans se rendre compte de quel côté se dirigeaient ses pas, Clément quitta les rives de l'étang et gagna la lande.

Elle formait un saisissant contraste avec les abords du château. Plane comme l'Océan, elle paraissait, sous les clartés pâles de la lune, semblable à une mer envahie par les herbes. La terre se confondait avec le ciel aux limites extrêmes de l'horizon, et rien ne rompait la monotonie de ce paysage, sinon la ligne haute, dure, accentuée, d'un menhir se profilant sur l'azur pâle du ciel. Cette pierre druidique, solitaire dans la lande, achevait de donner à celle-ci un fantastique aspect. Les orages des siècles avaient passé sur elle sans parvenir à la déraciner. Dressée sur sa pointe aiguë, elle évasait dans l'air sa masse gigantesque; et si le marquis de Pontcallec s'en fût approché à cette heure, il aurait pu lire à la fois sur les faces noires rongées par des plaques de mousse roussâtre des caractères étranges, renfermant les rites des mystères sacrés abolis par la croix, et tracés à l'outil sur la partie tournée vers le ciel.

Tandis que Pontcallec regardait le menhir, la roche parut se dédoubler; une seconde ligne droite, inflexible et bizarre, se dessina, puis s'en sépara avec lenteur.

Pontcallec était trop Breton pour ne point conserver quelques-unes des superstitions natives, en dépit d'une foi religieuse très-sincère. Cependant, comme il était brave, au lieu de reculer il avança. La disposition inquiète et troublée de son esprit le disposait à la croyance, à l'acceptation des choses étranges; il lui semblait qu'une force impérieuse le poussait vers la lande aride, à la rencontre de l'être humain qui se mouvait sur le fond pâle du ciel. Mais il marchait sans hâte, sans mouvements désordonnés, comme on va vers l'inévitable.

La lune brillait sans nuage dans l'azur profond; les étoiles scintillaient à d'incommensurables hauteurs, et la lande baignée par ces clartés molles et pures prenait des apparences de vagues moutonneuses.

Il n'était pas encore possible au marquis de reconnaitre l'être qui venait de se mouvoir à une centaine de pas, et qui depuis un instant paraissait l'attendre, immobile, la main sur un grand bâton, quand la voix de cette créature dit avec lenteur :

— Ne crains rien, Clément de Pontcallec; tu peux approcher sans frayeur de celle qui vit ta mère enfant et berça ton aïeule dans son berceau d'ivoire et d'ébène.

— La Korigane! s'écria Pontcallec.

— Oui, la Korigane, dont le cœur plein de tendresse pour toi et pour ceux de ta maison voudrait te rendre en bonheur les bienfaits de ta famille.

— Que faites-vous si tard dans la lande, Anaïk? demanda le marquis. Je doute que le recteur de Rice vous donnât l'absolution si vous lui confiiez ce que vous y cherchez à cette heure.

— Pontcallec, Pontcallec, toutes les herbes ont germé de terre sur le commandement de Dieu; il n'en est point d'inutiles; les unes fleurissent pour la joie de nos yeux, les autres alimentent notre vie, quelques-unes nous guérissent dans nos maux. Je n'ai point de champ à labourer, et pas une motte de gazon pour reposer ma tête; mes yeux ne se reposent plus avec la même joie qu'autrefois sur les fleurs dont le parfum enivre les abeilles; maintenant que l'âge blanchit mes cheveux, que mon dos se voûte, que mes mains tremblent, je comprends que je dois me vouer davantage à la recherche des herbes utiles.

— Vous êtes bonne, Anaïk, dit le marquis.

— Non, Pontcallec, j'ai comme tous mes troubles, mes rancunes, mais à mesure que je descends vers la mort l'apaisement se fait en moi... Sois béni pour avoir répété le nom d'Anaïk que m'a donné ma mère ; je l'ai presque oublié à force de m'entendre appeler la Korigane... Pensent-ils dans le pays que je ne comprends pas ma laideur? Veulent-ils me reprocher sans trêve les ravages faits à mon visage par une maladie cruelle, mes cheveux gris, mes rides précoces, mes yeux rouges de larmes?... Est-ce juste pourtant? De quel droit me comparer à de malfaisants esprits, moi qui jamais ne causai sciemment de dommage! Je ne vole pas les enfants comme les korigancs, et lorsque j'étais une belle et jeune fille je ne passais point mon temps à me mirer dans les fontaines en peignant mes longs cheveux.

— Ce sont propos de folles jeunesses, mère Anaïk ; n'en prenez nul souci, et quand l'argent ou les provisions vous feront défaut, frappez sans crainte à la porte du château : vous y trouverez toujours la soupe chaude, le cidre frais et la flambée de chêne.

— Je le sais, je le sais, et je t'en bénis à cette heure, comme je t'ai béni plus d'une fois quand tu étais petit enfant, comme je bénis ta mère que tu perdis trop tôt.

— Vous ne m'avez pas confié ce que vous faites dans la lande.

La Korigane secoua la tête, et ses longs cheveux gris ondulèrent comme un voile : elle parut hésiter, mais après un moment de silence elle répondit :

— Anaïk ne peut garder de secrets avec le fils de ses bienfaiteurs. Vois-tu mes vêtements de toile blanche tirés ce soir même de l'armoire?

— Oui, dit Pontcallec ; habillée de la sorte, vous ressemblez à une antique prêtresse des Gaules.

— J'ai dû quitter mes sabots, reprit la Korigane ; je marche pieds nus sur l'herbe rare, les courtes bruyères et les jeunes plants d'ajoncs piquants comme des aiguilles... Il le faut, Pontcallec, il le faut...

— Pour un sortilége? demanda le marquis avec une sorte de sévérité.

— Non, par mon baptême!

— Enfin que cherchez-vous, la mère, à la clarté de la lune, pieds nus et toute vêtue de blanc?

— Je cherche l'*herbe d'or*, répondit la Korigane d'une voix mystérieuse ; je n'ai point commis de péché grave depuis que le recteur m'accorda la rémission de mes fautes... Je cherche l'herbe d'or et je l'arracherai sans la couper avec le fer... puis j'en ferai un bouquet, en y joignant l'herbe de la croix.

— Anaïk, dit le marquis, la *camphorate* et la *verveine* sont des plantes utiles, et non point des herbes bonnes pour les maléfices. Crois-moi, ne t'inquiète point de comprendre la langue des oiseaux, grâce au *sélage* que les anciens cueillaient avec tant de respect ; tu te donnerais méchante renommée de sorcellerie, et je ne veux point qu'on pense trop mal de toi...

— Je ne fais point de sorcellerie, Pontcallec, et je suis chrétienne ; mais, dis-moi, ne crois-tu pas à l'esprit de divination? ne penses-tu pas que certains êtres sont doués par Dieu de la puissance de lire dans l'avenir?

— Je ne le crois pas, répondit le marquis.

— Tenterais-tu volontiers l'épreuve?

Pontcallec eut un moment d'hésitation.

— Puisque tu doutes, qu'importe! dit la vieille femme.

— Quel enfantillage, Anaïk!...

— Enfantillage, jeu puéril, tant que tu voudras ; essaye toujours.

La Korigane s'agenouilla sur le sol, prit à deux mains

une plante qu'elle arracha, la cacha dans son sein et poursuivit :

— Ma cabane est tout près, la résine y brûle encore... A cette heure où ton esprit roule des projets confus, peut-être un conseil te sera-t-il profitable.

Anaïk n'attendit pas la réponse du jeune marquis. Elle se mit à marcher rapidement à travers la lande; Pontcallec songeait à revenir du côté de l'étang pour regagner son manoir, mais la curiosité l'emporta, et il suivit la Korigane.

La maison de la pauvresse était si basse qu'elle disparaissait entre les plants de genêts et les hautes fougères. Comme elle l'avait dit, une résine brûlait encore dans l'âtre. Ce qui poussait le marquis à entendre les révélations ou plutôt les confidences de la Korigane, c'était cette phrase : « Votre esprit roule des projets confus. » Comment le devinait-elle? Les scènes de la journée laissaient-elles sur son visage une trace indélébile? Quelques heures de rêveries douloureuses se trahissaient-elles sur sa physionomie mobile?

La Korigane poussa la porte fermée d'une claie de genêts, en secoua la résine pour faire tomber les champignons obscurcissant sa clarté; puis, attirant un escabeau, elle le présenta au marquis, tandis qu'elle s'asseyait sur la pierre plate du foyer.

Le jeune homme jeta un regard curieux et triste autour de lui; un amas de fougères sèches recouvert d'une couverture de laine grossière formait le lit d'Anaïk, trois ou quatre vases de terre garnissaient la tablette étroite de la cheminée, une table supportait un pot de lait caillé et deux galettes de sarrasin; dans le coffre placé près de la croisée, la vieille femme serrait ses habits.

— Je ne désire rien, je ne veux rien, dit la pauvresse, comprenant à l'expression de son regard la pensée de

Pontcallec ; je m'en irai bientôt où descendent les morts, sous la terre humide et froide, et dans dix ans mes os blanchiront dans l'ossuaire... Qu'importe la misère si l'âme est paisible?... Pontcallec, montre-moi ta main.

Le gentilhomme tendit à la Korigane sa main forte mais belle de forme et très-blanche ; la pauvresse la regarda un instant avec une fixité hésitante, puis elle la laissa retomber brusquement en étouffant un cri.

— Eh bien? demanda le marquis ; tu sembles effrayée, ma bonne Anaïk : de quoi? Je me suis prêté à ton expérimentation ; sans croire à cette science qui me semblerait une offense à la Providence divine, j'ai tenu à te satisfaire... As-tu vu beaucoup de malheurs dans ma destinée ?...

— Tu as un noble cœur, Pontcallec, répondit la vieille femme en secouant la tête ; ce que tu n'entreprendrais ni par orgueil ni par amour de la richesse, tu le ferais pour le soulagement des pauvres et des opprimés... Je ne te dirai point, comme on est obligé de le dire à beaucoup de gens : Défie-toi de tes vices, mais je te répéterai : Tiens-toi en garde contre les enthousiasmes, les grands dévouements, les sacrifices héroïques.

— Aurai-je donc occasion de me dévouer?

— Je le crois.

— Prochainement?

— Très-prochainement.

— Et je devrais refuser les services demandés?

— Tu le devrais, oui, tu le devrais...

— Le ferai-je?

La Korigane secoua la tête.

— Les gens de ta race sont de grands cœurs, et tu iras vers ton but en dépit des embûches, des périls, des...

— Après, Anaïk, après?

La Korigane se leva, repoussa la main que lui tendait de nouveau le marquis et s'écria :

— Pontcallec, Pontcallec, méfie-toi de *la mer !*

Puis s'accotant contre le montant de pierre de la cheminée, droite, pâle et tremblante, elle cessa de parler, et couvrit le jeune homme d'un regard rempli d'ardente compassion.

— Merci de tes paroles, quoiqu'elles ne soient pas rassurantes, la Korigane! Prends ces deux pièces d'or pour t'acheter un lit, et souviens-toi de ce que je t'ai dit déjà : le manoir de Pontcallec est toujours ouvert pour Anaïk.

Puis, quittant la cabane de la pauvresse, le marquis s'éloigna à travers la lande, sans s'apercevoir que la Korigane l'accompagnait jusqu'au menhir, contre lequel elle demeura longtemps perdue dans des pensées amères.

— Dieu garde de male mort le dernier des fils de mes maîtres! murmura-t-elle.

Pendant ce temps, le jeune homme regagnait les bords de l'étang, et, perdu dans le sentiment d'une préoccupation profonde, mais mal définie, il regardait sans le voir le merveilleux paysage étalé devant lui. Le château se découpait en pleine lumière; les plombs, les ferrures, les ardoises du toit étincelaient; l'eau paraissait charrier des milliers d'étoiles, et les feuillages baignés d'une douce lumière complétaient ce tableau d'une intraduisible poésie.

Au lieu de se mettre au lit en rentrant, Pontcallec s'assit à son bureau et commença une lettre adressée au comte de Laval, son ami. Le jour commençait à poindre quand le marquis chercha enfin le sommeil. Les sons du biniou d'Arfol, retentissant à quelque distance, réveillèrent le jeune homme; il sourit et murmura :

— Quelque noce, sans doute!

Mais en écoutant mieux, au lieu de reconnaître un chant d'allégresse dans l'air du biniou, Pontcallec s'étonna d'entendre jouer une sorte de marche guerrière. Un souffle de colère passait dans l'instrument; celui qui le faisait vibrer de la sorte n'aurait eu besoin que de cette farouche harmonie pour conduire une troupe de Bretons au combat.

Avant que le jeune homme se fût expliqué l'étrangeté de l'inspiration matinale d'Arfol, un bruit de voix se fit entendre dans la cour, et le châtelain, s'approchant de la fenêtre, reconnut, au milieu d'une centaine d'hommes et de femmes, Gildas le meunier, Loranz le marchand de toile, le mendiant Rumengol, Sylvestrik, le fils aîné de Piérik et de Nonna, Mylio le pâtre, Clauda, Jean, Thomas, tous les laboureurs, *pillawers* et fermiers qui, la veille, réunis au moulin de Rice, avaient résolu de remettre au marquis de Pontcallec la justice de leur cause. Le long du chemin, le groupe s'était recruté de laboureurs partant pour les champs, de pèlerins marchant le long des routes leur chapelet dans les mains, une médaille bénite au chapeau, de chercheurs de pain portant sur l'épaule la besace vide.

Pontcallec ne comprit rien à ce qui se passait; il vit seulement que ces braves gens avaient besoin de lui, puisqu'ils le venaient trouver, et, achevant de s'habiller à la hâte, il descendit dans la grande salle et donna ordre d'introduire Gildas et ses amis.

Le *cloarck* parut le premier; à sa suite venaient Arfol, le joueur de biniou, et Loranz; les autres se massaient sans ordre, et venant les derniers, Mylio et Sylvanik, la main dans la main, semblaient se dire que, s'il y avait un danger à courir ils suivraient ensemble l'aventure.

Pontcallec s'avança vers les paysans. Son regard franc et affectueux leur promettait d'avance une bonne volonté à toute épreuve; sans qu'il eût besoin de le dire, on comprenait que son coffre-fort et son dévouement étaient au service des pauvres gens de Bretagne.

— Dieu vous bénisse, monsieur le marquis, et bénisse votre maison! dit Gildas; je parlerai au nom de ces hommes, je parlerai au nom de la Bretagne tout entière, car les laboureurs de Tréguier, de Vannes et de Quimper souffrent des mêmes afflictions. Ce n'est pas nous qui pouvons nous sauver, ou même alléger notre misère; personne n'écouterait nos plaintes, et nous n'avons d'espoir qu'en vous.

— Parlez! parlez! dit Pontcallec.

— Si les choses continuent à marcher comme elles font, dit Gildas, il n'y aura bientôt plus que des mendiants en Bretagne. Jusqu'à ce que l'on revendique nos droits, nous resterons ce que nous sommes, spoliés, maltraités, trahis: les pauvres se coucheront pour mourir le long des routes, le laboureur cessera de cultiver une terre dont le rapport paye avec peine les nouveaux impôts, et la Bretagne sera pour jamais perdue.

— Oui, la Bretagne sera perdue! répétèrent vingt voix.

— Que faire? mes amis, que faire? demanda Pontcallec.

— Allez à Paris pour nous, monsieur le marquis.

— Qu'y ferai-je? demanda Pontcallec; le roi est un enfant.

— Vous parlerez à monsieur le Régent, et vous défendrez les droits des pauvres... Si ce n'est vous, seigneur marquis, qui donc daignera les protéger?

— Eh! croyez-vous que cent fois je ne me sois point demandé quel remède je pourrais apporter à votre misère? Depuis longtemps déjà les États de Bretagne luttent pour conserver à notre pays ses anciennes prérogatives... La bataille est entamée, et nous ne voulons plus subir d'humiliations; mais pour obtenir justice il faudrait...

— Nous la rendre nous-mêmes, dit Gildas.

— Non, répliqua Pontcallec, car alors ce serait une révolte et non plus une revendication.

— On nous écrase d'impôts, dit un laboureur.

— Vous rappelez-vous le temps, monsieur le marquis, demanda Gildas, où tous les chênes de Bretagne portaient des pendus, où le vide se formait sur les places publiques dans toutes nos villes les jours de marché?... Vous rappelez-vous que les galères ont été peuplées de Bretons refusant de payer l'impôt?

— Je me souviens, dit Pontcallec d'une voix sombre, oui, je me souviens d'avoir entendu raconter ces choses à mon père.

— Nous ne devons pas d'impôt, dit Thomas; la Bretagne a le droit de refuser de le payer; est-ce vrai, monsieur le marquis?

— Les États sont libres de refuser l'impôt, ajouta Loranz.

— C'est vrai, dit Pontcallec dont la voix devenait plus sourde.

— Voilà pourquoi, monsieur le marquis, les pauvres gens viennent à vous. Nous n'assistons pas aux États, nous; nous ne pouvons pas y exposer nos besoins, nos misères. Qui nous protégera, sinon les gentilshommes dont nous restons domaniers? N'êtes-vous point nos conseillers, nos amis naturels? Depuis des centaines d'années, vos châteaux sont voisins de nos chaumières, nous sommes accoutumés à venir vous trouver dans tous nos embarras. Cette fois il ne s'agit pas seulement de nous donner quelques pièces d'or, de nous consoler : il faut guérir la plaie vive de la Bretagne, il faut lui rendre sa prospérité, si vous ne voulez pas la voir mourir.

— Pourquoi, demanda le marquis, ne vous adressez-vous pas aux membres du Tiers?

Loranz répliqua vivement :

— Le Tiers nous hait et nous méprise; cela semble étrange au premier moment que les bourgeois soient durs pour les pauvres, tandis que les nobles sont affables et bons, mais c'est comme cela! Le Tiers rougit d'être sorti de nous et tâche de le faire oublier en nous accablant de dédains. Non! non! nous n'avons pour amis que nos prêtres qui nous consolent et nos seigneurs qui nous secourent.

Le *cloarek* s'avança plus près encore du marquis.

— Nous savons quel dévouement, quel sacrifice nous attendons de vous, monseigneur; mais si nous avions connu un gentilhomme plus fier, plus secourable et plus brave, nous l'aurions chargé de notre cause. L'héritier des Guer de Malestroit hérite de notre confiance à tous. Ce que nous venons vous apprendre, vous le redirez à vos amis, à vos voisins; tandis que vous nous gagnerez le cœur des gentilshommes, nous irons partout à toute heure dans la Bretagne semer des paroles d'espérance. Ce que vous ne feriez pas seul, vous l'accomplirez avec l'aide de MM. de Talhouët, Montlouis, Molac, Lambilly, du Couëdic, et nous, croyez-le, nous irons à travers les landes, sur les pentes des montagnes, recruter, s'il le faut, des bras pour l'œuvre de délivrance.

— Mais ce serait la guerre! s'écria Pontcallec.

— Ne sommes-nous point condamnés à mort?

Une expression douloureuse passa sur la figure du marquis de Pontcallec. Il comprit dès lors le caractère terrible que pouvait prendre une lutte qui, commencée par des réclamations et des remontrances, pouvait se terminer par un combat à main armée. Cependant il sentait trop profondément la justice des griefs énoncés par les malheureux pour leur refuser son assistance.

Le sacrifice de Pontcallec fut rapidement et franchement consenti : sans mots et sans phrases, avec une simplicité faite pour donner doublement confiance, il se contenta de répondre :

— Comptez sur moi, mes amis; de ce jour, votre cause devient la mienne, et je porterai vos réclamations si haut qu'il faudra bien qu'elles soient entendues.

— Vive le marquis de Pontcallec! crièrent à la fois les paysans, les *pillawers* et les meuniers.

— Ce n'est pas à ce cri que nous marcherons, dit le jeune homme d'une voix vibrante. Vive la Bretagne, mes amis, une Bretagne heureuse et libre, comme la firent son aristocratie et ses princes!

Les mains des paysans se rapprochèrent, et Pontcallec y vint joindre la sienne.

— Je suis à vous, dit-il, à vous jusqu'à la mort.

Arfol saisit son biniou, et joua l'air fameux de la ballade historique, *le Tribut de Noménoë*.

Quand il eut fini, un seul mot jaillit de toutes les bouches :

— Bataille!

Mendiants et paysans quittèrent la salle, et Pontcallec les voyant s'éloigner dit d'une voix calme :

— Je viens d'engager mon honneur et ma vie, sachons garder l'un et défendre l'autre.

Il ne se dissimula aucun des dangers qu'il allait courir. Il connaissait assez ses ennemis pour savoir qu'ils saisiraient avec joie l'occasion de le perdre. De tous côtés, des embûches seraient tendues aux gentilshommes chargés par les paysans de la défense de leurs droits. Mais avant de songer à lui Pontcallec pensa qu'il était Breton et que mieux valait mourir jeune, victime d'un dévouement poussé jusqu'à l'héroïsme, que de vivre inutile à tous.

Du reste, depuis la veille, tout concourait à exciter en lui la compassion pour les misérables, la haine pour les oppresseurs. Une seule et même pensée le poursuivait : Le peuple breton souffre, et nul ne se lève pour le défendre. La scène qui s'était passée chez Piérik paraissait le prélude de celle qui venait d'avoir la grande salle du château pour théâtre. Pontcallec était jeune, généreux, enthousiaste; il avait promis, il allait agir.

— Aujourd'hui même, dit-il, j'aurai l'avis du comte de Kerglas.

## V

### LE GENTILHOMME DE LA CHARRUE

Le marquis de Pontcallec ne put longtemps demeurer au château après le départ de Gildas et de ses amis. Les paroles, les plaintes, les adjurations des braves gens, le souvenir des scènes de deuil dont il avait été témoin l'oppressaient. Son cœur éclatait dans sa poitrine, à mesure que s'exaltait sa tête ardente. Il lui semblait que subitement un voile venait de se déchirer devant ses yeux, et qu'il avait seulement à partir de cette heure la révélation de sa destinée. Les sentiments de compassion, d'enthousiasme, de générosité spontanée, l'ardent besoin du dévouement au bonheur d'autrui, tous les sentiments dont son âme avait souvent comprimé la violence, d'après le conseil d'amis moins faciles à se laisser séduire par l'imprévu, se donnèrent alors libre carrière. Sa vocation se manifestait; sa vie trouvait son emploi. Il allait se lever pour le salut de la Bretagne, ceindre son épée pour la défendre, et la jeter avec sa tête, s'il le fallait, dans l'inégal plateau des balances de la Justice.

Après un repos léger, Pontcallec quitta le manoir et gagna la grande route. Un brillant soleil baignait à cette heure la lande qui, la nuit précédente, se présentait sous un aspect fantastique. Un panache de fumée s'envolant en tourbillons légers du centre d'une touffe de genêts indiquait la cabane de la Korigane. Tout autour de lui, le jeune homme aperçut un tapis de fleurs violettes étendues sur le sol et drapant les fossés comme une royale tenture. Clément était assez jeune, assez poëte pour comprendre le charme d'une belle journée et la grâce d'une plante; il se baissa, cueillit quelques brins de bruyères et les passa dans une boutonnière de son habit de soie grise. Il marchait lentement, réfléchissant aux prières de Gildas, s'inquiétant de l'avis que lui donnerait le comte de Kerglas, dont la sagesse lui inspirait une confiance infinie. Sur le chemin, il rencontra des groupes d'enfants courant pieds nus sur la poussière, des chercheurs de pain, des vieilles femmes, l'échine courbée, filant une éternelle quenouille chargée de chanvre et psalmodiant une complainte d'une voix chevrotante et cassée.

En voyant passer leur jeune seigneur, les hommes ôtaient leur chapeau, les vieilles femmes se signaient, appelant sur lui les bénédictions du ciel, et les enfants le saluaient par son nom avec un bon sourire. Certes, Clément de Pontcallec pouvait s'estimer heureux et fier des sentiments qu'il inspirait à tous. Une sorte de vénération s'attachait à la personne de cet homme héroïque et doux, confiant et simple, dont le cœur était franc comme l'épée. Après avoir dépassé la grande lande, Pontcallec traversa un petit bois de sapins, suivit un sentier courant au milieu d'un champ, en gagna l'extrémité, et aperçut bientôt dans la pièce de terre voisine un homme de haute taille conduisant une charrue.

Cet homme pouvait avoir cinquante ans; il était robuste, et son opulente chevelure brune tombait fort bas sur sa veste de gros drap brun. Ses braies étaient noires; une ample ceinture de laine bleue serrait ses flancs et laissait voir un ceinturon de cuir fauve auquel pendait une longue épée de fer. C'était le comte de Kerglas, un de ces gentilshommes que leur vouloir, plus encore que la pauvreté, clouait au sol natal, qui ne rougissaient point de labourer la terre de leurs ancêtres et tenaient l'aiguillon en parlant doucement à leurs bœufs, prêts cependant à saisir le glaive pour une noble cause et à teindre de leur sang le sol fécondé par leurs sueurs.

Pontcallec s'approcha rapidement ; absorbé par son labeur, le comte n'entendit point venir le jeune homme ; mais, quand celui-ci lui tendit la main, le visage de Kerglas s'éclaira.

— Vous ici ! s'écria le gentilhomme de la charrue.

— Moi-même, répondit Pontcallec ; j'ai besoin de vous parler sans retard.

— De choses graves?

— Fort graves.

— L'entretien sera long?

— Je le crois, répondit Pontcallec.

— Eh bien! mon ami, répliqua le comte de Kerglas, ma besogne n'étant nullement pressée, je vais, si vous le voulez bien, la remettre à demain et rentrer *Merlin* et *Arthus*, et nous aurons tout le temps de causer à la maison.

— Comme vous voudrez, dit le marquis.

— A moins cependant que la présence de Génofa ne vous gêne?

— Non, repartit vivement Pontcallec, au contraire ; nul ne peut savoir, d'ailleurs, si nous n'aurons pas besoin d'un autre concours pour l'œuvre que nous allons entreprendre.

Kerglas prit doucement la corne de *Merlin*, et lui parlant avec une douceur affectueuse, comme un maître reconnaissant les services de son humble esclave, il fit tourner l'attelage et prit le chemin de sa demeure.

La maison de Kerglas, qui, depuis près de cent ans,

avait perdu sa dénomination primitive de château, gardait encore des traces visibles de sa splendeur passée. Une des tours croulait lentement, paisiblement, sans qu'on songeât à l'étayer et à remplacer ses pierres branlantes; les arbustes croissaient sur les monceaux de débris, et le lierre, se drapant autour des murailles, jetait un voile sur les tristesses de cette dégradation. La seconde tour portait encore une couronne à peu près intacte ; les créneaux manquants étaient remplacés par des bouquets de violiers sauvages, dont le vent secouait les parfums pénétrants. Le corps de logis, dont la toiture d'ardoises ne subsistait plus depuis de longues années, était couvert de chaume et bordé de grandes joubarbes grasses et vertes qui lui formaient un cordon d'émeraudes. Le double perron à six marches tournantes ne possédait plus sa grille de fer; des pruneliers, grandis au fond d'une corbeille placée dans le demi-cercle dessiné par le perron, dépassaient les marches disjointes et leur formaient un pittoresque garde-fou. Le rez-de-chaussée seul paraissait devoir être habité, car les croisées du premier étage manquaient de vitres, et de temps en temps on y voyait entrer des bandes d'oiseaux familiers qui, sans nul doute, y bâtissaient leurs nids et y élevaient leur couvée.

A droite de la maison, une étable, ménagée dans une portion des communs disputée à la ruine, servait à loger *Merlin* et *Brutus*, les deux bœuf roux, une vache tigrée, trois chèvres et quelques moutons, puis un cheval déjà vieux que l'on attelait parfois à la charrette lorsque M. de Kerglas ou sa fille se rendaient à la ville.

Quand le gentilhomme-laboureur se trouva en face de la maison, il dit au marquis de Pontcallec :

— Entrez, mon ami ; Génofa vous fera les honneurs du logis, en attendant que j'aie dételé mes bœufs.

Kerglas prit le chemin de l'écurie, tandis que Pontcallec regardait sans les voir les prunelliers entourant l'escalier de granit bleu. Une sorte d'hésitation timide se trahissait dans son regard. Lui qui, deux heures auparavant, se sentait plein de courage et d'ardeur, paraissait maintenant saisi d'un trouble étrange. Il dut faire un effort pour obéir à son vieil ami, et, montant lentement le perron, il se trouva sur le seuil de la porte surmonté de l'écusson des Kerglas.

Cette porte s'ouvrait sur une vaste pièce doublement enrichie par les boiseries de chêne qui recouvraient les murailles, et par le plafond à larges poutres dont les couleurs s'effaçaient sous les couches de fumée. Une cheminée de pierre accolée de grandes figures armées de pied en cap supportait une tablette étroite, décorée simplement d'une image du Christ. Des armes de toutes sortes pendaient aux panneaux de chêne, travaillés avec soin, étalant leur coquille ajourée, leurs lames bleuâtres, leurs précieuses damasquineries. Les unes provenaient d'Orient : leur forme recourbée trahissait leur origine ; un Kerglas les avait rapportées de Palestine. D'autres, honorablement ébréchées, attestaient les chocs du fer dans des mêlées où l'on se battait corps à corps. Les massues hérissées de pointes de fer, des dagues courtes, des poignards affilés, se mêlaient dans un pittoresque désordre à côté de grandes lances et de lourds épieux. Aucune autre décoration dans cette salle ; au milieu, une grande table de chêne entourée de bancs ; le long des murs, quelques siéges à haut dossier ; dans l'enfoncement des fenêtres, dont il semblait qu'on eût fait un retrait, se trouvaient un rouet, un livre d'heures, un bouquet de roses.

Au moment où Pontcallec pénétra dans la salle, un rayon de soleil passant à travers les vitres losangées éclaira joyeusement le bouquet fraîchement cueilli, les gaufrures d'or du vieux livre, puis, descendant sur le sol, il illumina une bande d'atomes et s'étala sur les dalles blanches.

Pontcallec n'avait pas encore eu le temps de se demander s'il était seul, quand la porte du fond s'ouvrit, et une jeune fille se détacha en pleine lumière dans le cadre de chêne noir.

Elle pouvait avoir dix-huit ans. Son costume ressemblait presque à celui d'une paysanne. Sa jupe de toile à plis droits tombait jusqu'à ses pieds, un corsage montant emprisonnait sa taille, et ses mains sortaient de manches assez largement ouvertes. Sur ses cheveux blonds, tordus avec plus de grâce que de symétrie, elle avait jeté une branche de lierre arrachée aux draperies du donjon écroulé, et, à la voir si calme dans ses blancs et rigides vêtements, on eût pu la prendre pour une de ces prêtresses de l'île de Sein dont les *bardits* nous ont gardé le souvenir, si l'expression virginale de son visage n'eût vite trahi la jeune fille chrétienne : chaste et grave empreinte que le christianisme seul fit rayonner et qu'ignorèrent la vestale romaine et la prophétesse gauloise.

En reconnaissant le marquis de Pontcallec, Génofa eut un mouvement d'hésitation ; elle regarda autour d'elle comme si elle cherchait son père, rougit en baissant le front, puis enfin, surmontant sa timidité un peu farouche, elle s'avança vers le jeune homme.

— Le comte de Kerglas m'a prié de l'attendre ici, mademoiselle, dit le marquis d'une voix respectueuse.

La jeune fille avança un siége au gentilhomme, s'assit dans l'embrasure de la fenêtre, et prit un rouet d'ivoire sculpté à l'époque où du Guesclin, prisonnier des Espagnols, affirmait que toutes les femmes de Bretagne fileraient volontiers pour sa rançon.

Malgré la pénurie dans laquelle était tombée la maison de Kerglas, Génofa, dont la main agile roulait sur son fuseau un fil que n'eussent pas désavoué les plus habiles filandières, ne travaillait jamais pour elle-même ; elle réservait les pièces de fine toile et de claire batiste que lui rapportait le tisserand pour les nappes d'autel et les surplis du recteur de Lignol. Quand elle savait l'armoire de la sacristie pleine de linge magnifique, elle reprenait l'aiguille et brodait en relief d'or des ornements d'église, des fleurs admirables encadrant de placides figures de saints. Peut-être, si elle eût été libre de disposer de sa vie, Génofa n'eût-elle point quitté le cloître, dans lequel elle avait passé trois années ; mais elle ne pouvait laisser seul le père dont sa vue résumait la joie. Il lui était resté de la vie claustrale un grand amour du calme, une piété fervente, l'habitude de s'occuper du soin et de l'ornement des autels, et je ne sais quoi de réfléchi, d'intérieur, de grave, qui faisait aisément monter à ses joues une fleur de modestie, et lui donnait quelque chose de sculptural dans l'attitude et de réservé dans la voix. Avec son costume blanc comme la neige et sa couronne vert sombre, accentuant la nuance claire de ses cheveux, Génofa paraissait la vivante incarnation de cette Bretagne croyante et grave, qui ne pouvait souffrir une tache de boue.

Le silence continua de régner entre les jeunes gens, jusqu'à ce que le comte de Kerglas revînt dans la salle où Pontcallec l'attendait.

L'heure du repas approchait ; le gentilhomme de la charrue comprit qu'il vaudrait mieux remettre le grave entretien qu'il devait avoir avec son jeune ami, et tandis qu'Yvonne, la nourrice de Génofa, dressait le couvert sur une nappe de chanvre, que le valet Yaume descendait au cellier pour y chercher du cidre frais, la conversation resta générale, et n'effleura point le sujet qui tenait profondément au cœur de Pontcallec.

Une demi-heure plus tard, une soupière d'étain étalait sur la table son ventre rebondi, un plat de choux fumants et de lard rosé faisait monter une fumée appétissante, deux poulets couchés sur un lit de cresson de fontaine complétaient le menu, avec une salade cueillie dans le jardin. Avant de s'asseoir, le comte de Kerglas récita le *Benedicite*, puis il prit place entre sa fille et Pontcallec, tandis que Yaume et Yvonne vaquaient sans bruit à leur office. En dépit de sa pauvreté, M. de Kerglas était servi avec plus de soin et de respect qu'un grand nombre de ses amis, dont chaque quart de siècle avait vu s'augmenter la haute situation et la fortune. Il semblait juste à ces deux serviteurs de faire oublier au gentilhomme ruiné sa pénurie et sa situation présente; leur zèle doublait en proportion de sa pauvreté. Ne devaient-ils point tenir lieu d'un nombreux personnel et remplacer les valets remplissant jadis les antichambres? A mesure qu'approchait l'heure d'une confidence grave, le marquis sentait une sorte de crainte. Il craignait à cette heure de n'obtenir ni l'approbation du comte de Kerglas ni celle de sa fille. Enfin la table fut desservie, le dernier gobelet de vin vidé, les domestiques s'éloignèrent, et Pontcallec commença d'une voix émue le récit de la scène qui s'était passée chez lui.

— Je vous l'avoue, monsieur le comte, dit-il en terminant, je me sens l'âme navrée... je ne goûterai plus une heure de joie jusqu'à ce que les pauvres gens de Bretagne soient délivrés du poids de la gabelle. Assez longtemps nous avons payé l'impôt dont le traité d'union à la France et le serment de dix rois nous exonérèrent; assez longtemps, dans notre générosité, nous avons épuisé nos coffres et donné nos millions; on a fait aux malheureux la situation trop dure, nous ne nous révoltons pas, car le mot révolte implique le refus d'une obéissance légitime, nous reprenons simplement l'entière possession de nos droits.

— C'est grave! très-grave, Pontcallec! dit le gentilhomme de la charrue d'une voix profonde. La lutte sera terrible ; elle ne s'achèvera point sans que des flots de sang soient versés... Il s'agit de soulever le pays pour la défense de ses prérogatives, de nous armer de nos épées, et de mettre le *pen-bas* à la main de nos paysans.

— Croyez-vous donc, demanda Pontcallec, que nos justes réclamations soient méprisées par le Régent?

— Qui vous dit que vous parviendrez jusqu'à lui? Le prince est doux, bon et clément ; mais l'amour de la chimie, la passion du dessin prennent peut-être beaucoup de son temps ; et puis, vous le savez, le chef de l'État est souvent trompé par ceux qui l'entourent, et dont l'intérêt est de le garder dans l'ignorance de la vérité. Le roi de cinq ans, au nom duquel le duc d'Orléans gouverne, s'arrache à grand'peine à ses jeux pour écouter les sages leçons de son précepteur l'abbé Fleury. Nous ne devrons compter que sur Dieu et sur nous. Le Seigneur restera notre juge, car il est possible que nous soyons accusés par les hommes. En sommes-nous venus là, grand Dieu, qu'il nous faille lever les armes pour obtenir l'exécution d'une promesse sacrée?

— Oui, dit Pontcallec, nous en sommes là.

— J'ai vu le vieux Roi vers la fin de sa vie, reprit Kerglas ; j'étais alors dans tout l'épanouissement de la jeunesse, et ma pensée était remplie par le retentissement de ce grand nom. Je croyais que le monarque qui prenait pour emblème un soleil rayonnant réchauffait de sa faveur et de sa gloire tous ceux qui l'approchaient ; hélas! la déception fut cruelle. Cependant le reflet de sa grandeur survivait à sa gloire abaissée, à sa famille éteinte. Je compris vite que ma place n'était point à la cour ; qu'eût fait un pauvre gentilhomme breton dans les antichambres de Versailles? Nous ne sommes pas de ceux qui plient, de ceux qui portent l'épée de vermeil sous le manteau couleur de muraille ou l'épée de bal à poignée de diamants.

On nous a surnommés « les glaives de fer », et l'on a eu raison. Nous restons les fils des défenseurs de l'autel et du trône, les héritiers de ceux qui versèrent leur sang pour la cause des libertés de la Bretagne ; il ne nous sied point de frôler de nos vêtements de gros drap les habits de velours et de soie des Lauzun et des Richelieu. Et puis il me semblait que, dussé-je réussir à la cour, ce serait une sorte d'apostasie que de négliger d'assister aux séances de nos États, où se discutent les plus graves intérêts du pays. Je quittai Paris sans regrets, et je revins dans ma maison croulante. La dernière héritière d'une noble famille comme la mienne s'associa à ma destinée ; pendant dix ans, elle me fit oublier les révoltes de mon orgueil, et quand elle mourut, elle me laissa une fille. Mais ne croyez pas, non, ne croyez jamais, Pontcallec, que je me sois désintéressé des intérêts du pays, que je lui aie préféré mon repos. Je pense comme vous qu'il serait temps de songer à rendre à notre pays sa grandeur première, mais le Régent se souviendra-t-il de nous ?

« Il se passera peut-être un long temps avant qu'il rende la loi qui le ferait populaire, c'est-à-dire l'arrêt qui enlèverait aux financiers scandaleusement enrichis l'or amassé par la violence. M. de Chaulnes trompait Louis XIV sur la vérité des événements qui s'accomplissaient jadis en Bretagne ; le gouverneur de Bretagne n'éclaire pas davantage le Régent sur ce qui se passe en ce moment dans notre province. Hélas ! tandis que nous nous dévouerons à la cause des opprimés, qui nous prouve qu'à la cour on ne nous considérera pas comme des sujets rebelles ? Et cependant, je le jure, nous userons de nos droits avec une modération dont aucune histoire n'a laissé l'exemple.

— Vous avez raison, Kerglas, grandement raison ; la France semble toujours oublier avec quelles restrictions nous autres Bretons nous nous sommes donnés à la monarchie. Est-ce que l'article secret du contrat d'Anne de Bretagne ne portait pas qu'elle conserverait toute son autorité sur la province, qu'elle se gouvernerait suivant ses anciennes lois, et que le roi de France y serait seulement « le mari de la duchesse » ?

— Oui, répondit le comte, et quelques mois plus tard les franchises de la Bretagne furent réservées sous toutes les formes aux États de Nantes. On ne devait stipuler aucun impôt dans les pays sans le consentement desdits États; les Bretons ne pouvaient et ne devaient être gouvernés que par leurs magistrats et leur parlement national.

« C'était une femme qui protégeait et défendait alors nos intérêts, et l'on put même dire que la lutte sourde qui s'établit entre la Bretagne et la France fut une guerre de femmes. Jadis nous avions eu Jeanne de Blois contre Jeanne de Montfort; cette fois, c'était Anne de Beaujeu contre Anne de Bretagne, mais la noble duchesse ne permit jamais à l'artificieuse fille de Louis XI de poser le pied sur nos fermiers; et quand un nouveau mariage plaça pour la seconde fois la couronne de France sur son front, la compagne de Louis XII établit encore plus fortement les franchises bretonnes.

« Quand je relis ces contrats, ces actes, dit Pontcallec d'une voix tremblante, l'indignation m'emplit le cœur; et je ne puis croire que le Régent effacerait d'un trait de plume les engagements de François Ier, qui, lors des États de Vannes tenus en 1532, confirma, ratifia et approuva par serment les priviléges, exemptions, franchises et libertés reconnus aux Bretons par ses prédécesseurs. Est-il en droit, le Régent, de déchirer le contrat synallagmatique conclu entre la Bretagne et la monarchie française? La France règne sur la Bretagne, elle ne la gouverne pas; du jour où la lutte s'engagera, elle sera terrible.

En ce moment, la porte de la salle s'ouvrit, et un vieux prêtre parut sur le seuil.

— Soyez deux fois le bienvenu, monsieur le recteur, dit le comte de Kerglas en s'avançant vers l'abbé Lanténac ; en ce moment, nous discutons une question brûlante : nous rappelons les droits imprescriptibles de la Bretagne à la liberté, à sa vie propre, et nous nous indignons contre la tyrannie rapace qui veut arracher des millions aux pauvres gens du pays. Nous représentons ici deux des ordres composant les États : le Clergé et la Noblesse ; nous connaissons déjà, non pas l'opinion du Tiers, car la bourgeoisie ambitieuse se rapproche de l'administration et du pouvoir, mais celle du peuple, du peuple qui souffre, et qui vient à nous, ses défenseurs naturels, afin d'obtenir protection et justice.

Le curé de Lignol ne répondit pas tout de suite au vieux gentilhomme. Il se recueillit, et l'on vit passer sur son visage le reflet d'une pensée douloureuse.

C'était un digne et saint prêtre, ne prélevant sur la cure que ce qui devait l'empêcher de mourir de faim, et distribuant le reste aux pauvres. Sa bonté, son inépuisable charité le rendaient l'objet d'un culte pour tous ses paroissiens. Il pouvait avoir soixante ans, et la mystique grandeur de sa belle tête apostolique inspirait à la fois le respect et l'attendrissement.

— Je suis le ministre d'un Dieu de paix, dit-il ; jamais, pour quelque raison que ce soit, je ne me croirai autorisé à prêcher la guerre. Autant, plus que vous peut-être, je touche du doigt d'innombrables misères. Je vois chaque jour des pères désespérés, des vieillards sans pain, des familles privées d'abri. Je sais que jamais l'on n'écrasa de tant d'impôts les Bretons, que nul n'a le droit d'imposer ; et cependant, en face de ce spectacle qui déchire mon âme, je ne sais que prier le Seigneur de nous prendre tous en pitié.

— Vous savez du moins de quel côté est la justice?

— Oui, dit le curé de Lignol, la justice est pour la Bretagne.

— Et de quel côté vient l'oppression?

— N'oubliez pas, dit le recteur, que l'acte d'union place dans un cercle vicieux la France et la Bretagne. Plus la monarchie étendra sur la France un pouvoir absolu, plus la Bretagne tentera de conserver ses franchises. La Bretagne ne peut laisser anéantir un contrat qui est l'essence même de sa vie politique, et d'un autre côté la France refusera de l'exécuter après l'avoir signé librement.

— Nous n'avons jamais trahi une promesse, dit Pontcallec avec une violence qu'il s'efforçait vainement de contenir.

— Je le sais, mon ami, répondit doucement le recteur de Lignol, mais il reste incontestable que les progrès de la monarchie tendront sans fin à jeter le niveau administratif sur notre pays; l'habileté de son rôle et sa persévérance mettront sans fin la Bretagne en danger.

— Oui, dit Kerglas, d'un côté la duplicité, le parjure; de l'autre, la foi jurée, la faiblesse opprimée, les libertés envahies; eh bien! je le déclare, nous avons le droit de nous lever en masse et de protester.

— Monsieur le marquis, reprit l'abbé Lanténac, je ne défendrai pas le Régent, qui continue l'œuvre lentement élaborée par ses prédécesseurs.

— Ainsi, selon vous, deux souverains seulement furent de bonne foi, Charles VIII et Louis XII?

— Ajoutons le Roi chevalier, qui savait toujours respecter une promesse. Henri II affaiblit le premier la puissance du parlement, qu'il venait de rendre sédentaire. Sous Charles IX, un subside fut levé en Bretagne par les généraux de finance, sans l'avisement des trois ordres; les paysans le payèrent presque en totalité. Sous le règ.e suivant commencèrent les plaintes et les *remontrances* des États. En 1632, le cardinal de Richelieu fit lever des droits de fouage pour payer les gages des officiers du parlement et de la Chambre des comptes. Je sais bien que le roi gardait encore la pudeur d'écrire « qu'il n'avait jamais entendu porter la moindre atteinte aux franchises de la province »; mais la Bretagne savait ce qu'elle devait penser de cette hypocrite formule. Après avoir reconnu nos franchises, Louis XIV chargea ses ministres de les supprimer, et le « bon plaisir du Roi » remplaça les décisions de nos États.

« Et l'existence de la Bretagne se trouva considérablement amoindrie.

— Cette fois, dit Pontcallec, il s'agit de la supprimer.

— Breton je suis, dit Kerglas, et Breton je mourrai!

— Monsieur l'abbé, reprit Pontcallec, ce n'est pas de notre foyer qu'est parti le premier cri de liberté. Il a été poussé par les pauvres. Le mouvement commença hier dans la cabane de Piérik; il s'est continué aujourd'hui par une députation de braves gens, paysans, travailleurs ou mendiants, qui sont venus me supplier de leur venir en aide.

— Que ferez-vous? demanda le recteur.

— Je partirai pour Paris, après m'être assuré en Bretagne le concours d'amis dévoués; j'essaierai de faire entendre au duc d'Orléans le langage de la vérité et de la justice; j'obtiendrai que la réunion de nos États de Dinan, lestement interrompue sous le prétexte que nous ne votions pas le don gratuit, sans étudier s'il ne pèserait point trop sur le peuple, j'obtiendrai, dis-je, que cette session soit reprise, et j'espère que d'une discussion sérieuse sortira le maintien de nos droits; sinon...

— Eh bien? demanda l'abbé Lanténac avec crainte.

— La guerre ! dit Pontcallec en se levant. La guerre entreprise par les nobles pour la défense des pauvres ! la lutte des gentilshommes contre l'armée, afin de protéger nos orphelins et nos veuves, et d'empêcher qu'on ne fasse de notre Bretagne un pays de mendiants !

— Vous êtes ardent, enthousiaste, Pontcallec, reprit le recteur de Lignol d'une voix troublée, mais le comte de Kerglas...

— De cette guerre-là, j'en serai, dit le gentilhomme ; je laisserai rouiller le soc de ma charrue pour reprendre mon épée de fer luisant, si souple sous la main qui la mania jadis. Nous succomberons peut-être, l'abbé, car ce sera la lutte d'une province opprimée contre une puissance absolue. Il nous faudra autant d'héroïsme que de patience ; nous ferons une guerre de fossés et d'embuscades. Si on nous chasse de nos châteaux, nous nous réfugierons dans les chaumières, et si l'on brûle les chaumières, nous fuirons dans les bois. Mais, je vous le jure, les nobles bretons, comme les gars aux longs cheveux, se feront tuer jusqu'au dernier plutôt que de perdre leur nationalité, et vous aurez le spectacle d'une lutte héroïque dont le souvenir ne s'éteindra pas plus que ne s'oubliera notre cri de guerre : *Malo mori!*

— Oui ! oui ! reprit Pontcallec, nous avons commencé par des libelles, nous finirons par des coups d'épée.

Le recteur de Lignol secoua sa belle tête pâle.

— Prenez garde, messieurs ! dit-il ; ne portez pas la main sur le Roi.

— Nous nous ferions tuer pour son service ! dit Pontcallec ; mais qui vous dit qu'en déclarant la guerre au Régent nous ne sauvons pas Louis XV ?

— Marquis ! dit l'abbé Lanténac avec une expression de regret mêlé de douleur.

Mais Pontcallec, entraîné par la violence de ses sentiments, ne pouvait plus s'arrêter sur la pente déclive suivie par sa pensée.

— Je n'ose, dit-il, je ne veux pas me faire accusateur, et cependant le grand Dauphin est mort, la Dauphine, leur fils. Autour du régent nous ne voyons que des tombes; chacune d'elles l'a rapproché du trône, et un enfant de cinq ans l'en sépare.

— Concluez, monsieur le recteur, ajouta le comte de Kerglas.

— Messieurs, dit l'abbé Lanténac d'une voix dont les vibrations trahissaient une secrète angoisse, lorsque Pierre tira le glaive pour défendre le Sauveur que venaient arrêter des soldats au mépris des lois judaïques et des lois romaines, Jésus lui ordonna de remettre l'épée au fourreau, en ajoutant cette parole prophétique et menaçante : « Qui tirera l'épée périra par l'épée! » Songez au sa... allez faire couler; comptez les femmes que... veuves, les mères auxquelles vous arracher... fants. Dites-vous que chaque degré de la ré... châtié d'une façon cruelle. Rappelez-vous, oh! ra... vous que la révolte fomentée sous le gouvernement du... de Chaulnes, et dont les causes étaient celles qui... arment aujourd'hui, finit par une répression terrible.

— Je me le rappelle, dit Kerglas; ceux qui se battront avec nous sont les fils de ces mêmes hommes qui luttèrent contre l'impôt du timbre et du tabac.

— Ainsi, demanda Pontcallec en regardant le curé de Lignol, vous refuserez de bénir nos armes?

— Elles deviendront fratricides.

— Notre but est grand, cependant.

— Mieux vaut tomber en martyrs qu'en révoltés.

— Nous ne sommes, nous ne serons jamais des révoltés : le roi sans ce Régent, la Bretagne indépendante, voilà notre cri de guerre. Si la France essayait jamais de travestir nos intentions, l'histoire serait là pour enregistrer une protestation suprême.

— Savez-vous le nombre des malheureux qui furent roués ou pendus aux environs de Quimper et de Vannes? Avez-vous compté le nombre des prisonniers que l'on jeta dans les prisons d'État?

— J'accepte la Bastille, répondit Pontcallec, j'accepterai la hache et le bourreau. Les gentilshommes de Bretagne ont à remplir le devoir de protéger leurs domainiers, ils le rempliront. Avant un mois, j'aurai la signature de toute la noblesse, et nous contracterons une alliance si forte que la France elle-même ne la pourra rompre.

— Alors, monsieur le recteur, serez-vous notre allié? demanda Kerglas.

— Monsieur le comte, chaque fois que se livrera un combat, je serai prêt à entendre les mourants, à consoler les blessés, à réciter pour vos morts les dernières prières.

— Je n'attendais pas moins de votre dévouement, répondit Pontcallec, et je vous remercie.

Depuis que le marquis de Pontcallec avait commencé avec son père cet entretien dont allaient dépendre la paix et le salut de la Bretagne, Génofa, laissant tomber son ouvrage sur ses genoux, écoutait avidement; une vive rougeur était montée à son visage, ses yeux bleus brillaient d'une flamme intense, ses petites mains tremblaient, elle se penchait vers le comte de Kerglas et son ami, et paraissait partager tour à tour leur pitié pour les Bretons opprimés, leur indignation contre les oppresseurs.

Les regards du marquis rencontrèrent ceux de la jeune fille.

Il demeura frappé de leur éclat, et surtout de l'expression de vaillance qui rayonnait sur son beau visage. Depuis qu'il connaissait Génofa, elle lui avait paru être le type absolu de la jeune fille modeste, pieuse et belle. La simplicité agreste de sa vie ajoutait à ses charmes un parfum naïf. Dans ses blancs costumes, un bouquet de bruyères ou de genêts fleuris au côté, des brindilles d'herbes ou des feuilles de lierre dans les cheveux, elle paraissait une apparition flottant entre la réalité et le rêve. Génofa se tenait d'ailleurs trop timidement à l'écart pour attirer le regard des hommes. Il fallait une circonstance imprévue pour que les sentiments qui se pressaient tumultueusement dans son âme vinssent à éclater devant Clément de Pontcallec.

— Mademoiselle, lui dit le marquis, la cause que nous embrassons exigera le concours de femmes généreuses. Il n'y eut jamais de guerres sans héroïnes; quand éclatera la guerre dans nos taillis et dans nos champs de genêts, nous aurons besoin de mains compatissantes pour panser les blessures...

— Où mon père ira, j'irai, répondit Génofa d'une voix ferme.

— Y songes-tu? s'écria le comte de Kerglas.

— Par Notre Dame de Falgoët! j'y songe, et je tiendrai ma promesse, mon père; de ce jour vous pouvez compter votre fille parmi les vaillantes Bretonnes qui donneront, s'il le faut, leur sang pour la défense d'une noble cause. Dès que sera signé le pacte unissant entre eux nos gentilshommes, je tiendrai à honneur de broder le drapeau semé d'hermines qui vous guidera à la victoire, car on ne saurait être vaincu quand il s'agit de défendre les droits des pauvres contre les financiers et les parvenus!

— Génofa, Génofa! j'espérais que tu comprendrais autrement ton rôle... Reste au foyer, ma fille, ne quitte point les ruines de Kerglas : la place des femmes, sauf de rares exceptions, n'est point au milieu des batailles.

— Et Julienne Guesclin, mon père, et Jeanne de Montfort, et Jeanne d'Arc?

— Le doigt de Dieu les marqua pour la gloire.

— Je n'aspire point si haut... Je souhaite seulement devenir la servante des souffrants, la consolatrice des malheureux... Ne pensez pas d'ailleurs que je sois seule à prendre une résolution semblable. A peine le plan du marquis sera-t-il connu, que vous verrez les femmes de Bretagne, imitant l'exemple de leurs époux, de leurs pères, se grouper en phalange et suivre nos héros.

— Monsieur le comte, dit le marquis de Pontcallec, votre fille a raison, la vaillance coule dans les veines des descendants de notre race ; et, croyez-le, nous combattrons mieux encore, si nous avons l'espérance d'être loués par de fières jeunes filles ou pleurés par les vierges du pays des chênes.

Le regard dont le marquis accompagna ces mots troubla plus Génofa que les observations de son père ; elle inclina le front, attira son rouet d'une main tremblante et se mit à filer. Mais l'émotion dont s'emplissait son cœur était trop vive, le fil cassa, le fuseau tomba à terre. Clément de Pontcallec le releva et le lui tendit.

Il vit alors deux larmes couler dans les yeux de la jeune fille.

Sans chercher la source de ses pleurs, il se sentit profondément ému, et, à partir de cet instant, il lui sembla qu'un lien intime, mystérieux, s'établissait entre lui et la fille du comte de Kerglas.

Comme s'il eût compris que sa présence troublait la timide enfant, il parut l'oublier et reprit avec son père un grave entretien, dont le résultat fut que le marquis visiterait successivement les manoirs de Bretagne dans lesquels il se croyait sûr de trouver un appui actif, et qu'une assemblée générale de gentilshommes aurait prochainement lieu dans les ruines de l'abbaye de Landreux.

Vers le soir seulement, Clément de Pontcallec prit

congé de M. de Kerglas. Comme il se retournait pour voir une dernière fois les tours croulantes du manoir, la blonde tête de Génofa s'encadra dans l'ogive de la salle basse.

— Je n'aurai plus que deux tendresses en ce monde, pensa Pontcallec : la Bretagne, et cette enfant.

## VI

#### OU LA VIPÈRE COMMENCE A SIFFLER

Au moment où le marquis de Pontcallec s'éloignait de la ferme de Kerglas, le jour baissait; le soleil couchant dorait les dernières cimes des arbres, et sa lumière décroissante courait en frissons sur la lande, tandis que la brise déjà plus forte faisait onduler les genêts. Les troncs d'arbres, les débris de masures, les roches perçant le rude sol prenaient une teinte grise uniforme; encore un peu, et il deviendrait difficile de distinguer les objets dont les contours s'estompaient dans la brume.

A l'instant même où Clément se retournait pour saluer d'un dernier regard Génofa penchée à la fenêtre de la salle basse, un homme qui jusqu'alors était resté immobile, étendu sur le talus d'un fossé, se souleva, puis s'assit les jambes pendantes, pulvérisant les mottes de terre de ses doigts crochus; enfin il se laissa couler sur le chemin et dès qu'il vit le marquis pousser l'échalier clôturant le champ de Kerglas, il s'avança la main tendue vers le jeune homme :

— La charité, s'il vous plaît, monsieur le marquis!

Clément, qui marchait la tête baissée, perdu dans un rêve dont il subissait le charme sans essayer de le définir, tressaillit en entendant la voix de fausset du mendiant :

— Ah! c'est toi, Torcol, dit-il ; voilà un écu, tâche de t'amender...

— Toujours généreux! fit le porteur de bissac d'un accent dans lequel vibrait plus d'ironie que de reconnaissance. Il est impossible de mettre un homme sur la paille avec autant d'obstination et de le soulager ensuite avec une régularité plus courtoise.

— Écoute, dit le marquis, j'aimerais mieux, à vrai dire, ne jamais te rencontrer sur ma route...

— Est-ce que monseigneur éprouverait des remords?
— Moi?
— Dame! monseigneur m'a ruiné!
— Misérable! fit le marquis.

Mais le jeune homme réprima vite le mouvement de colère auquel il était près de s'abandonner, et s'adressant au mendiant :

— Je veux en finir avec toi, lui dit-il, et nous allons nous expliquer. Si la proposition que j'ai à te faire te convient, tu accepteras mes offres, sinon tu mendieras comme par le passé.

— J'écoute, répondit le guenilleux.

— Il y a trente ans, tu vins habiter dans ce pays... D'où venais-tu? l'envie ne te prit de le révéler à personne; un mystère d'iniquité enveloppait sans nul doute les commencements de ton existence... Au lieu d'acheter des terres et de labourer comme tous les honnêtes gens, tu gardas ton argent pour en faire un emploi plus lucratif. On ne tarda pas à savoir dans le pays que tu conservais des pistoles en réserve pour les fermiers dans l'impossibilité de solder leurs comptes, pour les marchands menacés d'une banqueroute, même pour les pauvres gentillâtres empêchés à l'occasion d'une noce ou d'un baptême de représenter d'une façon suffisante. Malgré la vie chétive que tu menais, ton escarcelle ne désemplissait pas; tu prêtais tes écus à gros intérêts, tu en exigeais le remboursement à des époques rapprochées, sûr de ne jamais perdre, car tu faisais garantir tes avances soit par des bijoux quand il s'agissait d'une famille conservant quelques souvenirs d'une ancienne opulence, soit par la vente simulée du bétail d'un pauvre domainier. Faute d'argent, tu gardais l'or et les pierreries dont Zabulon, le Juif de Quimper, te soldait la valeur d'une façon assez honnête. Le bétail était conduit à la foire, et les bénéfices réalisés grossissaient les fonds de roulement de ton honnête commerce.

— On vend le blé, répondit Torcol, on peut bien vendre l'or.

— Ta fortune s'arrondit à ce point, que messire de Louëdic ayant eu besoin de six mille livres te les emprunta, à la condition stipulée par toi que la ferme sur laquelle tu prenais garantie te resterait, en cas de non payment. Est-ce vrai?

— C'est exact, répondit le mendiant.

— Bientôt on te connut dans le pays sous le nom de Torcol l'usurier. Ceux que tu avais pressurés, ruinés, poussèrent contre toi une clameur de haine; tu devins un ennemi, un fléau, d'un bout à l'autre de l'évêché de Quimper. Quand je revins au manoir de Pontcallec, j'entendis parler de toi comme d'un misérable. Il ne se passait pas de jour que l'on ne me montrât une veuve réduite à la misère, des enfants mendiant leur pain, des vieillards sans asile... Chaque maison te devait son malheur et sa ruine. Je m'enquis de la vérité de ces accusations; elles me furent prouvées. J'acquis la certitude que ta richesse s'augmentait des larmes de tous les malheureux... Alors, moi, seigneur de toutes les paroisses avoisinantes, moi qui rentrais en Bretagne pour y rendre les Bretons heureux, je résolus de mettre une digue à tes exactions. Je t'appelai, je te nommai l'un après l'autre ceux que tu avais persécutés, ruinés, réduits au désespoir, conduits au suicide, et je te déclarai que si jamais tu retombais dans une faute semblable je te dénoncerais avec la dernière sévérité. Tu te souviens de mes paroles...

— Je m'en souviens... répondit le mendiant.

— Un mois plus tard, tu faisais saisir un pauvre meunier, dont la famille se trouva réduite à la mendicité... Je pris en main les intérêts de mes vassaux, de mes paysans; je plaidai leur cause, et je la gagnai...

— Oui, dit Torcol, et depuis cette heure je mendie à mon tour...

— C'est justice.

— Non! s'écria Torcol; si l'on ne m'avait repris que l'argent gagné dans mes divers trafics, je me serais résigné peut-être, mais les hommes de loi et leurs procédures ont mangé jusqu'aux vingt mille livres que je possédais le jour où je m'installai à Berné.

— Si tu peux me prouver que cette somme provenait d'une source honnête, je te la rembourserai...

— On m'a tout pris, tout! reprit l'usurier sans répondre au marquis; on ne m'a laissé ni toit pour m'abriter, ni pain noir pour ma faim... Mais patience!... Je mangerai ma vengeance froide, mais je la mangerai...

— Avant de parler de vengeance et de haine, reprit le marquis, écoute ce que je vais te proposer... Tu quitteras Berné, où l'on te méprise; tu iras te fixer à Quimper ou dans telle autre ville à ta convenance, et je t'y ferai payer régulièrement une pension, grâce à laquelle tu te trouveras à l'abri du besoin...

— Je comprends! dit Torcol; vous voulez m'éloigner, je vous poursuis comme un remords...

— Un remords? Mon devoir était de te châtier, misérable.

— Enfin je vous gêne à Berné!

— Non, fit doucement Pontcallec, tu ne me gênes pas, Torcol. Je t'offrais de quitter un pays où tu as semé le mal et récolté la haine; je voulais te laisser maître de te refaire ailleurs une vie honnête et paisible.

— Merci! fit Torcol, j'ai mes habitudes ici, et j'y reste. On s'accoutume à tout, même à mendier; d'ailleurs je ne frappe pas à beaucoup de portes; la vôtre, monseigneur, m'est généreusement ouverte; le recteur de Lignol se montre très-bon pour moi; mon épaule est faite à ma besace, et je sais tendre la main, aujourd'hui... Vous m'offririez les vingt mille livres que je possédais quand j'arrivai à Berné que je vous refuserais encore... Il me semble que j'ai un immense intérêt à vivre où vous-même vivez...

— Lequel? demanda le marquis.

— Celui de ma vengeance, répondit Torcol. Il est des puissances auxquelles je crois, voyez-vous... Je suis sûr que les serpents fascinent les oiseaux, et que certains êtres appellent le malheur sur ceux qu'ils détestent... Ma maison a été vendue, votre château croulera... Vous avez appelé la malédiction sur ma tête, et sur votre tête à vous tombera un effroyable châtiment... Quitter Berné! Ce serait renoncer à la joie que me procurera votre infortune... Comment, pourquoi arrivera-t-elle? je l'ignore; seulement je reste certain que la « malédiction rouge » prononcée par moi contre vous aura son effet... Je vous verrai plus bas que je ne suis tombé moi-même...

— Tu te trompes, Torcol! dit le marquis de Pontcallec avec une gravité douce; je puis devenir complétement malheureux, nul n'est à l'abri des revers de fortune, mais je ne serai jamais un misérable!

Le jeune homme ajouta d'une voix attristée :

— Tu refuses mes offres?

— Je les refuse.

— Tu continues à me haïr?

— Hier, je vous haïssais seul; aujourd'hui, j'enveloppe un autre être dans une seule vengeance.

— Qui donc? demanda Pontcallec effrayé.

Torcol étendit le bras vers la ferme de Kerglas :

— La fille blonde qui vous a souri tout à l'heure.

— Prends garde! dit Pontcallec d'une voix éclatante; si jamais tu touchais à cette enfant...

— Vous voyez bien que je puis vous faire souffrir à mon tour... dit Torcol en poussant un éclat de rire. Bonsoir, monsieur le marquis, et grâces vous soient rendues pour votre écu... Vous vous acquittez en détail... Soyez tranquille! je vous mettrai à même de payer la totalité de votre dette.

Le mendiant fit le geste de porter la main à son chapeau de paille troué, puis il s'éloigna en faisant tourner avec une étrange adresse le bâton qu'une courroie de cuir suspendait à son poignet.

Le marquis de Pontcallec resta un moment immobile :

— Hier, dans la lande, la Korigane m'a menacé d'un malheur... Ce misérable me parle aujourd'hui de sa haine... cependant, mon Dieu, vous le savez, en le châtiant, j'ai cru remplir un devoir...

Les yeux du marquis se tournèrent vers le manoir ruiné de Kerglas; la lumière venait de changer de place, et la chambre isolée placée dans la seule tour qui restât intacte s'illumina dans la nuit.

— Priez pour moi, Génofa! dit Clément d'une voix douce; le Seigneur entend toujours la voix de ses anges!

Et comme si la pensée de M<sup>lle</sup> de Kerglas eût chassé le souvenir des prophéties de la Korigane et des menaces de Torcol, le marquis sourit et reprit rapidement la route du manoir.

Au moment où il en franchit le seuil, Primel, son valet de confiance, lui dit avec une sorte de mystère :

— Deux gentilshommes attendent monsieur le marquis.

— Tu les connais? demanda Clément de Pontcallec.

— L'un est M. Hervieux de Mellac, l'autre paraît étranger.

— Bien, bien, Primel... ne dis à personne...

— Monsieur le marquis sait bien que je me ferais tuer à son service.

Clément de Pontcallec entra rapidement dans le salon faiblement éclairé par deux candélabres chargés de bougies. La pièce était si vaste que du seuil de la porte il eût été impossible au marquis de reconnaître ses visiteurs, si Primel ne les lui avait nommés d'avance.

Pontcallec s'avança la main tendue.

— Je vous croyais encore absent, dit-il à Hervieux.

— Permettez-moi de vous présenter un nouvel ami, le comte de Rialto... que la haute affection du cardinal Alberoni nous rend heureux de compter pour allié.

— Vous arrivez donc d'Espagne?

— En droite ligne ; et je viens vous apprendre ce qui s'y passe, et vous demander votre concours. Vous comprenez bien que l'on n'exile pas des hommes comme MM. de Lambilly et de Noyant, sans qu'ils essayent de prendre une revanche éclatante, surtout quand il s'agit de défendre les pouvoirs des États et la cause de la Bretagne. M. de Noyant se trouvait par ses relations à même de servir d'intermédiaire à tous les mécontents de la Régence, tandis que M. de Lambilly restant au centre de la province y grouperait les hommes vaillants prêts à lutter pour le duché de la reine Anne. Depuis longtemps nous pensions trouver des alliés naturels en Espagne. Le petit-fils de Louis XIV pourrait prendre la place du duc d'Orléans, et sauver par cela même peut-être les jours du petit Roi...

— Ah! fit le marquis, vous aussi...

— Je n'accuse pas... Comptez seulement les tombes qui se multiplient... Lambilly me proposa de me rendre en Espagne, d'entamer des négociations et apprendre du roi Philippe V ce qu'il ferait pour défendre la France et restituer à la Bretagne ses droits méconnus.

— Eh bien? demanda Clément de Pontcallec.

— J'approuvai l'idée de mon ami, et trois semaines plus tard je voyais le premier ministre et j'en recevais l'assurance qu'une flotte serait mise à notre disposition, et qu'une armée allait dès ce moment s'organiser pour nous venir en aide ; de plus, une avance de trente mille piastres me fut comptée pour subvenir aux premiers frais. De ce côté, du moins, les subsides ne nous manqueront pas. En même temps que nous sont partis d'Espagne un certain nombre de gentilshommes chargés de réglementer la lutte que nous entreprenons. Avant un mois, il n'y aura pas un château de Bretagne qui n'ait mystérieusement reçu un hôte comme celui que je vous amène, et pas un noble qui n'ait signé le pacte de l'union.

— La main de Dieu me semble dans tout ceci, dit gravement le marquis de Pontcallec ; hier, les gens de Berné et des environs m'ont supplié de me mettre à la tête du mouvement qui doit les délivrer de l'oppression du fisc et rendre au pays ses immunités ; ce soir, vous m'annoncez que le concours de l'Espagne nous est acquis. Si j'éprouvais encore quelque hésitation, elle cède en présence de l'aspect régulier que vont prendre les choses. Il est bien entendu, cependant, que la personne du Régent...

— Soyez tranquille, dit M. de Mellac, nous nous contenterons de l'enlever et de le conduire en Espagne...

Quant au jeune Louis XV, Philippe V, son grand-oncle, gouvernera pour lui le royaume de France, jusqu'à ce que l'auguste Enfant ait atteint sa majorité.

— Mon maître, dit le comte de Rialto, n'a qu'un but, rendre au testament de Louis XIV toute sa valeur, et enlever le pouvoir à un prince que sans nul doute le vieux Roi n'en jugeait pas digne.

— Eh bien! reprit Pontcallec, nous aurons à nous entendre avec MM. de Talhouët, du Couëdic et de Montlouis, qui entre tous les gentilshommes du pays ont témoigné le plus d'ardeur pour la bonne cause. Puis, s'il est nécessaire, je partirai pour Paris.

— Où j'aurai l'honneur de vous accompagner, monsieur, ajouta le comte de Rialto; j'y remplirai ma mission près du prince de Cellamare, notre ambassadeur.

— Pour l'instant, dit Pontcallec, vous avez avant tout besoin de repos, et, si vous le permettez, Primel disposera votre appartement.

Un moment après, le fidèle serviteur recevait les ordres de son maître. Le lendemain soir, mandés par un mot du jeune marquis, les gentilshommes des environs arrivaient au manoir par des voies différentes. Il s'agissait de prendre d'actives mesures pour la lutte qui commençait. Pontcallec ne pouvait pas se le dissimuler, cette lutte se changeait en conspiration. Mais, il faut le dire bien haut, aucun des gentilshommes qui y prirent part ne songea qu'il troublait la France et la mettait peut-être en péril. Nul ne songea à enlever au jeune Roi les légitimes espérances de l'avenir; la personne seule du Régent fut en cause. On jugeait sévèrement Philippe d'Orléans en Bretagne.

La révolution appuyée par l'Espagne ne fut point l'œuvre d'un groupe de seigneurs turbulents, mais celle de toute la population souffrante demandant appui à la noblesse. Les gentilshommes sacrifièrent leurs biens et leur vie pour la défense des malheureux. C'est ce qui donne à cette conspiration un caractère à part, et change en martyrs ceux qui embrassèrent la cause des pays opprimés.

La lettre de Pontcallec était courte, pressante ; elle ne révélait point le but de la réunion, mais elle le faisait pressentir par une gravité inaccoutumée.

Bientôt arriva François du Couëdic, ancien capitaine de dragons, écuyer, et tenant presque de l'officier de fortune par ses habitudes et sa verve gasconne.

Il serra la main de Pontcallec avec cordialité, retroussa sa moustache grise, et mit la main sur sa vieille épée, comme s'il flairait déjà la lutte à outrance.

— Mon cher ami, dit-il, le mystère de votre billet m'en apprend plus long qu'une grande missive ; pourvu qu'il s'agisse de chercher noise au *Maréchal du Guet*, comptez sur moi. Depuis que j'ai suspendu mon épée à la cheminée de ma pigeonnière, elle se rouille en diable, et je m'ennuie comme elle. On ne quitte pas l'armée après vingt-huit ans de services méconnus pour ne pas souhaiter l'occasion de se distinguer une bonne fois.

— Soyez tranquille! dit Pontcallec, elle ne se fera pas attendre.

Un sourire éclaira le visage basané de M. de Couëdic, et sa rude moustache se redressa sous son nez d'aigle.

— Ah! voilà Montlouis! fit-il en serrant la main d'un nouvel invité ; ne vous y trompez pas, messieurs, malgré sa tête blanche, Thomas-Siméon sera le plus hardi de nous tous. Il ne cédera à personne sa part dans le danger et pourra beaucoup pour le triomphe de notre cause.

— Je savais que vous viendriez à moi, dit Montlouis, et je me tenais prêt. Quand j'annonçais il y a trois ans que la guerre éclaterait en Bretagne, plus d'un de mes amis me traitaient d'illuminé fantasque, de rêveur, de songe-creux. Chacun voit aujourd'hui que j'avais simplement deviné juste.

Le visage de Montlouis s'empourpra légèrement; il rejeta en arrière sa longue chevelure blanche, et s'assit à côté de M. de Mellac.

Un instant après, M. de Talhouët faisait son entrée.

C'était certainement la personnalité la plus complète, la plus puissante de ce groupe d'hommes généreux se comptant pour rien, dès qu'il s'agissait du bien du pays.

Le Moyne Talhouët, parvenu à l'âge moyen de la vie, était un homme d'une gravité simple. Il unissait à un esprit élevé une fierté modeste, un cœur affectueux. Son imagination l'emportait vers le monde du rêve, sa foi ardente en faisait un parfait chrétien.

Pour lui, les intérêts de la religion passaient avant tous les autres, et dans la lutte qui allait s'ouvrir il travaillerait certainement plus encore à défendre les intérêts de la Bretagne catholique que ceux de la province indépendante.

M. de Talhouët au premier abord semblait plutôt un penseur qu'un soldat. La méditation mettait à son front des rides précoces, son visage prenait des teintes d'ivoire jauni; ses cheveux blonds ajoutaient à l'expression de douceur de sa figure pâle, éclairée par des yeux bleus rayonnants de bonté.

Après avoir servi en qualité de capitaine au régiment de Senneterre, il était rentré en Bretagne et passait sa vie dans les douceurs d'une famille charmante. Sa femme était une créature belle, angélique et dévouée. Pieuse comme son mari, elle chérissait et admirait cette nature réfléchie, qui pouvait aisément devenir héroïque, cet esprit studieux, nourri des lettres sacrées, cette sensibilité sans mièvrerie qui le portait à se sacrifier toujours et partout pour le triomphe de l'intelligence et de la charité.

Talhouët chérissait profondément Pontcallec; il trouvait dans l'ardent jeune homme le facile enthousiasme, la verve spontanée, la hardiesse de vues, la facilité d'organisation qui lui faisaient défaut. Si Pontcallec paraissait né pour devenir le chef de toute conspiration dont on l'appellerait à faire parti, Talhouët ne pouvait manquer d'en être l'âme. Ces deux hommes, si différents de caractère et d'humeur, se complétaient l'un par l'autre, et la différence de leurs caractères entrait sans doute pour beaucoup dans l'amitié qui les unissait. Pontcallec trouvait un apaisement dans l'entretien de Talhouët, et celui-ci puisait de l'enthousiasme dans la causerie du jeune homme, pour qui rien ne semblait non-seulement impossible, mais difficile.

Tels étaient les quatre hommes qui devaient porter le poids de la lutte à peine commencée, et payer si cher leur aveugle dévouement.

Un certain nombre d'autres gentilshommes se groupaient autour de M. de Mellac, et le comte de Rialto allait annoncer aux hôtes de Clément de Pontcallec les intentions du roi son maître, quand la porte s'ouvrit de nouveau et Primel annonça :

— M. de Lambilly.

L'étonnement de Pontcallec égala sa joie. Il importait en effet que M. de Lambilly, noble proscrit de la cause bretonne, se trouvât immédiatement au courant des nouvelles apportées et des résolutions prises. Personne ne pouvait rendre plus de services que l'ancien page de Louis XIV, qui à l'audace d'un mousquetaire joignait la prudence et l'énergie d'un magistrat. Il avait une revanche à prendre contre le Maréchal du Guet, dont il était la bête noire, et ne pouvait manquer de réussir dans le plan formé par lui, car de tous ceux qui se réunissaient ce soir-là au château de Pontcallec M. de Lambilly était celui qui possédait l'imagination la plus propre à lui montrer comme réalisables les plus aventureux projets. S'il se trouvait conseiller au parlement, par suite de circonstances imprévues et d'arrangements de famille, il était né surtout avec l'instinct, le flair qui constituent le tempérament des conspirateurs, l'amour de la lutte et le besoin de mouvement.

Il écouta avec une joie manifeste les premières communications du comte de Rialto, et demanda à ses amis :

— Quand déclarons-nous la guerre? L'appui de l'Espagne nous est assuré, nous avons des subsides; derrière nous, de chaque taillis de genêts, va sortir un robuste gars prêt à se faire tuer, pourvu qu'on le débarrasse des gabelous.

— Il ne nous manque plus que la protection du duc du Maine et celle de sa femme, dit Talhouët.

— Je me charge d'aller la demander, dit Pontcallec.

— En ce cas, reprit M. de Lambilly, signez le pacte d'union de la noblesse de Bretagne, et agissez pour le bien de tous. Il convient, ce me semble, que nous le relisions ce soir devant l'un des envoyés du roi d'Espagne, qui devient notre allié, et que chacun de nous pèse à loisir les obligations que ce pacte lui impose.

— Lisez! lisez! dirent à la fois du Couëdic et Montlouis.

M. de Lambilly tira une feuille de parchemin de sa poche, et lut d'une voix lente, grave et posée :

*Acte d'union pour la défense des libertés de la Bretagne.*

« Nous soussignés, de l'ordre de la noblesse de Bretagne, instruits des droits que nous donne notre naissance et des obligations auxquelles elle nous engage, pénétrés qu'il est de notre devoir indispensable de concourir à maintenir les lois fondamentales de la nation, à défendre les peuples de l'oppression et à conserver les droits et priviléges de notre patrie, nous reconnaissons que le plus essentiel de ces droits et priviléges est l'assemblée des États de la nation, qui seule peut servir de borne à l'autorité despotique des souverains ; que l'essence de cette assemblée est d'être libre, de façon que tous ceux qui ont droit d'y assister y puissent avec liberté donner leur avis sur ce qui est proposé pour le service du prince et le bien du peuple ; qu'elle est composée des trois ordres de l'Église, de la Noblesse et du Tiers ; que nous savons que le droit de cette assemblée est d'entrer dans tout ce qui regarde le gouvernement de la province ; que son consentement est nécessaire pour l'établissement des lois; qu'on ne peut faire sans sa participation aucune imposition, et que les princes ne doivent rien lever sur les peuples qu'en conséquence de l'octroi que les États leur peuvent faire.

« En 1491, les États consentirent au mariage de la duchesse Anne avec Charles VIII, parce que le prince jura et promit de maintenir la province dans tous ses droits et priviléges. Louis XII renouvela ces promesses, et ce fut à cette condition que les États se prêtèrent à son mariage avec la duchesse Anne, après la mort de son premier mari. Ce fut enfin aux mêmes conditions que les États tenus à Vannes en 1532 consentirent à l'union de la Bretagne au royaume de France. Tous ces droits ont été conservés par tous les contrats passés jusqu'à présent. Malgré des titres aussi authentiques, nous avons vu avec douleur la séparation des États tenus à Dinan en 1717, l'exil de quatre de nos membres les plus zélés, et la province comme inondée d'un nombre considérable de troupes.

« Nous avons été instruits que non-seulement ceux de nos membres qui avaient été exilés étaient retenus dans leur exil, mais encore qu'un nombre fort grand de gentilshommes avaient eu défense expresse d'aller aux États. Nous avons connu dès ce premier jour de l'assemblée (celle de juillet 1718) qu'il n'y avait aucune liberté dans les suffrages, et que plusieurs des membres de l'ordre du Tiers qui avaient assisté à l'ouverture du mois de décembre 1717 avaient été exclus, et le surplus intimidé par toutes sortes de menaces. Enfin nous avons vu que, par un attentat jusqu'alors sans exemple, les commissaires sont venus en pleins États faire enregistrer en leur présence et par violence les arrêts du conseil qui cassaient les délibérations des États ; que, contre l'instruction de procureurs généraux, syndics des États, les mêmes commissaires ont empêché le sieur de Coëtlogon, lequel est revêtu d'une de ces charges, de partir pour aller porter au pied du trône les justes plaintes des ordres de la province de Bretagne, ce qui nous a mis dans la nécessité de faire nos protestations, et d'en demander l'enregistrement au greffe du parlement de Bretagne ; que ledit sieur de Coëtlogon a été arrêté et conduit en exil pour avoir obéi aux ordres des États, suivant le devoir de sa charge ; que le sieur de Chérigny a reçu un pareil traitement pour avoir soutenu avec honneur les intérêts du roi et de la province.

« De pareils traitements étant opposés au bien public et injurieux à la noblesse de Bretagne, nous avons déclaré par cet écrit, juré et promis unanimement sur notre foi et notre honneur, de nous unir tous ensemble pour soutenir par toute sorte de voies justes et légitimes, sous le respect dû au Roi et à S. A. M$^{gr}$ le duc d'Orléans, régent du royaume, tous les droits et priviléges de la province de Bretagne et les prérogatives de la noblesse. De plus promettons que, si quelqu'un des soussignés est troublé ou attaqué en quelque sorte que ce soit dans la suite, en sa personne, sa liberté ou ses biens, nous prendrons son intérêt comme commun à tous en général et en particulier, sans pouvoir nous en séparer par aucune considération, et sera déclaré infâme celui qui en usera autrement. Et promettons, sous peine d'encourir une honte publique et perte de réputation, de faire toutes les choses nécessaires pour le tirer de l'état où il serait réduit pour l'intérêt de la cause commune, jusqu'à périr, plutôt que de le souffrir opprimé, et de contribuer à l'indemnité de toutes les pertes et frais qu'il pourrait faire pour le bien commun.

« Tous les gentilshommes de la province seront engagés, pour l'intérêt de leur honneur, de signer cette présente union, et les deux ordres de l'Église et du Tiers sont invités de s'y joindre, et on y admettra les gentilshommes extra-provinciaux qui, pour l'intérêt de l'État, voudront bien y entrer.

« Nous nous promettons de plus, sous les mêmes peines, de nous garder un secret inviolable. Enfin nous déclarons sans foi et sans honneur, et comme dégradés de noblesse, les gentilshommes de la province, soit présents ou absents, qui ne voudront pas signer le présent traité d'union, ou qui, l'ayant signé, contrediront à aucun des susdits articles, en sorte qu'ils seront bannis de tout commerce avec les soussignés.

« Et pour que personne ne puisse trouver à redire, a été signé sans distinction ni différence de rang. »

Tous les gentilshommes se pressèrent autour de M. de Lambilly, et bientôt la page fut couverte de signatures.

— Maintenant, messieurs, dit M. de Lambilly, je vais faire circuler cette liste dans toute la Bretagne, et, croyez-le, pas une adhésion ne nous manquera ; pendant ce temps, agissez près de vos amis, de vos tenanciers, de vos domainiers, enrégimentez une petite armée, et que la Fronde bretonne montre enfin de quoi elle est capable.

— Je partirai demain pour Paris, dit Pontcallec, et le comte de Laval me donnera l'entrée de la petite cour de Sceaux.

On échangea ce soir-là des résolutions mâles, des espérances brillantes. Chacun vit se lever pour la Bretagne une aurore de liberté paisible ; les conditions de Talhouët, la faconde de du Couëdic, la verve de Montlouis, réchauffèrent les esprits, aiguillonnèrent les âmes.

— Messieurs, dit Pontcallec, que notre cri de ralliement soit désormais : France et Bretagne !

— Oui, dit Lambilly, mais ajoutons : Vive Louis XV !

Une heure après, les gentilshommes remontaient sur leurs chevaux, et prenaient la route qui les devait ramener dans leurs châteaux respectifs ; il importait que les réunions demeurassent secrètes jusqu'à ce que les fils de Louis XIV eussent donné leur assentiment au mouvement dont le résultat serait de rendre au testament du grand Roi une partie de son effet.

Au moment où la nombreuse chevauchée suivait les bords de l'étang de Pontcallec, un homme sortit d'un massif de feuillage et montrant le poing au manoir subitement privé de bruit et de lumière :

— Monsieur le marquis, dit Torcol, vous m'avez réduit à porter la besace parce que je ruinais vos fermiers : prenez garde que je ne ramasse un jour votre tête sur le pavé ! m'est avis que vous jouez un jeu plus dangereux que celui de la soule.

Et Torcol disparut en sifflant, comme sifflent les vipères.

## VII

### INCIDENTS DE VOYAGE

Deux cavaliers galopaient sur la route du Mans par une nuit sans lune qu'assombrissaient encore des nuages noirs fouettés par un vent furieux ; l'orage paraissait imminent, et les voyageurs se hâtaient afin de gagner la prochaine auberge. Malheureusement, elles étaient rares en cet endroit, et les chevaux déjà surmenés commençaient à donner des signes de fatigue. Malgré leur hâte, les cavaliers ne tentaient point d'activer de l'éperon le galop ralenti de leurs montures. Tous deux savaient qu'avec leur instinct merveilleux ils devinaient le voisinage probable d'une hôtellerie, et partant une provision de litière fraîche et de provende. De plus, c'étaient deux bêtes vaillantes, et si elles ne dévoraient pas l'espace avec une rapidité plus vertigineuse, c'est qu'elles se trouvaient presque à bout de force.

— Que monsieur le marquis me pardonne cette pensée, dit celui des cavaliers qui se tenait un peu en arrière, mais je ne suis point éloigné de croire que la Korigane nous a jeté un sort... Quand nous avons quitté le château, elle se tenait près de l'échalier, le bras étendu d'un air de menace...

— Tu te trompes, Primel, répondit celui des cavaliers

que Primel appelait « monsieur le marquis » : la pauvre vieille me suppliait de nouveau de ne point m'éloigner. Depuis le jour où ce voyage a été décidé, Anaïk est restée assise sur la dernière marche de l'escalier du château, et n'a cessé de me conjurer de rester à Berné... Je te l'avoue, Primel, si je n'ai pas été détourné de mon but par les adjurations de cette femme, j'ai du moins subi le reflet de l'impression de terreur à laquelle elle semblait en proie. S'il ne s'était agi d'autres intérêts que des miens, j'eusse renoncé à ce voyage.

Primel tira rapidement la bride de son cheval qui se cabra, mais resta immobile.

Le serviteur, penché sur la selle de sa monture, prêtait une oreille attentive à un bruit lointain dont il cherchait à définir la nature.

— Monsieur le marquis, dit-il tout à coup, il se passe quelque chose de grave à une courte distance... J'ai certainement distingué des piétinements de chevaux et un cri de détresse.

— En avant! alors, dit le marquis; que *Druide* me pardonne le coup d'éperon qui va ranimer sa marche... En effet, on appelle au secours... Vite! Primel, il y a du danger, notre place est là.

— Nous ne sommes que deux, monsieur le marquis; si nous tombons dans une embuscade...

— Chacun de nous a des pistolets chargés dans les fontes de sa selle; je possède une lame solide, et ton *penbas* ferait reculer plus d'un spadassin... Dieu me pardonne! les cris de terreur redoublent... j'entends une voix de femme...

Le marquis cingla d'un coup de cravache les flancs de *Druide*, qui bondit de douleur. Primel imita son maître, et bientôt les voyageurs gagnant du terrain comprirent ce qui se passait sur la route. Trois ou quatre torches éclairaient à demi une scène de désordre. Un carrosse dont les chevaux effarés se cabraient était mal tenu en main par un jeune garçon. Deux femmes dont les bras venaient d'être liés rudement pleuraient et criaient dans cette solitude, où il semblait que nul ne pût les entendre. Le cocher et deux valets plus ou moins grièvement blessés gisaient sur la route, tandis qu'une demi-douzaine de misérables détachaient les lourdes caisses fixées à l'arrière de la chaise. L'activité qu'ils déployaient dans la perpétration de ce vol à main armée les empêchait d'entendre les cavaliers accourant à toute bride ; quand le galop des deux chevaux frappa leur oreille, il ne leur restait plus que le temps de se défendre ; déjà Primel et son maître, guidés par la clarté des torches, tiraient deux coups de pistolet sur les bandits, et des plaintes mêlées de blasphèmes leur apprirent qu'ils avaient visé juste. Une nouvelle décharge atteignit un troisième voleur. Mais la bande, revenue de sa panique, venait de saisir des mousquets, et il était à craindre que les misérables ne cernassent rapidement leurs deux agresseurs.

— *Sard! Sard!* cria Primel. Hardi, monseigneur, du *pen-bas* et de l'épée !

Le marquis avait déjà dégainé et la pointe de sa lame, fine comme un stylet, trouva la poitrine d'un des bandits, qui roula sur le sol en criant :

— J'ai mon compte.

— *Ayol!* fit Primel en décrivant un demi-cercle à l'aide d'un bâton... A la tête, mon garçon ! Gare à ton poignet droit, l'homme au mousquet !

Deux détonations retentirent cependant, et un faible cri échappa au gentilhomme.

— Vous êtes blessé, monsieur le marquis ?

— A l'épaule ; ce n'est rien ; j'ai déjà rendu de la pointe la balle que je viens de recevoir.

Cependant les bandits, manquant de temps pour recharger leurs mousquets, eurent une diabolique idée, et, rampant entre les jambes des chevaux de Primel et de son maître, ils coupèrent d'un coup de couteau les jarrets des vaillantes bêtes.

— Trahison! cria Primel en roulant sur le sol.

Le brigand, qui s'imaginait avoir rapidement raison du Bas-Breton quand celui-ci serait à terre, se trompait grandement. Pas une des ressources de la lutte n'était inconnue à Primel, et lorsque son adversaire se baissa vers lui le poignard à la main, le rude enfant des landes le saisit à la gorge avec une vigueur qui fit tomber l'arme du misérable. Celui-ci eut beau se débattre, les doigts de Primel ne lâchèrent prise qu'au moment où s'éteignit le dernier spasme du mécréant.

Alors, se relevant d'un bond, Primel appela :

— Monsieur le marquis!

Les torches venaient de rouler à terre, trois s'étaient éteintes dans le sang, ou sous les pieds des brigands qui luttaient avec une sauvage énergie.

— De la lumière, par sainte Anne! répondit le marquis.

— En voici, fit Primel en secouant la dernière torche.

Il vit alors le marquis luttant sur le sol avec son adversaire. Les deux corps enlacés n'en formaient plus qu'un, et s'il eût tenté de venir au secours de son maître, Primel aurait craint de l'atteindre. Le bandit conservait un couteau dans sa main fermée, et s'efforçait d'en frapper M. de Pontcallec; celui-ci avait pour plus grande préoccupation de maintenir le bras de son adversaire, mais, blessé à l'épaule, il aurait peut-être difficilement réussi à lui échapper, si Primel n'eût songé à détacher sa ceinture de cuir, et à s'en servir pour lier solidement les jambes du voleur. A partir de ce moment, ses mouvements devinrent plus difficiles. Primel planta la torche en terre, et debout, guettant l'instant favorable, le *pen-bas* à la main, il parvint à asséner un si terrible coup sur la tête du voleur, que celui-ci resta étourdi, sinon complétement privé de vie.

Primel lui lia les bras, comme il lui avait attaché les pieds, et regardant autour de lui avec une satisfaction évidente :

— *Ayol!* monsieur le marquis, nous voilà maîtres du champ de bataille.

A peine se trouva-t-il debout, que le maître de Primel courut vers les deux femmes à demi mortes de frayeur.

— Ne craignez rien, leur dit-il, vous êtes sauvées.

— Quelle nuit! quelle lutte! dit la plus jeune; sans vous, monsieur, j'étais assassinée... Et mes gens, que sont devenus ces pauvres et fidèles serviteurs?

— Je les crois, à vrai dire, assez mal en point, madame... Venez, si la vue des blessures et du sang ne vous effraye pas...

— Je suis brave, monsieur, répondit la jeune femme; je m'appelle la comtesse d'Égoulas.

— Le marquis de Pontcallec s'estime fort heureux d'avoir été envoyé par la Providence pour vous arracher à cette bande de coquins.

— Le marquis de Pontcallec! répondit la jeune femme; je suis deux fois reconnaissante à Dieu de mon salut.

Avec une rapidité merveilleuse, Primel ralluma les torches, puis les lanternes de la voiture, et passa l'inspection du champ de bataille. Le cocher de M$^{me}$ d'Égoulas ne tarda point à revenir de son évanouissement; sa blessure n'était pas très-grave. Seule la perte de son sang lui laissait une grande faiblesse. Ses deux camarades étaient morts.

— Écoutez, dit-il à Primel, je connais la route... une hôtellerie assez mauvaise se trouve à trois quarts de lieue d'ici ; les chevaux du carrosse n'ont aucun mal, votre maître et M^me la comtesse d'Égoulas peuvent monter en voiture ; dès qu'ils seront arrivés à l'auberge, ils nous enverront du secours.

Le conseil était assez sage pour être suivi ; la jeune femme, soutenue par le marquis de Pontcallec, regagna sa chaise, la camériste monta sur le siège avec Primel qui se chargea de conduire, et le cocher, s'adossant contre un des arbres de la route, essaya de trouver l'oubli dans le sommeil.

Il ne fallut pas vingt minutes aux voyageurs pour atteindre l'hôtellerie. Au fracas causé par le heurtoir de la porte, les piaffements des chevaux et les appels de Primel, une servante ensommeillée ouvrit la fenêtre et se montra tout effarée.

— Vite ! cria Primel, il y a gros à gagner et une bonne action à accomplir.

La première partie de la phrase avait suffi pour stimuler le zèle de la maritorne de village ; elle passa quelques vêtements à la hâte, réveilla dans son grenier le valet d'écurie et une servante de douze ans.

— Puisque les propriétaires de *Saint-Jean-Baptiste* sont absents, dit-elle, ça sera pour nous les bénéfices.

Cet espoir lui donna rapidement assez d'intelligence pour déverrouiller la porte en un tour de main, allumer quatre résines dans la salle, administrer deux taloches amicales à la petite servante, et lui faire exécuter devant la voyageuse qui franchissait le seuil de l'auberge la plus réussie des révérences villageoises qu'elle eût dans son répertoire de politesses.

A peine entrée dans la salle, M^me d'Égoulas tomba sur un banc ; mais, reprenant vite toute sa présence d'esprit avec son énergie, elle demanda à Claudette, la grosse servante :

— Avez-vous une charrette ici?

— Deux, madame.

— Le valet d'écurie est réveillé?

— Il détèle les chevaux.

— Les miens sont surmenés, mais vous possédez sans doute un attelage?

— Certainement, des bœufs doux comme des moutons.

— Ils marcheront moins vite, cela évitera des cahots aux blessés... Voici trois pièces d'or, faites atteler les bœufs, et que le valet se rende sur la route du Mans, il trouvera des blessés et des morts sur le chemin, et ramènera ici...

— Les blessés...

— Et les cadavres, ajouta M$^{me}$ d'Égoulas.

— Seigneur Dieu, quelle affaire!

— Vous disposerez des lits ou tout au moins de la paille fraîche pour les premiers : quant aux autres...

— Nous avons le hangar... madame peut être tranquille.

Claudette courut à l'écurie.

— Jacquet, dit-elle, une bonne aubaine... prends cette pièce d'or et va chercher sur la route les blessés, bandits ou valets... Une belle femme tout de même que la voyageuse! quelle chance que les maîtres de *Saint-Jean-Baptiste* soient absents!

Jacques se gratta la tête.

— Est-ce que tu as peur? demanda Claudette.

— Non, certainement non; seulement, vois-tu, j'aurai l'air de ramener le char de l'*Ankou*...

— Des folletés! on fait bien des choses pour une pièce d'or... Ni toi ni moi, nous n'en avons encore eu une dans notre bourse. Pars donc, Jacquet, et marche rondement.

Jacquet fit le signe de la croix et commença à atteler les bœufs.

Dès qu'elle le vit décidé à obéir aux voyageurs, Claudette rentra dans la salle. Nola, la petite servante dont les cheveux blonds tombaient en large nappe sur son dos, et qui courait pieds nus sur la terre battue de la grande salle, venait d'allumer une lampe, et pour la première fois le marquis de Pontcallec put voir le visage de la voyageuse sauvée par lui d'une façon providentielle.

C'était une femme de trente ans environ, grande, belle, avec de beaux cheveux noirs que, pendant le voyage, elle avait négligé de poudrer; ses grands yeux brillaient d'un feu intense et sombre; parfois des éclairs traversaient ses prunelles nageant dans un fluide bleuâtre et nacré. Ses mains étaient d'une forme irréprochable, sa taille robuste indiquait la souplesse et la force. Son costume faisait merveilleusement valoir le caractère dominateur de sa beauté: c'était un habit de chasse chamarré d'or comme un uniforme, et à la ceinture duquel pendait la gaine vide d'un poignard. Sans nul doute M$^{me}$ d'Égoulas, après avoir tiré cette arme pour se défendre, l'avait perdue sur la route.

Appuyée du coude sur le bord de la table, elle regardait avec une fixité absorbée le marquis de Pontcallec, qui, en dépit de sa blessure, s'efforçait de conserver une gaieté de bon goût, afin de faire oublier à la voyageuse les terribles émotions de la nuit.

— Vraiment, madame la comtesse, s'écria Pontcallec, on relate tous les jours dans les gazettes des aventures moins dramatiques que celle-ci! Rien n'y manque, ni l'auberge abandonnée...

— Ni le hardi gentilhomme recevant bel et bien un coup d'épée... Je vous en supplie, monsieur le marquis, laissez-moi remplir les devoirs dont s'acquittaient si parfaitement nos aïeules, et, blessé à mon service, ne refusez pas mes soins.

— Dans une heure, madame, vous les prodiguerez à vos gens... Primel suffira pour panser une égratignure. Buvez un peu de ce vin âpre, mais fortifiant, versé par Nola, et acceptez un blanc de volaille. Franchement, madame, j'ai dans ma vie couru des dangers plus sérieux et pour une cause moins bonne...

La comtesse ne répondit rien, mais elle repoussa son verre et s'absorba dans sa rêverie.

— C'est égal! ajouta en riant Pontcallec, plus d'un après semblable aventure reprendrait le chemin de sa province... Êtes-vous superstitieuse, madame la comtesse?

— Complétement. Je crois aux fées, aux koriganes et aux sorts...

— Eh bien! la veille de mon départ, j'ai rencontré une vieille femme, chercheuse d'*herbe d'or* comme une druidesse, et qui m'a prédit les plus graves malheurs si je prenais la route de Paris... Je ne tins pas compte de sa prophétie, et, vous le voyez, cinq cadavres sont couchés sur la route...

— Mais vous m'avez sauvé la vie, ajouta M$^{me}$ d'Égoulas.

Un quart d'heure se passa. Le marquis de Pontcallec observait avec une attention persistante la femme étrange qui se trouvait en face de lui. Bien des fois il avait entendu parler de la comtesse, mais les appréciations portées sur son compte différaient d'une façon si absolue, qu'il essayait d'en formuler une à son tour. Une grande hardiesse était le principal caractère de sa physionomie; l'orgueil, l'amour de la domination se trahissaient dans son regard. Elle se savait très-belle, et l'on comprenait en la voyant qu'elle connaissait son empire. Malgré lui, Pontcallec éprouvait près d'elle ce que ressent le voyageur marchant au sein d'une mystérieuse forêt vierge : tout en admirant la magnificence de la voûte de feuillage, l'originalité des orchidées, la grâce des lianes, il songe que chaque touffe d'herbe cache peut-être un serpent. Mais les hommes de l'époque de Pontcallec joignaient à une incontestable bravoure quelque chose de chevaleresque et d'aventureux, qui les portait à railler le danger : et puis le temps où les femmes avaient joué un rôle important dans les affaires politiques n'était pas assez loin du souvenir pour que l'on eût oublié les noms des belles frondeuses, et que se fussent effacées de la mémoire la figure hardie de la grande Mademoiselle, et la tête blonde de M$^{me}$ de Chevreuse. Au moment où Pontcallec courait à Paris pour y lutter à la fois contre le Régent et contre le premier ministre Dubois, il ne lui déplaisait pas trop de rencontrer sur son chemin une des habituées de la volière de Sceaux, une des favorites de la duchesse du Maine.

Qui pourrait dire à quelles pensées s'abandonnait M$^{me}$ d'Égoulas, tandis que, renversée sur sa chaise, les mains tombantes sur ses genoux, les yeux à demi clos, elle gardait un silence plein de rêverie que n'avait osé interrompre le jeune marquis. Un sourire errait sur ses lèvres, et l'éclair qui passait dans son regard trahissait l'espoir d'un triomphe.

Le roulement d'une charrette approchant de l'auberge annonça le retour de Jacquet. Claudette s'empressa de disposer des lits pour les blessés, c'est-à-dire qu'elle répandit prodiguement de la paille fraîche dans l'écurie. Un moment après, Jacquet entrait, blême comme les cadavres qu'il venait de conduire, que le marquis et Primel durent lui aider à transporter.

M$^{me}$ d'Égoulas pansa non-seulement ses valets, mais ceux des bandits qui respiraient encore, et le matin surprit les voyageurs dans cette charitable occupation.

— Ma petite, dit la comtesse à Claudette, voici de l'or que tu emploieras pour le mieux de Courtois et de Picard ;

occupe-toi des voleurs, en attendant que la maréchaussée se charge de leur avenir. Va chercher le meilleur médecin du voisinage, je saurai plus tard te récompenser de tant de zèle... Voici mon nom, mon adresse, et sois sûre que je serai heureuse de t'obliger si jamais tu as besoin de moi.

Claudette cacha l'adresse de la comtesse dans son corsage, les louis dans sa poche, et envoya chercher le chirurgien remplissant aussi les fonctions de barbier. Celui-ci rassura si complétement M<sup>me</sup> d'Égoulas sur le sort de ses gens que la jeune femme songea à continuer son voyage. Malgré les affirmations de Pontcallec attestant que sa blessure le faisait à peine souffrir, le docteur s'opposa énergiquement à ce que le gentilhomme remontât à cheval.

— Je ne répondrais pas des suites d'un excès de fatigue, dit-il ; s'il est urgent que vous vous rendiez à Paris, montez en carrosse.

— J'espère, dit alors M<sup>me</sup> d'Égoulas, que vous ne refuserez pas une place dans le mien... Vous n'avez pas le choix, du reste... Des affaires graves vous appellent dans la capitale, il faut que sous peu j'y sois également rendue... Laissez-moi, non pas m'acquitter, mais commencer à payer ma dette.

Le marquis essaya de refuser l'offre de M<sup>me</sup> d'Égoulas ; mais il était sans chevaux, blessé, affaibli, et, quoiqu'il tentât de le nier, il souffrait de sa blessure. Quand tous les arrangements furent pris entre la voyageuse et les serviteurs de l'auberge de *Saint-Jean-Baptiste*, la jeune femme monta dans le carrosse que Primel se chargea de conduire, et le jeune marquis prit place à côté de M<sup>me</sup> d'Égoulas.

Deux courants complétement divers semblaient entraîner cette jeune femme : l'amour du plaisir et l'amour de la politique. Non pas la politique dans ses grandes conceptions, ses habiletés diplomatiques ; elle la comprenait en femme. Formée à l'école de la duchesse du Maine, elle en prenait les petits côtés, les niaiseries. Elle jouait à la conspiration comme elle eût joué de l'éventail. Entre deux menuets, elle aurait préparé la chute possible d'un ministre, ou négocié la ruine d'un homme entravant ses projets. Très-ambitieuse, elle cachait souvent sous une apparente légèreté une remarquable mais dangereuse profondeur. Elle possédait une fortune médiocre et souhaitait l'augmenter au moyen de quelque négociation hardie. M$^{me}$ d'Égoulas jugeait les hommes et les femmes tour à tour au point de vue des services qu'ils lui pouvaient rendre et des distractions qu'ils devaient lui procurer. Dans tout être qui l'approchait, elle cherchait une proie de quelque façon que ce fût.

Manquant trop de véritable grandeur pour devenir une amie sincère, elle pouvait tromper les plus habiles sur la nature de ses sentiments. S'abandonnant à la fougue d'une imagination qui pouvait la mener de la faiblesse au crime, elle était à tous les points de vue dangereuse pour un homme confiant et enthousiaste comme Pontcallec.

Celui-ci ne livra point le secret de son voyage, mais M$^{me}$ d'Égoulas le pressentit.

— Savez-vous, lui demanda-t-elle, que le comte de Laval, votre ami, a dix fois risqué d'être envoyé à la Bastille ? n'avez-vous pas de meilleures recommandations auprès du Régent ?

— Moi, je ne compte rien demander à monseigneur le Régent.

— Bah ! vous n'allez point à Paris en solliciteur ?

— Dieu m'en garde !

— Tant pis !

— Pouvez-vous m'expliquer ce mot de regret?

— Bien aisément : à notre époque, quand on n'a rien à demander à monseigneur d'Orléans ou au cardinal Dubois, on médite la chute de l'un, et...

— Et quoi? demanda Pontcallec.

— Et l'enlèvement de l'autre.

— Vous allez loin et vite, madame la comtesse.

— Je suis grande amie de M$^{me}$ la duchesse du Maine, et ce n'est point à la cour de Sceaux que l'on apprend à chérir le Régent. Nous conspirons tous plus ou moins dans ce ravissant ermitage... Seulement jusqu'à cette heure tout s'est passé en chansons, comme au temps de la Fronde... Mais il me semble, monsieur le marquis, ajouta en riant la comtesse, que vous ne partagez pas mes opinions d'une façon absolue. Seriez-vous pour monseigneur d'Orléans, par hasard?

— Je suis avant tout pour la justice, madame.

— Vous appartenez à une famille et à une race qui sait aventurer ses propres intérêts, quand il s'agit de sauvegarder les intérêts de tous.

— Et le cas échéant je ferais, n'en doutez pas, ce qu'ont fait mes pères.

— Je vous ai parlé du duc du Maine : à votre tour, que dites-vous du comte de Toulouse, son frère, gouverneur général de la Bretagne?

— Sa modération, sa douceur lui ont conquis des sympathies. Le comte de Toulouse aime le repos comme son frère chérit l'agitation. Quand le duc du Maine aspire à reconquérir les droits que lui assignait le testament de Louis XIV, le comte de Toulouse paraît complètement satisfait de sa situation; s'il gouvernait lui-même la Bretagne, les affaires générales marcheraient mieux qu'elles ne vont.

— Bien! bien! fit M$^{me}$ d'Égoulas; vous en êtes au,

mécontentement, vous ne tarderez pas à en venir à la conspiration comme nous tous! C'est un jeu charmant, à Sceaux surtout. Vous ne manquerez pas de vous y faire présenter.

— J'espère avoir l'honneur de vous y revoir.

— Puis-je vous demander sous quels auspices vous y viendrez?

— Mon ami le comte de Laval voudra bien me conduire à la cour de M$^{me}$ la duchesse.

— Un brave, ce M. de Laval! mais un agitateur, je vous en préviens; il conspire partout, toujours. On le croit à Paris, il est en Suisse à recruter des mécontents; on l'attend à Sceaux, il parcourt l'Espagne; du reste, en raison même de son activité, il jouit en ce moment d'une grande faveur près de M$^{me}$ du Maine.

En dépit de l'habileté de M$^{me}$ d'Égoulas, Pontcallec ne se laissa pas entraîner à lui raconter les derniers mouvements de révolte des gentilshommes bretons. Il ne pouvait s'empêcher de trouver beaucoup d'esprit à la jeune femme; mais un indéfinissable sentiment de défiance l'empêchait de dévoiler le fond de sa pensée, au moment où la franchise naturelle de son caractère semblait sur le point de l'entraîner.

Du reste, la fièvre causée par sa blessure ne tarda pas à s'aggraver, et quand la voiture de la comtesse entra dans la cour de l'hôtellerie de la *Rose rouge*, située rue de la Harpe, hôtellerie dans laquelle Pontcallec voulait descendre, parce que le coche de Bretagne s'y arrêtait, il était temps que le gentilhomme fût confié aux soins d'un chirurgien, au zèle de Primel et à l'amitié du comte de Laval.

La comtesse d'Égoulas souhaita un prompt rétablissement à son sauveur, l'enveloppa d'un regard obstiné dont il eût été difficile de définir la nature, et le quitta en exprimant le désir de le retrouver bientôt à la volière de Sceaux.

## VIII

### LA VOLIÈRE DE SCEAUX

Anne-Louise-Bénédicte de Bourbon, duchesse du Maine, petite-fille du grand Condé, et qui daignait ce soir-là n'être pour les invités que la gracieuse Ludovise, dictatrice perpétuelle de l'ordre de la Mouche-à-Miel, donnait à Sceaux une de ces fêtes que sous Louis XIV on appelait les *Grandes Nuits*, et qui, depuis la mort du Roi-Soleil, avaient remplacé le plaisir par la diplomatie, et où l'intrigue se masquait du nom de divertissement. Ce n'est point que l'on ne s'amusât plus à Sceaux; on semblait au contraire s'y livrer avec entraînement au jeu et à la danse. On y représentait des opéras nouveaux, chaque soirée empruntait les charmes d'une féerie. On y faisait assaut d'esprit. Les académiciens et les poëtes se mêlaient à la foule des grands seigneurs boudant le Régent au nom des souvenirs du grand Roi et du respect dû à sa mémoire. Mais la surface légère cachait la profondeur des vues. Tandis que les orchestres entraînaient la jeunesse, que le jeu captivait les fous, bon nombre de seigneurs devenus les fidèles de la duchesse embrassaient ses ambitions, et, prenant leur part de sa haine contre le Régent, tournaient leurs regards vers l'Espagne que gouvernait Philippe V, le petit-fils de Louis XIV. Pour eux, il n'existait plus de

Pyrénées, et ils ne songeaient pas même qu'ils faisaient acte de trahison, en essayant de déposséder le Régent de la tutelle de Louis XV et du gouvernement de la France.

Ludovise, car il plaisait souvent à l'ambitieuse duchesse de ne porter que ce nom gracieux avec un sceptre de fleurs de lis, dans le but de dissimuler aux yeux du duc d'Orléans, de Dubois et de M. d'Argenson le but dangereux de ces réunions, avait rêvé de créer un ordre auquel une phrase de l'*Aminthe* du Tasse servait de devise et dont les trente-neuf membres se dévouaient de la façon la plus absolue aux volontés de M$^{me}$ du Maine. Les réunions du chapitre de la Mouche-à-Miel, élégant carnaval pendant la durée duquel les chevaliers portaient un costume à part, tandis que les hauts dignitaires s'habillaient en rois de féerie, étaient le prétexte le plus habituel des conciliabules pendant lesquels Ludovise, redevenant duchesse du Maine ambitieuse et vindicative, complotait contre le Régent, sous prétexte de sauver le petit roi Louis XV.

A Paris, les réunions de l'Arsenal eussent présenté plus d'un danger. Dubois veillait sur son maître, et son habileté, jointe à un attachement sincère, déconcertait souvent la police de M. d'Argenson. Plus d'une fois le premier ministre sauvegarda la vie et la liberté du Régent, avant que le chef de la police fût informé du danger couru.

Le vainqueur de Lérida était brave et joignait à cette qualité un grand penchant à la clémence. Quand le parlement de Paris cassa à son profit le testament de Louis XIV, lequel laissait le soin de Louis XV et la régence du royaume au duc du Maine, Philippe d'Orléans se contenta de cette victoire, sans songer que les vaincus ne pouvaient manquer de tenter des représailles. S'il ne se fût agi que de M. du Maine, dépossédé tour à tour de ses dignités à ce point que la pairie lui restait seule, le duc d'Orléans aurait eu raison d'user de débonnaireté ; Son Altesse aurait continué de traduire les poëtes latins et eût brigué un fauteuil à l'Académie ; mais il en était bien autrement de sa femme, active, remuante, dont les séductions s'exerçaient sur tous ses hôtes, qui n'entendait pas vivre à perpétuité dans sa volière, dont les oiseaux se recrutaient de bon nombre de gentilshommes appelés à Paris « les pigeons du Palais-Royal ».

Le Palais-Royal et le château de Sceaux étaient en inimitié déclarée, et tandis que Philippe d'Orléans riait des piqûres de Ludovise, la reine des Mouches-à-Miel convoquait son chapitre, afin de procéder à la réception d'un nouveau chevalier.

Tout prétexte à solennité était bon pour une princesse si près du trône, que la défection du Régent et la mort du jeune roi suffisaient pour l'y porter.

Ce soir-là entre autres, toutes les pompes de Sceaux devaient à la fois charmer les conviés. La douceur de la température permettait d'errer dans ces jardins majestueux aménagés par Le Nôtre pour y encadrer des divertissements mythologiques. Chaque charmille pouvait dissimuler un des mystères de la féerie, chaque bosquet recéler un chœur ou un groupe d'instrumentistes. Les pièces d'eau répétaient leurs merveilles hydrographiques, tandis que des bombes et des pièces d'artifices lancées au milieu de la nuit paraissaient doubler le nombre des étoiles.

Une atmosphère de plaisir enveloppait ce château ; la duchesse multipliait les prodiges de cette grâce inimitable qui la faisaient adorer de tous ceux qui l'approchaient. Elle possédait plus qu'une beauté parfaite, un charme absolu ; son esprit étincelait ; elle improvisait comme Voiture, chantait à ravir, et, sans avoir la préciosité qui distingua les habitués de l'hôtel de Rambouillet, elle possédait surtout l'art de faire étinceler les saillies des autres, de mettre en lumière les qualités de chacun ; on la quittait toujours ravi de soi, parce que l'on restait enchanté d'elle.

Jamais la volière de Sceaux n'avait été plus animée, les jardins mieux éclairés. On paraissait avoir non pas remis au lendemain les affaires sérieuses, mais les avoir à tout jamais oubliées, et la duchesse du Maine ne semblait préoccupée ce soir-là que du soin de recevoir dignement le nouveau chevalier de la Mouche-à-Miel.

Les grands appartements du rez-de-chaussée regorgeaient d'une foule rieuse, élégante, essentiellement variée dans les éléments qui la composaient. Toutes les conditions du monde de l'aristocratie, de la finance et des lettres se pressaient dans le palais : les grands seigneurs, les courtisans, les financiers menacés de rendre gorge, les robins, les bourgeois enrichis, les gentilshommes de province, les mississipiens ruinés par le système Law, les faiseurs de madrigaux, les officiers sans régiments, les poëtes venimeux, les grandes dames, les ennemis du Régent, les boudeurs du Palais-Royal, les flatteurs habituels, les pamphlétaires, les ambitieux se mettaient à la remorque de la fortune de M$^{me}$ du Maine.

La grande salle machinée comme un théâtre se prêtera tout à l'heure aux illusions de la scène ; en attendant l'apparition de Ludovise, les invités se massent dans la galerie, et Malézieux, l'ordonnateur des divertissements de Sceaux, veille aux derniers préparatifs.

On se presse, on cause, on rit, on s'interroge sur le nouvel élu ; les uns affirment qu'il arrive de province, les autres qu'il habite Paris ; les grands dignitaires de l'ordre de la *Mouche-à-Miel* se rangent solennellement sur les gradins du trône que doit occuper l'*emperière de Sceaux ;* chacun des chevaliers et chacune des chevalières de l'ordre en a revêtu le riche et fantaisiste costume.

Malézieux, l'académicien faiseur de petits vers, le régisseur du théâtre, celui qu'on traitait d'indispensable et qu'on appelait « le grand homme », donne un signal, des rideaux de gaze se lèvent, un char d'argent descend d'un nuage, et la duchesse du Maine se dirige vers le trône qui lui est réservé, tandis qu'une douce harmonie s'élève à l'extrémité de la salle.

La directrice de la Mouche-à-Miel porte une robe de satin vert parsemée d'abeilles d'argent ; un manteau d'or ondule sur ses épaules, des mouches d'émeraude étincellent dans ses cheveux blonds.

M. de Gavaudan, premier gentilhomme du duc du Maine, et remplissant les fonctions de héraut de l'ordre, est vêtu d'une robe de satin incarnat brodée d'abeilles d'argent, et coiffé d'un bonnet en forme de ruche, tandis que l'académicien Malézieux s'agite dans son flamboyant costume de chancelier.

Il va prendre par la main, pour l'amener aux pieds de la fée Ludovise, le nouveau récipiendaire, revêtu pour cette circonstance d'un costume blanc. Les chevaliers et les chevalières de la Mouche s'empressent de le féliciter et de le saluer, tandis que les chœurs, dissimulés derrière un rideau, chantent des vers macaroniques avec accompagnement de violon et de flûte.

Après un échange de politesses, le parrain et la marraine du futur chevalier placent entre eux leur filleul. Le comte de Laval, portant la cotte d'or semée d'abeilles d'argent, se tient à droite du marquis de Pontcallec, tandis que M$^{me}$ d'Égoulas, sa marraine, porte l'insigne de l'arbre qu'elle doit remettre à la duchesse du Maine.

Grâce à l'amitié du comte de Laval et à l'active protection de la comtesse, le jeune marquis n'avait pas tardé non-seulement à être présenté à Sceaux, mais à paraître indispensable pour la réalisation des projets de M$^{me}$ du

Maine. Afin de couvrir sa naissante faveur du voile aimable de la distraction, la duchesse, qui devait se servir de l'épée de Pontcallec, ne semblait à cette heure songer qu'à lui ménager une place dans la ruche dont tous les frelons devaient causer de cuisantes piqûres.

Depuis son arrivée à Paris, Pontcallec avait eu plus d'une entrevue avec la duchesse et ses amis. Interrogé sur ce qui se passait en Bretagne, il avait raconté la misérable situation du peuple qui, opprimé par le fisc, en appelait aux seigneurs naturels.

La généreuse franchise du jeune gentilhomme, la façon dont il répondit du zèle de MM. du Coëdic, Montlouis et Talhouët, décidèrent sans nul doute la duchesse à tourner vers la Bretagne l'effort le plus sérieux de la conspiration. Néanmoins, avant de donner le mot d'ordre qui pouvait ensanglanter la France en sauvant une province, Ludovise résolut, à la faveur d'une fête pendant laquelle on la croirait simplement occupée de ses plaisirs, de réunir les membres actifs de la conjuration, et d'arrêter avec eux, ce soir-là, les mesures qu'il convenait de prendre.

M<sup>me</sup> d'Égoulas paraissait triomphante ; non qu'elle s'intéressât profondément à la perte du Régent : pourvu qu'elle trouvât des salons brillants pour y étaler le luxe de ses parures, peu lui importait de danser à Sceaux ou bien au Palais-Royal. Elle s'aimait elle-même, avant de songer à se dévouer aux autres.

Mais pour le moment le charme de Ludovise agissait sur elle, et son âme troublée avait trop besoin de s'oublier elle-même pour qu'elle ne courût pas au-devant de tout ce qui pouvait lui procurer l'étourdissement, à défaut de la paix perdue.

Elle se flattait d'ailleurs d'exercer un grand empire sur le marquis de Pontcallec. Les rêveries dans lesquelles elle le voyait souvent plongé étaient attribuées par elle à la préoccupation des affaires. L'espèce de sauvagerie de l'ardent jeune homme lui plaisait, et, sans qu'elle y prît garde, elle en vint à songer à lui avec une persistance qu'il ne soupçonna même pas. Lorsque le marquis cessait de s'occuper des affaires de Bretagne, il pensait à la fille du comte de Kerglas, et la voyait passer avec ses habits blancs, ses cheveux blonds, sa couronne de lierre; et ces deux pensées se confondaient en lui de telle sorte qu'elles en formaient une seule; Génofa semblait au marquis de Pontcallec l'âme même de la Bretagne, blanche, faible, pieuse et sainte. En donnant sa vie pour l'une, il savait garder à l'autre son cœur tout entier.

M$^{me}$ d'Égoulas n'avait jamais adressé au jeune homme une question à laquelle Pontcallec aurait répondu avec son habituelle franchise, et la belle veuve pouvait rêver un projet d'union impossible. Pontcallec accepta franchement l'amitié qui lui fut offerte avec une hypocrisie féline, et ne fut pas loin de bénir la Providence qui plaçait M$^{me}$ d'Égoulas sur sa route.

Le marquis n'ignorait point que, dans le moment le plus animé du bal, il devait quitter les grands appartements et rejoindre la duchesse du Maine et ses meilleurs amis dans la partie du château appelée la *Chartreuse*. De graves décisions devaient être prises le soir même; aussi Clément de Pontcallec restait-il préoccupé, tandis que s'agitaient autour de lui les frelons d'or, les mouches d'argent, et que le chœur placé derrière le trône de Ludovise chantait avec accompagnement d'orchestre.

Sur un signe de la duchesse du Maine, Malézieux prit la main du marquis, et l'amena au pied du trône de la reine des abeilles, tandis que M. de Bessac, enseigne des gardes de M$^{gr}$ le duc du Maine, annonçait à haute voix :

— Le marquis Clément Guer de Malestroit de Pontcallec.

Le jeune homme fléchit le genou sur la première marche du trône, et Ludovise regarda le vaillant champion de la cause bretonne, qui pouvait si bien en devenir le martyr, avec une expression de bienveillance mêlée d'une sorte de tristesse.

Le héraut passa au récipiendaire la cotte de drap d'or semé d'abeilles d'argent, puis sa baguette étendue sur le front du nouveau chevalier, et lui demanda :

— Vous jurez et promettez une fidélité inviolable, une aveugle obéissance à la grande fée Ludovise, dictatrice perpétuelle de l'ordre incomparable de la Mouche-à-Miel?

A peine cette question était-elle posée que le chœur invisible des musiciens chanta :

>Jurez, seigneur de Samarcand!
>Jurez, digne fils du khan!

Pontcallec réprima avec peine un sourire, mais il répondit néanmoins avec une dignité suffisante :

— Par le sacré mont Hymette, je le jure!

Alors l'assistance entière entonna ce chœur :

>Il principe di Samarcand
>Il digno filio del grand khan,
>>Ha giurato :
>>Sia recevato !

A chacun des multiples articles composant les statuts de l'ordre de la Mouche-à-Miel, le marquis de Pontcallec dut prononcer un serment au nom du mont Hymette, et s'entendre féliciter dans le quatrain macaronique que nous venons de citer.

Quand le récipiendaire eut répondu à toutes les questions qui lui furent posées par le héraut, la fée Ludovise

8.

prit des mains de Mᵐᵉ d'Égoulas une médaille d'argent suspendue à un ruban orange, et jeta ce soyeux collier sur la cuirasse d'or du nouveau chevalier, en lui récitant cette improvisation qui fut accueillie par une triple salve de bravos :

> Digne envoyé d'un grand monarque,
> Recevez de ma main la glorieuse marque
> De l'ordre qu'on vous a promis :
> Thessandre, apprenez de ma bouche
> Que je vous mets au rang de mes amis
> En vous faisant chevalier de la Mouche.

Alors les musiciens, et le double chœur des chanteurs invisibles et des assistants répétèrent avec un admirable entrain :

> Viva semper, viva, et in onore cresca
> Il novo cavaliere della Mosca [1].

Au même instant les portes de la salle du banquet s'ouvrirent à deux battants; le marquis de Pontcallec offrit la main à Mᵐᵉ la duchesse du Maine, et tous les conviés suivirent la princesse et le nouveau chevalier dans la salle où se trouvait servi un magnifique souper.

Le repas fut gai; il entrait dans le programme de la duchesse de ne révéler le véritable motif de cette réunion qu'à la fin de la fête, et à un petit nombre d'initiés. La plupart des invités de la princesse servaient simplement d'élégants comparses. Si tous partageaient pour le moment sa haine contre le Régent, et consentaient à entrer avec elle dans la ligue préparée pour amener la chute du prince et la perte du premier ministre, elle ne jugeait cependant pas prudent d'abandonner à la foule

---

[1]. L'auteur n'invente aucun de ces détails très-historiques et relatés dans les volumes du temps, spécialement dans *les Divertissements de Sceaux*.

élégante et frivole emplissant les salons et les jardins de Sceaux le dernier mot de ses ambitieux projets. Elle avouait bien déclarer la guerre au Palais-Royal, mais elle n'entendait pas livrer le mot de la conspiration. Cependant elle avait résolu ce soir-là de laisser éclater sa haine et son mépris contre le Régent d'une façon violente. A cet effet, elle avait invité aux fêtes de Sceaux Lagrange-Chancel, un poëte dramatique qui, après avoir donné au théâtre *Sophonisbe*, fondé une académie à Périgueux et couru un grand nombre d'aventures, s'était vu appeler à Paris par Ludovise, et choyer entre tous les poëtes qu'elle admettait à Sceaux.

Il y a loin cependant des impromptus de Malézieux, des madrigaux de Saint-Aulaire, des poésies élégantes de Voiture, à la verve terrible des odes auxquelles Lagrange donnait le titre de *Philippiques*. On eût dit qu'il les écrivait avec du venin. La gloire de Lagrange, car il jouit durant quelque temps d'une grande renommée, conserva un cachet de terreur et de dégoût. On se pressa autour de lui pour écouter les strophes de ses odes, et on se reculait du poëte avec un sentiment de crainte et d'horreur, dès qu'on l'avait entendu. La méchanceté humaine trouvait son compte dans ses œuvres abominables, mais un reste de pudeur forçait ceux mêmes qui l'avaient applaudi à éviter l'approche de Lagrange, comme on s'éloignerait d'un reptile. Lui-même jouissait de ces succès au milieu d'une crainte perpétuelle. Il ne s'écoulait par une minute sans qu'il se demandât s'il ne coucherait point à la Bastille. Sa tête ne lui paraissait jamais solide sur ses épaules. Son regard fouillait inquiet les groupes de ses auditeurs.

Il semblait avoir hâte de se soustraire à la foule qui venait de l'applaudir. Son visage pâle trahissait la fatigue et la crainte. Se sentant indigne de pardon, il devenait de plus en plus implacable. Ramassant toute la boue jetée au Régent, il faisait siffler dans ses *Philippiques* des poignées de couleuvres dont il redoutait à son tour la secrète morsure. A Sceaux, on regardait Lagrange-Chancel avec une terreur mêlée de curiosité malsaine. On lui parlait peu, nul ne cherchait une place à ses côtés ; mais on se réjouissait cependant à la pensée de l'entendre, et sa présence au souper de la duchesse annonçant une œuvre nouvelle, les spirituelles improvisations de Saint-Aulaire, Saint-Genest, Chaulieu, Malézieux, tous ces poëtes de la Régence qui, sans léguer d'œuvres, ont laissé le souvenir d'un facile esprit et d'un aimable enjouement, toute cette pléiade charmante dont la littérature se parfumait de bergamotte, parut pâle et faible, en dépit de la lutte de ces beaux-esprits du temps. On attendait Lagrange-Chancel. Après avoir souri, on éprouvait le besoin de frémir. Les invités voulaient opposer à la grâce, à l'élégance, à la splendeur de cette fête, les émotions d'une terrible scène de drame.

— Avez-vous jamais lu les poésies de Lagrange-Chancel ? demanda M<sup>me</sup> d'Égoulas au marquis de Pontcallec.

— Jamais.

— Je suis sûre alors que vous applaudirez doublement au talent nerveux et terrible de ce petit homme bilieux, à figure de hibou.

— Je ne sais, dit Pontcallec ; autant je suis capable de m'enthousiasmer pour une poésie vraiment noble et belle, autant les pamphlets me répugnent et les pamphlétaires m'inspirent de dégoût.

— Mais quand ces pamphlétaires sont de vrais poëtes ?

— Alors, madame, je les ai doublement en mépris ; le talent est un don du ciel dont nous devons compte.

— La duchesse fait un signe, dit M<sup>me</sup> d'Égoulas ; Lagrange se lève ; écoutez, vous le jugerez après.

En effet, l'auteur des *Philippiques*, redressant sa petite taille et jetant autour de lui un regard circulaire, appuya une de ses mains sur la table tandis qu'il enfonçait l'autre dans les dentelles de son jabot de malines, puis il commença d'une voix âpre et sifflante :

> Vous dont l'éloquence rapide
> Contre deux tyrans inhumains
> Eut jadis l'audace intrépide
> D'armer les Grecs et les Romains,
> Contre un monstre encor plus farouche
> Mettez votre fiel dans ma bouche ;
> Je brûle de suivre vos pas,
> Et je vais tenter cet ouvrage,
> Plus charmé de votre courage
> Qu'effrayé de votre trépas.
>
> A peine ouvrit-il les paupières
> Que, tel qu'il se montre aujourd'hui,
> Il fut indigné des barrières
> Qu'on voit entre le trône et lui.
> Dans ces détestables idées,
> De l'art des Circés, des Médées
> Il fit ses uniques plaisirs.
> Croyant cette voie infernale
> Digne de remplir l'intervalle
> Qui s'opposait à ses désirs.

A cette allusion directe aux études que le duc d'Orléans, très-habile chimiste, poursuivait avec Humbert, un frisson courut dans l'auditoire. Si la vie de Louis XV fit justice de l'ode de Lagrange et des calomnies du poëte, il n'en est pas moins vrai que l'on s'efforçait de représenter le Régent comme un empoisonneur, et qu'on lui laissait l'épouvantable responsabilité de la mort des ducs de Bourgogne et de Berry, du trépas du vieux Dauphin, de celui de M. le Dauphin et de M^me la Dauphine, et des fils du jeune Dauphin.

Le marquis de Pontcallec réprima avec peine un mouvement d'indignation. Certes, il n'était pas suspect d'amitié pour le Régent, puisqu'il allait soulever contre lui la Bretagne entière, mais il voulait la guerre ouverte, les nobles périls, les immolations, et non pas les calomnies. Il ne pouvait considérer comme un lâche le vainqueur de Lérida, de Nerwinde, de Steinkerque, ni traiter d'empoisonneur le prince qui devait verser, en entendant plus tard lire cette même ode, les larmes généreuses dont Saint-Simon nous a légué le souvenir.

Enfin le poëte arriva à cette strophe :

> O roi depuis si longtemps ivre
> D'encens et de prospérité,
> Tu ne te verras pas survivre
> Dans ta triple prostérité.
> Tu sais d'où part le coup sinistre,
> Tu connais l'infâme ministre
> Digne d'un prince détesté;
> Qu'il expire avec son complice :
> Tu sauveras par leur supplice
> Le peu de sang qui t'est resté.

A cette accusation terrible, à cette dénonciation des projets formés contre la vie de Louis XV, un silence de mort plana dans l'assemblée. Les ennemis les plus déclarés du duc d'Orléans pâlirent de honte, et le poëte acheva son ode au milieu d'un sentiment plus aisé à comprendre qu'à définir.

La duchesse du Maine comprit la pensée générale de ses invités, et, après avoir adressé un signe familier au pamphlétaire, elle se tourna gracieusement vers le marquis de Pontcallec.

— Autrefois, lui dit-elle, la princesse Marie de France emprunta plus d'une de ses œuvres à vos chants nationaux ; nous venons d'entendre une satire ; je suis sûre que nous serions tous vivement intéressés par une poésie de votre rude et fidèle Bretagne.

— Madame, répondit Clément de Pontcallec de sa voix

mâle et vibrante, nos strophes frissonnantes comme des cliquetis d'épées seraient sans doute mal venues au milieu des enchantements de Sceaux. Si pourtant Votre Altesse insiste, je ne refuserai point de vous répéter un bardit qui conduisit mes ancêtres à la victoire et qui sera demain notre hymne de combat.

L'ardent jeune homme semblait en ce moment si beau, si convaincu, qu'un murmure dans lequel l'admiration entrait pour autant de part que la curiosité circula parmi les invités de la duchesse.

Quant au marquis, il lui semblait piquant de jeter la note grave des poésies de son pays au milieu des faiseurs de madrigaux et des écrivains de pamphlets. Il lui plaisait de donner brusquement à cette foule élégante un sentiment vrai du rude pays de montagnes et de chênes qu'il représentait. Il échangea un sourire avec le comte de Laval, trop Breton pour ne point se réjouir d'entendre une fois encore un chant national, puis il commença le chant magnifique du *Tribut de Noménoë*.

« L'herbe d'or est fauchée, il a bruiné tout à coup. — Bataille !

« — Il bruine, disait le grand chef de famille du sommet des montagnes d'Arez. — Bataille !

« Il bruine, depuis trois semaines, de plus en plus du côté des Francs.

« Si bien que je ne puis en aucune façon voir mon fils revenir vers moi. Beau marchand qui cours le pays, sais-tu des nouvelles de mon fils Karo ?

« — Peut-être, vieux père d'Arez ; mais comment est-il, et que fait-il ?

« — C'est un homme de bon sens et de cœur ; c'est lui qui est allé conduire les chariots à Rennes.

« Conduire à Rennes les chariots traînés par des chevaux attelés trois par trois.

« Lesquels portaient sans fraude le tribut de Bretagne, divisé entre eux.

« — Si votre fils est le porteur du tribut, c'est en vain que vous l'attendez.

« Quand on est allé peser l'argent, il manquait trois livres sur cent.

« Et l'intendant a dit : Ta tête, vassal, fera le poids.

« Et, tirant son épée, il a coupé la tête de votre fils.

« Puis il l'a prise par les cheveux, et l'a jetée dans la balance.

« Le vieux chef de famille, à ces mots, pensa s'évanouir.

« Sur le rocher, il tomba rudement, en cachant son visage avec ses cheveux blancs.

« Et la tête dans la main il s'écria en gémissant : — Karo, mon fils, mon pauvre cher fils !

« Le grand chef de la famille chemine suivi de sa parenté.

« Le grand chef de la famille approche, il approche de la maison forte de Noménoë.

« — Dites-moi, chef des portiers, le maître est-il à la maison ?

« — Qu'il y soit ou qu'il n'y soit pas, que Dieu le garde en bonne santé !

« Comme il disait ces mots, le seigneur rentra au logis ;

« Revenant de la chasse, suivi de ses grands chiens ;

« Il tenait son arc à la main, et portait un sanglier sur l'épaule ;

« Et le sang frais, tout vivant, coulait sur sa main blanche, de la gueule de l'animal.

« — Bonjour, bonjour à vous, honnêtes montagnards ; à vous d'abord, grand chef de famille ;

« Qu'y a-t-il de nouveau ? que voulez-vous de moi ?

« — Nous venons savoir s'il y a une justice : s'il est un Dieu au ciel, et un chef en Bretagne.

« — Il est un Dieu au ciel, je le crois, et un chef en Bretagne, si je puis.

« — Celui qui veut, celui-là peut, celui qui peut chasse le Frank.

« Chasse le Frank, défend son pays, et le venge et le vengera !

« Il vengera vivants et morts et moi et Karo mon enfant.

« Mon pauvre Karo décapité par le Frank excommunié;

« Décapité dans sa fleur, et dont la tête blonde comme du miel a été jetée dans la balance pour faire le poids !

« Et le vieillard de pleurer et ses larmes coulèrent le long de sa barbe grise.

« Et elles brillaient comme la rosée sur un lis, au lever du soleil.

« Quand le seigneur vit cela, il fit un serment terrible et sanglant.

« — Je le jure, par la tête de ce sanglier et par la flèche qui l'a percé :

« Avant que je lave le sang de ma main droite, j'aurai lavé la plaie du pays.

« Noménoë a fait ce qu'aucun chef ne fit jamais :

« Il est allé au bord de la mer avec des sacs pour y ramasser des cailloux.

« Des cailloux à offrir en tribut à l'intendant du roi chauve.

« Noménoë a fait ce qu'aucun chef ne fit jamais :

« Il a ferré d'argent poli son cheval, et il l'a ferré à rebours.

« Noménoë a fait ce que ne fit jamais aucun chef :

« Il est allé payer le tribut en personne, tout prince qu'il est.

« — Ouvrez à deux battants les portes de Rennes, que je fasse mon entrée dans la ville.

« C'est Noménoë qui est ici avec des chariots pleins d'argent.

« — Descendez, seigneur; entrez au château; laissez vos chariots dans la remise;

« Laissez votre cheval blanc entre les mains des écuyers, et venez souper là-haut.

« Venez souper, et tout d'abord laver; voici que l'on corne l'eau, entendez-vous?

« — Je laverai dans un moment, seigneur, quand le tribut sera pesé.

« Le premier sac que l'on porta (et il était bien ficelé.)

« Le premier sac qu'on apporta, on y trouva le poids.

« Le second sac qu'on apporta, on y trouva le poids.

« Le troisième sac que l'on pesa : — ohé! ohé! le poids n'y est pas!

« Lorsque l'intendant vit cela, il étendit la main sur le sac;

« Il saisit vivement les liens, s'efforçant de les dénouer.

« — Attends, attends, seigneur intendant, je vais les couper avec mon épée.

« A peine il achevait ces mots, que son épée sortait du fourreau;

« Qu'elle frappait au ras des épaules la tête du Frank courbé en deux;

« Et qu'elle coupait chair et nerfs, et une des chaînes de la balance de plus.

« La tête tomba dans le bassin, et le poids y fut bien ainsi.

« Mais voilà la ville en rumeur : Arrête, arrête l'assassin!

« Il fuit! il fuit! portez des torches; courons vite après lui.

« Portez des torches, vous ferez bien ; la nuit est noire et le chemin glacé ;

« Mais je crains fort que vous n'usiez vos chaussures à le poursuivre,

« Vos chaussures de cuir bleu doré ; quant à vos balances, vous ne les userez plus ;

« Vous n'userez pas vos balances d'or en pesant les prières des Bretons. — Bataille !

La duchesse du Maine se leva.

— Oui, dit-elle, bataille ! la Bretagne libre, le roi sans le régent !

Une heure après les invités quittaient la table, et le marquis de Pontcallec se vit entouré par les plus chauds amis de l'ambitieuse princesse.

Le succès de l'ardente et sauvage épopée bretonne faisait oublier la venimeuse *philippique* de Lagrange-Chancel.

Au même moment l'orchestre du bal s'éleva dans la salle voisine, et une partie des invités se dispersa pour se livrer au divertissement de la contredanse, de la chaconne, de la gaillarde ou du menuet, tandis que dans la pièce voisine les joueurs s'abandonnaient aux chances hasardeuses du cavagnole, du hoca et du biribi.

Pendant ce temps la fée Ludovise, ralliant d'un signe de la main les principaux affidés de la conspiration, les entraînait à sa suite dans le pavillon appelé la Chartreuse et où personne ne s'aviserait de déranger les conspirateurs. Tandis que les danseurs croient la suzeraine de Sceaux dans la salle de jeu, que les joueurs supposent qu'elle parcourt les allées illuminées du jardin, la princesse pénètre avec le comte de Laval, le duc de Richelieu, le baron de Volef et le marquis de Pontcallec dans la partie la plus mystérieuse du pavillon.

Elle s'y trouvait à peine depuis une minute quand la porte s'ouvrit, et qu'un nouvel arrivé se glissa dans le groupe des fidèles, qui se reculèrent cérémonieusement pour lui faire place.

Le nouveau venu était le fils du duc de Giovenazzo, le neveu du cardinal de Guidice, le prince de Cellamare, ambassadeur d'Espagne.

A la vue du prince le visage de la duchesse rayonne de satisfaction orgueilleuse ; elle pressent un nouveau triomphe ; elle croit toucher au but de ses machinations, et, tendant sa main à l'ambassadeur, elle lui demande avec son plus séduisant sourire :

— Vous nous apportez de bonnes nouvelles, je l'espère?

— J'ose espérer que Votre Altesse les trouvera excellentes...

— Parlez, parlez! dit impatiemment madame du Maine.

— J'ai expédié ce matin par une voie sûre, avec les libelles que multiplient les presses de Hollande, le détail des forces sur lesquelles peut compter Sa Majesté catholique, et j'apporte en échange...

— Mon Dieu, vous me faites mourir d'impatience ! qu'apportez-vous, prince de Cellamare ?

— Deux lettres de S. M. Philippe V, l'une adressée au Roi mineur, la seconde au parlement de Paris.

— Lisez vite, prince, lisez la lettre du petit fils de Louis XIV au roi Louis XV.

Le prince de Cellamare commença, en appuyant sur les phrases les plus importantes [1].

---

[1]. Cette lettre authentique, conservée au ministère des affaires étrangères, est entièrement écrite de la main de Philippe V.

« Escurial, 16 mars 1718.

« Depuis que la Providence m'a placé sur le trône d'Espagne, je n'ai pas perdu de vue pendant un seul instant les obligations de ma naissance. Louis XIV, d'éternelle mémoire, est toujours présent à mon esprit. Il me semble toujours entendre le grand prince au moment de notre séparation, me dire en m'embrassant : *Il n'y a plus de Pyrénées!* Votre Majesté est le seul rejeton de mon frère aîné, dont je ressens tous les jours la perte. Dieu vous a appelé à la succession de cette grande monarchie, dont la gloire et les intérêts me seront précieux jusqu'à la mort. Enfin, je vous porte au fond de mon cœur, et je n'oublierai jamais pour rien au monde ce que je dois à Votre Majesté, à ma patrie, et à la mémoire de mon aïeul... »

Le prince de Cellamare s'arrêta, et M$^{me}$ du Maine dit d'une voix pénétrée :
— Personne de nous n'oublie ce qu'il doit à Sa Majesté, et si nous conspirons contre le régent, c'est afin de sauver les jours de Louis XV.

Le prince reprit :

« Mes chers Espagnols, qui m'aiment avec tendresse et qui sont bien assurés de celle que j'ai pour eux, ne sont point jaloux des sentiments que je vous témoigne, et sentent bien que notre union est la base de la tranquillité publique. Je me flatte que mes intérêts personnels sont encore chers à une nation qui m'a nourri dans son sein, et que cette généreuse noblesse qui a versé tant de sang pour les soutenir, regardera toujours avec amour un roi qui se glorifie de lui avoir obligation et d'être né au milieu d'elle. »

Le prince de Cellamare s'arrêta et salua les gentilshommes qui l'entouraient avec une déférence courtoise, comme s'il remplissait un mandat reconnaissant du monarque qu'il représentait à Paris. Puis, reprenant sa lettre, il ajouta :

« De quel œil vos fidèles sujets peuvent-ils regarder le traité qu'il signe contre moi, ou, pour mieux dire, contre vous-même [1] ? Depuis le temps que vos finances épuisées ne peuvent fournir aux dépenses courantes de la paix, on veut que Votre Majesté s'unisse à mon plus mortel ennemi [2] et me fasse la guerre, si je ne consens à livrer la Sicile à l'archiduc.

« Je ne souscrirai jamais à ces conditions, elles me sont insupportables.

« Je n'entre pas dans les conséquences funestes de cette alliance : je me renferme à prier instamment Votre Majesté de convoquer incessamment les États généraux de son royaume, pour délibérer sur une affaire de si grande conséquence. »

— C'est le seul moyen d'en finir, murmura Pontcallec.

La duchesse du Maine sourit d'un air approbatif.

Le prince de Cellamare parut surpris, mais il était trop diplomate pour ne pas réprimer son étonnement, et il poursuivit :

« Je vous fais cette prière au nom du sang qui nous unit, au nom de ce grand roi dont nous tirons notre origine, au nom de vos peuples et des miens : s'il y eut jamais occasion d'écouter la voix de la nation française, c'est aujourd'hui. Il est indispensable d'apprendre d'elle-même

---

1. Le traité de la quadruple alliance, ménagé par les rêves du premier ministre Dubois.
2. L'empereur.

ce qu'elle pense, de savoir si en effet elle veut nous déclarer la guerre. Dans le temps où je suis prêt à exposer ma vie pour maintenir sa gloire et ses intérêts, j'espère que vous répondrez au plus tôt à la proposition que je vous fais ; que l'assemblée que je vous demande préviendra les malheureux engagements où nous pourrions tomber, et que les forces de l'Espagne ne seront employées qu'à soutenir la grandeur de la France et à humilier ses ennemis, comme je ne les emploierai jamais que pour marquer à Votre Majesté la tendresse sincère et inexprimable que j'ai pour elle. »

— Eh bien ! s'écria la duchesse du Maine avec une joyeuse ardeur, il ne nous manque rien maintenant.

— Si fait ! dit en souriant le prince de Cellamare, il nous manque l'entrée de la France.

— Par quelle voie ?

— Par Bayonne, pour faire passer une armée.

— Le duc de Richelieu nous donnera Bayonne.

— Puis un port de Bretagne, afin d'y amener une flotte.

— J'ouvrirai à Votre Excellence tous les ports de Bretagne, reprit le marquis de Pontcallec.

— Enfin, ajouta le prince de Cellamare, nous avons besoin que le duc d'Orléans fasse en Espagne un séjour plus ou moins long... suivant la tournure que prendront les affaires.

— Ceci vous regarde, messieurs, dit la duchesse du Maine ; qui de vous est capable d'enlever le régent ?

— Pourvu que sa personne soit respectée, je me charge de cette mission, dit Pontcallec, et j'escorterai le régent en Espagne, si cela est nécessaire.

— Mais vous ne pourrez agir seul ?

— Je possède un grand courage et beaucoup d'or ; il ne me faut plus que les détails nécessaires pour réussir dans mon plan, et ces messieurs ne me les refuseront pas.

— Nous sommes tout à vous! dit avec grâce le duc de Richelieu.

— Eh bien! messieurs, je vous attendrai demain, vers deux heures, hôtel de la *Rose Rouge*, rue de la Harpe ; nous y arrêterons le plan de cette grave affaire, et avant huit jours, grâce aux habitudes et aux fréquentes sorties du régent, Louis XV sera véritablement roi de France. Philippe V le couvrira de son affectueuse protection.

La duchesse du Maine s'approcha du prince de Cellamare.

— Qu'avez-vous expédié au roi d'Espagne?

— Une cassette renfermant des *projets de manifestes*, avec des conditions explicatives sur ces mêmes projets ; les *copies corrigées d'une requête des Français à Sa Majesté catholique*, pour lui demander, comme le seul remède aux maux de la nation, l'assemblée des États généraux ; un *mémoire* sur les moyens de soulever plusieurs provinces quand l'armée d'Espagne entrera en France ; un *catalogue des noms de qualité des officiers demandant du service en Espagne ;* une *lettre* de moi au cardinal Albéroni, et l'inventaire des pièces renfermées dans cette cassette.

— Qui a fait la copie de toutes ces pièces? demanda la duchesse.

— Un bon homme inoffensif appelé Buvat.

— Et vous avez chargé de les porter en Espagne?...

— Porto-Carrero et le comte de Monteleone, fils de l'ambassadeur d'Espagne en Angleterre.

— Allons! dit la duchesse, la partie est engagée.

— Oui, madame, répondit Pontcallec, et nos têtes en forment l'enjeu.

— Oh! nous gagnerons, fit Ludovise en levant la tête.

— Madame, répondit le marquis, quand je me suis jeté dans cette aventure, je n'ai agi ni par ambition, car je ne demande rien pour moi, ni par haine, car j'ai le cœur fait non pour la vengeance, mais pour la tendresse. Je vous l'avouerai même avec une franchise qui ne doit point vous blesser, car cette franchise brutale est la garantie de ma loyauté, en embrassant votre cause, j'ai moins cherché une souveraine à servir qu'une alliée à me ménager. Je ne conspire pas dans un but personnel, je me bats pour la Bretagne ; je défends mes paysans, je veux relever l'honneur des États dont l'autorité est méconnue : ne me gardez donc pas trop de reconnaissance pour les services que je puis vous rendre et pour les dangers que je vais courir. Breton je suis, Breton je reste ! J'ai jeté mon gant ! le relève qui voudra, fût-ce le régent, et je dis comme le vieux poëte de mon pays, Argard : Bataille !

— Et maintenant, dit la duchesse, quittons ce que Louis XIV appelait le *beau grenier de Sceaux*, et rentrons dans la salle de bal ; il ne faut pas que l'on s'inquiète de notre absence.

Un moment après les intimes de Mme du Maine revenaient dans les divers salons de jeu, de danse et de concert.

— Eh bien ! demanda Mme d'Égoulas au marquis de Pontcallec, vous voilà tout à fait en faveur.

— Je suis dans les mains de Dieu, madame, répondit-il d'une voix grave.

Et prenant le bras du comte de Laval, il s'éloigna pour s'entretenir avec lui du projet d'enlèvement de Philippe d'Orléans.

## IX

### LE CARROSSE DU RÉGENT

La route s'étendant entre Vincennes et Nogent-sur-Marne était complétement déserte, la nuit très-sombre couvrait la campagne d'un voile opaque; il pouvait être dix heures du soir. Tout à coup on entendit sur le chemin le galop de plusieurs chevaux; les cavaliers, quoiqu'ils parussent voyager de compagnie, gardaient le silence, comme s'ils eussent craint de trahir le secret d'une grosse aventure. Arrivés à une partie du chemin protégée des deux côtés par les arbres d'un bois touffu, ils descendirent de cheval, attachèrent leur monture à des troncs d'arbres, puis, se rapprochant de façon à former un groupe compact, ils purent échanger quelques mots, d'un ton si bas, qu'un voyageur traversant la route n'aurait rien surpris de leur entretien.

— Vous êtes bien sûr que le régent passera par ici? demanda l'un des cavaliers.

— Très-sûr, comte; le duc d'Orléans, qui est allé à l'abbaye de Chelles, afin d'y voir sa fille, ne peut rentrer à Paris par une autre voie.

— Je l'admets, mon cher Pontcallec, mais nous sommes peu nombreux, et la suite du prince...

— Cette suite se compose d'un coureur et de deux jockeys ; or nous sommes huit, et ce nombre est très-suffisant, ce me semble. Tandis que vous vous chargerez du coureur, M. de Pompadour, deux de nos amis maintiendront les jockeys, qui n'essayeront pas même de se défendre... Je me présenterai alors à la portière de droite du carrosse du régent, tandis que Laval ouvrira la portière de gauche ; puis, avec tout le respect possible, nous nous assiérons en face de Son Altesse, et les chevaux prendront la route de Charenton.

Là nous trouverons un bac pour franchir la Marne, un autre est commandé à Villeneuve-Saint-Georges ; dès que nous aurons gagné Monthléry, nous serons sur la route d'Espagne, et rien ne saurait nous arrêter, car d'après les ordres de M$^{me}$ du Maine, des relais sont ménagés depuis quinze jours...

— Et si le régent nous oppose une sérieuse résistance ?

— Nous essayerons de lui faire comprendre qu'il agirait en cela contrairement à ses intérêts, et nous nous servirions des papiers fort en règle que nous possédons ; ces papiers nous prêtent la mission de ramener à sa famille un homme atteint d'une affection mentale pendant les crises de laquelle il affirme être le régent de France.

— Silence ! fit le marquis de Pompadour, j'entends un galop de chevaux.

— Dans tous les cas ce ne sont point ceux du régent, car nous apercevrions la torche du coureur.

Du reste, quoique le marquis de Pompadour eût raison en affirmant qu'il distinguait le galop de plusieurs chevaux, par une circonstance que les conjurés n'eurent pas le temps de s'expliquer, ce bruit cessa brusquement.

Une sorte d'inquiétude traversa l'idée du marquis de Pontcallec.

— Pourquoi ces cavaliers ne poursuivent-ils point leur chemin ? demanda l'un des conjurés. Savez-vous, messieurs, que nous jouons notre vie sans avoir pour nous toutes les bonnes cartes?

— Bah! fit Pompadour, qui nous soupçonnerait d'avoir l'audace d'enlever le régent?

— A coup sûr ce ne serait point M. d'Argenson, sa police est trop mal faite; tandis que celle du premier ministre...

— Rien n'a pu lui donner l'éveil.

— Rien, et tout; il est assez habile pour ne jamais s'endormir. Sa grande force auprès du duc d'Orléans est justement cette vigilance active, incessante, dans laquelle l'ambition s'unit à une affection relative. Je suis certain que Dubois chérit le régent autant qu'il peut aimer quelqu'un.

— Le retour de la duchesse à Paris est peut-être trop prompt, dit le marquis de Pontcallec.

— Eh! qui nous assure que l'on n'a pas commis d'imprudence! Le départ de Porto-Carrero et celui de Monteleone, envoyés du prince de Cellamare, me paraît dangereux... Confier tous les papiers d'une conjuration à un seul homme! Si par hasard on arrêtait le fils de l'ambassadeur d'Espagne en Angleterre et son compagnon, plus de cent têtes de gentilshommes pourraient tomber.

— Mon cher Laval, dit doucement Pontcallec, nous avons peut-être versé un vin amer; en ce cas buvons-le hardiment.

Cette fois on entendit le fracas d'un roulement de carrosse.

— Attention, messieurs fit Pompadour.

— Ce n'est pas la voiture du régent, dit Laval.

En effet un carrosse attelé de deux chevaux passa rapidement sur la route, et les conjurés, massés dans l'ombre du bois, le virent bientôt disparaître. Neuf heures et demie venaient de sonner, quand un point rougeâtre parut au loin, se rapprocha et grandit,

— Voici le coureur, dit Pontcallec ; souvenez-vous de ce qui est convenu, messieurs, et à la grâce de Dieu !

C'était bien le carrosse du régent arrivant cette fois de toute la vitesse de ses chevaux ; le coureur le précédait de vingt pas environ.

A l'instant précis où la voiture se trouva en face de l'abri choisi par les conjurés, deux d'entre eux s'élancèrent sur le porteur de torche et l'entraînèrent, en le bâillonnant avec une rapidité telle que les jockeys ne parurent pas s'en apercevoir. Le carrosse continua d'avancer jusqu'à ce que deux gentilshommes, s'avançant à la tête des chevaux, arrêtèrent leur élan ; les portières de la voiture s'ouvrirent rapidement, et de Pontcallec, se penchant vers l'homme qui, saisi d'une instinctive terreur, se rejetait dans le fond du véhicule, dit d'une voix respectueuse :

— Que Votre Altesse se rassure, il ne lui sera fait aucun mal.

Pontcallec se disposait à prendre place sur la banquette de devant, quand un galop bruyant retentit tout près, le cri de trahison fut poussé par M. de Pompadour. Pontcallec et Laval, jetant un rapide coup d'œil sur la route, comprirent que des cavaliers accouraient à toute bride pour les cerner, que le secret de leur complot, deviné ou vendu, était à la merci du premier ministre ; et que, sans doute, un valet déguisé jouait en ce moment le rôle du régent au fond du carrosse où il se blottissait.

— Que chacun de nous se sauve de son côté, cria Pompadour ; la nuit nous protége, on ne pourra reconnaître nos visages.

Le marquis de Pontcallec bondit vers la lisière du bois, et, sans perdre le temps de sauter sur le dos de son cheval, il courut au hasard, en ayant soin pourtant de garder une ligne parallèle à la route. Malgré sa bravoure, il comprenait la sagesse de l'avis du marquis. Se faire arrêter dans de semblables circonstances était puéril, presque ridicule ; le véritable danger se trouvait à Paris, c'était là qu'il fallait reprendre sa place. Pontcallec avait assez l'habitude des grands bois pour ne point s'égarer ; de plus son habileté à la course, sa force musculaire prodigieuse lui rendirent de grands services en cette circonstance ; il arriva à la porte de Vincennes avant que l'escorte à cheval eût eu le temps de retrouver ou d'amener tous ceux qu'elle cherchait. Seulement le marquis, craignant qu'un mot d'ordre eût été donné, se garda bien d'essayer de rentrer dans Paris ; il comptait sur le hasard pour le tirer d'affaires. Un cabaret envoyait au loin les bruyants éclats de la gaieté des rôdeurs de nuit ; M. de Pontcallec poussa la porte du bouge, pénétra dans une salle enfumée, demanda du vin et se mit à une petite table. En ce moment il n'avait aucun projet, fuir les soldats chargés de l'arrêter était sa préoccupation unique. Mais à mesure qu'il étudiait mieux les habitués du cabaret, le marquis se sentait moins rassuré ; il se pouvait que l'on fouillât cette maison lépreuse, et le jeune gentilhomme serait mort de honte d'être capturé dans un taudis semblable.

Mieux valait se fier à quelqu'un. Une jeune servante qui versait du vin aux buveurs lui parut douce et compatissante ; il marcha droit à elle.

— Je voudrais une chambre pour la nuit, dit-il, puis...

Il n'acheva pas, mais la pauvre fille devina ce qu'il taisait à l'angoisse de son regard.

— L'habit d'un artisan, acheva-t-elle.

— Oui, reprit Pontcallec, et pour payer ce service...

— Oh ! ce service est payé d'avance, mon gentilhomme ; mon frère est en fuite, on le poursuit pour avoir mal parlé du ministre, et vous m'avez l'air de faire partie du groupe de seigneurs que l'on a dû cerner ce soir... En vous sauvant, je songe à mon frère ; si vous pouvez un jour lui être utile, vous vous acquitterez envers lui de ce que je fais aujourd'hui pour vous.

La servante prit dans une armoire un habillement complet d'homme du peuple, laissa une misérable chandelle sur la table et sortit de la chambre. Une seconde après, des chevaux piaffaient à la porte de l'auberge, des soldats poussaient d'énergiques jurons; puis tout s'apaisa, la porte fut refermée, et le calme se rétablit; les habitués venaient de regagner leurs taudis et leurs ruelles. A l'aube la servante frappa à la porte de Pontcallec.

— Le maître du cabaret, malade hier, pourra sans doute se lever aujourd'hui; quittez la maison avant qu'il s'éveille, afin que nul n'ait de soupçons; je franchirai la porte avec vous. On me connaît, on ne vous suspectera pas.

Un quart d'heure après le marquis de Pontcallec se trouvait dans Paris, et se faisait conduire sous ses habits d'emprunt à l'hôtellerie de la *Croix-Rouge*. Primel l'attendait, en proie à une mortelle inquiétude.

— Monsieur le marquis, lui dit-il, voici une lettre fort pressée qu'un laquais vient d'apporter pour vous.

M. de Pontcallec décacheta rapidement la missive; elle était de M$^{me}$ d'Egoulas.

« Accourez chez moi sans perdre une minute, lui disait-elle, vous y trouverez nos amis, tout est compromis, sinon perdu. »

Le jeune homme s'habilla rapidement, et courut chez la comtesse. A sa grande surprise il y trouva la duchesse du Maine, avec M$^{lle}$ de Launay, son amie, Malézieux, Polignac, le duc de Richelieu et quelques invités.

— Nous avons été trahis, dit la duchesse.
— Par qui? demanda le gentilhomme breton.

— Je ne sais encore, monsieur, je cherche sans pouvoir découvrir le nom de celui qui a livré nos secrets; peut-être faut-il attribuer notre premier échec à la légèreté du prince de Cellamare; ce qui est certain, c'est que ses deux émissaires sont arrêtés, et que le premier ministre tient à cette heure dans ses mains tous les fils de la conspiration espagnole.

— Qu'a résolu Votre Altesse?

— Je vais rentrer à l'Arsenal et y attendre les événements. Le duc tremble déjà; M. de Toulouse se résigne d'avance à perdre les derniers priviléges qui lui restent. Quant à moi, le seul homme de la famille, moi Condé, moi femme d'un fils de Louis XIV, je lutterai jusqu'au bout, et nous verrons bien si le régent va s'en prendre à moi... Vous avez fait ce que vous avez pu, messieurs, pour me rendre la situation à laquelle m'appelait le testament du grand roi; je vous remercie et je vous délie de votre serment.

— Madame, dit Pontcallec, vous croyez la partie perdue à Paris?

— Je le crois.

— Eh bien, j'essayerai de la jouer en Bretagne. Le roi Philippe V nous a promis une flotte, une armée, les ports du Finistère seront ouverts à ses vaisseaux, et nous reviendrons à Paris en force, afin de rétablir le duc du Maine dans les charges dont l'a dépossédé le duc Philippe.

— Dans tous les cas, dit M^{me} d'Egoulas, vous devez hâter votre départ; à Paris vous vous compromettriez sans nous servir; en Bretagne, vous pourrez encore sauver notre cause.

— J'aurai quitté Paris ce soir, répondit M. de Pontcallec.

Sans doute l'inquiétude de son esprit empêcha Clément de comprendre l'étrange regard que jeta sur lui la comtesse d'Egoulas ; il prit rapidement congé de la duchesse et quitta le logis de M^me d'Egoulas, afin de s'informer de Laval, de Valef, de Pompadour et de leurs amis.

Ceux-ci se trouvaient embastillés depuis la veille.

Comprenant doublement alors qu'il ne lui restait plus qu'à fuir de Paris, où la retraite ne pouvait tarder à lui être coupée, Pontcallec donna rapidement ses ordres à Primel, fit seller deux chevaux, et reprit la route du Mans, que quelques mois auparavant il suivait le cœur gonflé par l'ivresse de ses espérances. Elles ne s'éteignaient point dans son cœur ; moins que jamais il renonçait à la lutte ; il regrettait seulement d'avoir cru que, pour entreprendre une guerre dont dépendait le salut de la Bretagne, il avait besoin d'une princesse futile, ambitieuse et remuante, qui parviendrait toujours en raison de son rang à se tirer d'affaire, tandis que lui et ses compagnons couraient risque de la vie, ou tout au moins de la liberté.

Tandis que le marquis galopait sur la route de Bretagne, voici ce qui se passait à Paris.

Le régent avait été prévenu par Dubois de la tentative d'enlèvement projetée ; au lieu de revenir à Paris par la route ordinaire, il chargea un de ses valets de se faire arrêter à sa place, comédie peu dangereuse, du reste, puisqu'une escorte suffisante guettait les conspirateurs, et se tenait prête à agir au moment même où ils arrêteraient les chevaux du faux régent. Tout le secret de la conjuration avait été livré par un obscur copiste, Buvat, qui travaillait pour le prince de Cellamare à expédier en double les listes, manifestes et rapports des conspirateurs. Une fois sur la voie, le premier ministre, avec la rapidité de coup d'œil et la sagacité qui le distinguaient, eut vite pris une résolution. Il donna ordre de courir après MM. de Porto-Carrero et de Monteleone, qui se dirigeaient en courant vers l'Espagne. Du reste, même avant de posséder les preuves de la conspiration franco-espagnole, le premier ministre avait été précédemment averti par une lettre de lord Stanhope, que M. de Porto-Carrero devait partir pour Madrid le 31 novembre. Presque en même temps Robert Walpole priait de faire arrêter à Paris un banquier espagnol qui, après avoir fait à Londres une banqueroute frauduleuse, s'enfuyait en Espagne en passant par la France, et devait accompagner Porto-Carrero et le jeune comte de Monteleone. Le prétexte de l'arrestation du banquier parut excellent à Dubois. Il expédia des courriers, et Moroy fut chargé de l'exécution du coup de main.

Moroy rejoignit les complices de l'ambassadeur à un gué voisin de Poitiers. Le carrosse du comte de Monteleone venait de verser dans la rivière ; les gens de Porto-Carrero, fort empêchés, essayaient, grâce à l'aide des paysans, de le relever afin de poursuivre leur route. Au moment où les hommes de Moroy rejoignirent le comte de Monteleone et ses compagnons, ceux-ci mis en défiance s'écrièrent qu'ils promettaient une magnifique récompense à qui leur rendrait une cassette tombée au fond de la rivière. Moroy ne fut pas dupe de cette rouerie ; il posa la main sur l'épaule de Porto-Carrero, qu'il feignit de prendre pour le banqueroutier, et donna ordre de fouiller la chaise de poste, dans la caisse de laquelle on trouva les preuves de la conspiration.

Le trajet de Poitiers à Paris s'accomplit avec une rapidité vertigineuse, et Dubois, dont le régent taxait souvent le zèle d'exagération, obligea ce dernier d'avouer qu'il devait à son ministre la liberté et la vie, et que sans lui il courait sur la route de Tolède, tandis que le jeune roi serait placé à Madrid sous la tutelle de Philippe V, et que le duc du Maine prendrait le titre de vice-roi de France, en attendant la majorité de Louis XV.

— Que faire ? demanda Philippe d'Orléans, moins inquiet du danger couru que de la sévérité dont il devrait user à l'égard des conspirateurs.

— Arrêter le prince de Cellamare, répondit Dubois.

— Arrêter un ambassadeur! violer ses priviléges !

— Ses priviléges sont annulés par sa trahison.

Le duc d'Orléans essaya encore d'opposer quelques raisons au ministre; celui-ci tint bon, et il obtint du régent une lettre ainsi conçue :

« Je prie monsieur l'ambassadeur d'Espagne de se rendre vers midi chez M. Leblanc, où viendra M. l'abbé Dubois, pour l'affaire d'un banqueroutier espagnol arrêté près de Poitiers.

« Philippe d'Orléans »

Sitôt qu'il eut fait porter cette lettre à l'ambassade, rue Neuve-des-Petits-Champs, Dubois manda M. Libois, gentilhomme ordinaire de Sa Majesté. Des mousquetaires déguisés gardèrent les environs de l'hôtel Colbert et les abords de la demeure de M. Leblanc.

Le prince de Cellamare fut exact à se rendre à l'invitation du régent. Il n'eut pas le soupçon de ce qui se passait, et sa confiance fut si grande, où plutôt son imprévoyance si complète, qu'il ne songea pas même à brûler les dangereux papiers qu'il conservait chez lui. Il arriva chez le ministre, l'œil animé, spirituel, la bouche railleuse ; les cheveux blancs du prince de Cellamare ne l'empêchaient point de conserver une sorte de jeunesse, qu'il devait à l'élégance de sa petite taille.

Il s'avança vers Dubois, qui, après avoir répondu gravement à son salut, ferma la porte de l'appartement, souleva une portière, et appela Libois. Alors seulement l'ambassadeur d'Espagne commença à comprendre qu'il s'agissait d'une chose autrement grave que l'arrestation d'un banqueroutier.

— Monsieur, lui dit froidement Dubois, je suis porteur d'un ordre de Sa Majesté pour vous arrêter, et vous conduire en votre hôtel, où sera faite une enquête par MM. les secrétaires d'État désignés.

Le prince de Cellamare pâlit ; néanmoins il répondit en s'inclinant :

— J'aurais mauvaise grâce à désobéir à Sa Majesté, mais les droits des gens sont singulièrement violés dans la personne de l'ambassadeur d'Espagne : mon souverain en tirera vengeance.

— Monsieur de Libois, ajouta Dubois, veuillez donner le bras à M. l'ambassadeur.

Il était une heure de l'après-midi, quand le prince de Cellamare monta en carrosse avec MM. Leblanc et Dubois. La rue Neuve-des-Petits-Champs était cernée, un détachement de vingt mousquetaires de la seconde compagnie du faubourg Saint-Germain, commandé par le chevalier de Torlon, avait investi l'hôtel.

Dès que MM. Leblanc, Dubois et l'ambassadeur furent entrés, don Fernand Trivigno de Figuerra, premier secrétaire d'ambassade, les rejoignit ; lui-même était suivi de son second et de son troisième collègue, et de l'écuyer du prince. La marche était fermée à quelque distance par le chevalier de Torlon et M. Pecquet, premier commis des affaires étrangères, et par un petit groupe de mousquetaires.

M. Leblanc s'approcha de Buvat, secrétaire provisoire du prince de Cellamare, et saisit dans ses mains la copie inachevée d'une pièce importante : c'était la traduction d'une lettre anglaise écrite à la Haye, le 4 novembre 1817. Cette lettre, en forme de dialogue, relatait des faits fort curieux. Une sévère perquisition commença. M. de Cellamare eut le temps de jeter dans le foyer un paquet de papiers, dont la plupart furent consumés, mais Dubois parvint à sauver le plus important de tous ; la liste des conspirateurs.

A partir de ce moment, Cellamare fut prisonnier à l'hôtel Colbert ; il dut subir une garde de mousquetaires, et vit apposer les scellés sur tous ses meubles, en attendant qu'on l'acheminât sur Orléans.

Le lendemain le conseil de régence était convoqué, et le duc Philippe priait presque immédiatement le duc du Maine et le comte de Toulouse, son frère, de quitter la salle du conseil.

A la séance des princes du sang succéda celle des ducs et pairs.

Les lettres du roi d'Espagne furent lues et commentées, et sans qu'aucun des pairs essayât de défendre les agissements du duc du Maine et du comte de Toulouse, les honneurs de ceux-ci furent restreints au simple rang de leur pairie ; le duc du Maine perdit la surintendance de l'éducation du roi, et le comte de Toulouse garda seul pendant sa vie ses privilèges et prérogatives. Les héritiers de Louis XIV venaient de voir s'accomplir leur dernière déchéance. Pendant ce temps l'Arsenal était gardé à vue, et la duchesse ne devait pas tarder à être arrêtée par Ancenis, et conduite à Dijon, tandis qu'on enfermait son mari à Doullens, et que ses deux fils, le comte d'Eu et le prince de Dombes, arrêtés à leur tour, allaient répondre de la part qu'ils pouvaient avoir prise à la conspiration. Jusqu'au 25 décembre les arrestations se multiplièrent à Paris et en province. Le prince de Cellamare ne cessait de prier le régent d'examiner ses papiers ; celui-ci, qui avait entre les mains le *Manifeste* adressé en France aux États généraux et la *Requête* que ces mêmes États devaient présenter au roi, savait désormais à quoi s'en tenir sur l'innocence de l'ambassadeur. On le gardait à vue; son hôtel était devenu un corps de garde, on lui permettait seulement de sortir le dimanche, afin d'entendre la messe. Quand on apprit à la cour que le duc et la duchesse de Saint-Aignan, ambassadeurs en Espagne, venaient d'être amenés à la frontière, on fit monter en chaise de poste le prince de Cellamare, qui à son tour prit la route de l'Espagne.

Quatre mille exemplaires des lettres du prince et les diverses pièces de la conspiration furent imprimées et distribuées dans les provinces et dans les divers parlements du royaume.

La conspiration de Cellamare misérablement avortée, le prince rentré en Espagne, le duc du Maine continuant à traduire les auteurs latins à Doullens, la fée Ludovise s'irritant d'être à Dijon sous la garde de M. le duc son neveu, la Bastille et le château de Vincennes répondant de leurs prisonniers, auxquels ne devait pas tarder de faire grâce Philippe d'Orléans, on pouvait croire la lutte finie.

Elle l'était effectivement à Paris; l'élan du Midi se trouvait refroidi, le duc de Richelieu ne pouvait plus, en échange d'un titre de prince, livrer Montauban et Bayonne; seuls les Bretons, qui luttaient pour leurs franchises et ne sollicitaient ni faveurs ni accroissement de fortune, allaient continuer une lutte dont la cause leur paraissait sacrée.

Le marquis de Pontcallec venait de perdre des alliés puissants; mais l'échec subi par Philippe V doublerait son empressement à saisir l'occasion d'une revanche, et si le jeune homme pouvait reprocher aux brillants compagnons de la cour de Sceaux de l'avoir délaissé dans le péril, il savait bien pouvoir compter sur trois gentilshommes dont le nom était déjà populaire : Montlouis, de Couëdic et Talhouët.

X

**DEUX FEMMES**

A partir du jour où le marquis de Pontcallec quitta la Bretagne, afin de conquérir à sa province l'appui et les sympathies du parti de M$^{me}$ du Maine, un mouvement sourd, continu, mystérieux, ne cessa de s'opérer de Quimper à Nantes, de Rennes à Vannes et à Saint-Brieuc. De plus, des messagers se chargèrent de rallier à la cause de l'émancipation bretonne, ou plutôt de la liberté légale de la Bretagne, la Vendée et le Poitou.

Un grand élément de succès était acquis à la province opprimée : les femmes étaient entrées dans la ligue. Il leur seyait bien de rappeler les figures héroïques des temps passés, de ressusciter Jeanne la Flamme, Tiphaine, Julienne Duguesclin, et de prouver que l'âme de la princesse qui accepta deux fois la couronne de France et l'eût refusée si l'on eût mis pour condition à ses royaux mariages l'humiliation des hermines, survivait dans les nobles femmes prêchant et soutenant cette nouvelle croisade. Aucune ne se dissimulait le péril couru par son mari, son père, son frère, et toutes se trouvèrent d'autant plus engagées qu'elles les voyaient risquer davantage.

M$^{me}$ Talhouët le Moyne, qui devait attacher son nom d'une façon impérissable à l'effort mortel de la Bretagne pour reconquérir ses droits, n'avait pas tardé à grouper autour d'elle M^mes de Mont-Louis, dont le deuil devait être si profond, de Couëdic, de Talhouët de Bonamour, de Lambilly, de Milhac, de Bourganeuf.

À côté de ce groupe actif se pressait un essaim de jeunes filles unissant leur grâce et leur joyeux enthousiasme au dévouement grave des épouses, comprenant qu'elles graviraient peut-être à la suite de leur mari les marches sanglantes d'un échafaud.

M^lles du Mirel, de Soursac, de Claussidry, et surtout la belle et radieuse Génofa de Kerglas communiquaient un élan indescriptible aux réunions qui se tenaient le plus souvent chez M^me de Talhouët le Moyne.

Comme elle l'avait promis au marquis de Pontcallec, Génofa, aussitôt que l'impulsion de soulèvement eut été donnée en Bretagne, s'occupa à broder la bannière sous laquelle s'étaient battus tant de générations. Dès qu'elle fut achevée, elle pria l'abbé Lanténac de célébrer à Lignol une messe pour le succès de l'entreprise, et de bénir le drapeau sous lequel la Bretagne allait combattre.

Un matin la petite église de Lignol se trouva remplie d'une foule compacte d'hommes et de femmes réunis dans un même but, et prêts à offrir leur sang pour le succès de leur cause.

On ne se fait pas aujourd'hui une idée juste de ce soulèvement, qui fut le dernier effort de la Bretagne catholique contre une domination étrangère imposée par la politique. Ce noble pays n'attaquait aucun pouvoir, il se défendait. On essayait d'arracher des mains de ses seigneurs les priviléges des États, et on tentait d'amoindrir le parlement et les États. Il ne s'agissait au fond ni de conspiration ni de sédition; les Bretons réclamaient l'exécution des traités signés par Charles VIII, Louis XII, François I^er et leurs successeurs.

Dans aucune des proclamations, dans aucun des manifestes, on n'essaya d'attenter au pouvoir du jeune roi, dont on respectait les droits, dont on plaignait la jeunesse. Si le clergé, qui voyait avec effroi l'effusion prochaine de tant de sang généreux, ne s'allia point d'une façon ostensible à ce mouvement général, comme il fit plus tard au temps de la chouannerie, c'est qu'au moment où éclata la conjuration à laquelle s'est attaché le nom de Cellamare, l'autel ne semblait point menacé d'une façon directe. La lutte restait sur le terrain de la politique, et les prêtres, tout prêts à se dévouer en martyrs, se tenaient sur la réserve et auraient cru commettre une imprudence en poussant les Bretons à une guerre nationale.

Cependant l'abbé Lanténac n'avait pu refuser de célébrer le saint sacrifice dans la petite église de Lignol, et d'appeler les lumières et les bénédictions du Seigneur sur une foule de braves gens.

Les privilégiés seuls trouvèrent place dans l'église, et plusieurs centaines de paysans se massaient sous le porche, dans l'enceinte du cimetière et jusque sur les routes voisines. L'assemblée était grave. On connaissait l'arrestation de M. Porto-Carrero, et si l'on ignorait encore celle de l'ambassadeur d'Espagne, sa situation semblait néanmoins aussi grièvement compromise.

L'abbé de Lanténac avait revêtu des ornements blancs, car Génofa et ses compagnes mettaient leur blanche bannière sous la protection de Notre-Dame. Jamais le visage du digne recteur ne refléta une piété mêlée d'une tristesse plus grande. Il ne pouvait écarter de sa pensée des pressentiments lugubres, et tandis qu'il se disposait à monter les marches de l'autel, il lui semblait gravir un calvaire, au sommet duquel l'attendaient de nombreuses victimes.

Quand la sonnette de Mylio, qui remplissait ce matin-là l'office d'enfant de chœur, se fit entendre, un grand mouvement s'opéra dans les groupes pressés sur les tombes du cimetière de Lignol. Un nom circula avec la rapidité d'une traînée de poudre.

Hommes et femmes se levèrent à la fois.

Le marquis de Pontcallec, brisé de fatigue, couvert de poussière, venait de descendre de cheval et s'avançait vers l'église de Lignol.

Arrivé le matin même à son château et instruit de la cérémonie que l'on préparait, il n'était pas même descendu de cheval, le marquis sans prendre un moment de repos, accourait au galop; un enfant attacha son cheval au tronc d'un prunier, et le gentilhomme, pâle de fatigue, mais le regard ardent et le visage résolu, franchit le seuil de la chapelle.

Le curé de Lignol s'avançait vers Génofa portant la bannière aux armes de Bretagne, et il prononçait les paroles de la bénédiction, quand Clément de Pontcallec s'approcha de M$^{lle}$ de Kerglas, et, tirant son épée, pria à son tour l'abbé Lanténac de la bénir.

Des larmes brillèrent dans les yeux du vieux recteur :

— Mon enfant! mon pauvre enfant! dit-il.

— Pour Dieu et pour la Bretagne! dit Pontcallec.

Génofa leva les yeux sur le jeune homme et le trouva en ce moment si beau, si fier, que son cœur battit plus vite et qu'une larme roula dans ses yeux.

Mais la pieuse fille essuya ses pleurs involontaires et se plongea dans le sentiment de la présence divine du Sauveur sur l'autel; elle suivit avec recueillement les prières du saint sacrifice. Dès qu'il fut achevé, avec l'empressement que mettaient jadis les gentilshommes à prendre la croix au cri de « Dieu le veut ! » les assistants attachèrent sur leur poitrine le ruban timbré d'hermine qui devait être leur signe de ralliement.

La foule s'écoula lentement, et Pontcallec s'arrêta près

de la tombe de l'ancien recteur placée à l'entrée de la modeste église. Debout sur les marches du grand calvaire, il dominait les groupes de gentilshommes et de fermiers. Ceux-ci passaient en se découvrant ; les autres se dirigeaient vers le jeune homme, qu'entouraient déjà MM. de Montlouis, du Couëdic, de Talhouët. Tous se montraient impatients d'apprendre des nouvelles. Le marquis leur raconta d'une voix brève et vibrante ce qui venait de se passer.

— La situation n'est pas désespérée, leur dit-il, elle ne le sera jamais tant qu'il restera en Bretagne un noble capable de tirer l'épée pour le roi et pour sa patrie... Seulement si nous crions : « Argad ! » ce sera la certitude que nos champs de blé noir deviendront rouges de sang versé.

— Qu'importe ! dit Montlouis, si la Bretagne reste libre.

— Nous ne cesserons d'être soldats que pour devenir martyrs ! répliqua Talhouët.

Le comte de Kerglas, sur les bras duquel s'appuyait Génofa, arriva en ce moment près du marquis de Pontcallec. Une singulière ardeur brillait dans ses yeux. On voyait qu'il avait hâte de tirer pour la bonne cause l'épée de fer qui battait son flanc.

Sa fille, vêtue d'une robe blanche en drap du pays, avait jeté un voile sur sa blonde chevelure. La bannière l'enveloppait de ses plis. A la voir ainsi dans ses habits de neige, grave comme une druidesse, timide comme une jeune vierge, on se sentait pris à la fois d'admiration, de respect et de pitié. Une grâce indéfinissable rayonnait sur son beau visage, sa poitrine battait et soulevait un crucifix d'or à chaque soupir. Elle tenait baissés ses yeux bleus, dont Clément cherchait le regard.

Certes il l'avait souvent vue dans le château ruiné de Kerglas, filant près de la fenêtre à croisillons gothiques, mais jamais elle ne lui avait paru aussi belle qu'à cette heure. Quand le vieux Kerglas lui tendit la main, Pontcallec se jeta dans ses bras.

Le comte lui rendit cette étreinte, et Génofa serra plus fort sur son cœur la hampe de la bannière de Bretagne.

A partir du moment où le vieillard et le jeune homme se rapprochèrent, MM. de Montlouis, du Couëdic et de Talhouët comprirent que Clément souhaitait être seul avec son vieil ami, et ils se reculèrent discrètement, tandis que Génofa, appuyant sa bannière contre la haute croix dressée sur la tombe de l'ancien curé de Lignol, ressemblait à une de ces blanches figures symbolisant la foi, l'héroïsme et l'espérance.

— Ne comptons plus sur la France, dit Pontcallec à M. de Kerglas, la Bastille et le donjon de Vincennes ont refermé leurs portes sur les conspirateurs de Sceaux; n'attendons rien que de nous-mêmes.

— Et de l'Espagne, ajouta Kerglas.

— Qu'importe après tout! dit Génofa, Dieu nous reste, Dieu seul peut nous donner la victoire, et garder à la fois la Bretagne contre le protestantisme et l'incrédulité. Nous combattons pour les fleurs de lis et pour les hermines!

— Mademoiselle, demanda Pontcallec d'une voix tremblante, avez-vous donc fait le sacrifice de votre vie?

— Mon père ne risque-t-il pas la sienne?

Le jeune homme se tourna vers M. de Kerglas :

— Quand même la lutte deviendrait désespérée, lui dit-il, nous ne céderons jamais, n'est-ce pas?

— Jamais, répondit le gentilhomme laboureur.

— Vous me laisserez partout et toujours le droit de me battre à vos côtés?

— Oui, répondit le comte de Kerglas.

— Donnez-moi donc aussi devant tous le droit de me dévouer pour votre fille... Nous sommes fiancés pour le ciel, bénissez-nous pour la mort.

— Voici ma main, dit Génofa ; marquis de Pontcallec, si vous remportez la victoire, je serai votre femme ; si vous succombez, je me considérerai comme votre veuve.

— A genoux ! dit le vieux comte, à genoux tous deux sur les marches de ce calvaire... ; au nom de l'autorité que je tiens de Dieu, je vous bénis !

Génofa courba le front sous la main paternelle, et, cassant deux petites branches d'if, elle en tendit une à Pontcallec et passa l'autre à sa ceinture.

— Quel bouquet funèbre avez-vous choisi ! demanda Clément.

— Il ne se fanera jamais, répondit la jeune fille.

Un moment après, les groupes se reformaient, et le marquis, prenant la main de M<sup>lle</sup> de Kerglas, dit d'une voix dans laquelle vibrait une joie grave :

— Ma fiancée, messieurs, dit-il, et s'il plaît à Dieu, ma femme, à l'issue de la guerre.

Génofa reçut en rougissant les félicitations de ses amies, tandis que les hommes serraient les mains de Pontcallec.

— Dans huit jours, messieurs, dit celui-ci, au manoir de Pontcallec.

— Nous y serons, répétèrent toutes les voix.

Tandis que les gentilshommes prenaient leurs dernières dispositions, le meunier Gildas, Piérik, le fermier de la Genetaie, guéri d'une fièvre maligne grâce aux soins de la Korigane, se mêlaient à la foule et excitaient à la lutte les tenanciers échelonnés le long du chemin.

Mylio et Sylvanik brandissaient leurs pen-bas d'une façon martiale, tandis que le biniou d'Arfol jouait l'air guerrier de la ballade le *Tribut de Noménoé*.

Bientôt l'enthousiasme gagna tous ces cœurs vaillants, les cris de guerre s'unirent à la musique à demi sauvage d'Arfol, les pen-bas s'enroulèrent autour des poignets robuste, comme les épées avaient tour à tour été tirées des fourreaux.

— Soyez tranquilles, les gars ! dit Piérik en redressant sa haute taille ; quand on se bat sous les ordres d'un homme semblable au seigneur marquis, on est sûr d'aller à la victoire.

— Vive le marquis de Pontcallec ! crièrent mille voix.

En ce moment Génofa se pencha rougissante vers le jeune chef de la fronde bretonne.

— Voyez combien ils vous aiment ! dit-elle.

— Cela est vrai, répondit Clément de Pontcallec avec un sourire plus satisfait qu'orgueilleux, et voulez-vous savoir pourquoi ? C'est qu'ils savent, qu'ils sentent, que je suis véritablement Breton, né de leur terre de genêts et de landes. Ils ne doutent point que je sois leur frère par l'instinct, par l'idée, par le cœur. Pour être aimé, Génofa, il faut savoir aimer. Jamais ils n'ont trouvé en moi un sot d'orgueil de race ni de faiblesse d'esprit. Je reste leur compagnon, leur ami, leur frère. Et pourtant pas un ne perd le respect, même en me traitant avec une sorte de familiarité affectueuse. Je les chéris tellement, ces fils de notre vieille terre, que jamais je n'ai pu oublier, même à Paris, la rude langue celtique. Si Arfol me prêtait le biniou avec lequel maintenant il électrise nos vaillants Léonais, je jouerais comme lui quelque marche d'Arthus ou je ferais pleurer avec l'air du zône de *l'orpheline de Lanniou*. Les plus rudes gars du pays savent que je lutte comme eux sur une aire neuve, et que j'ai gagné plus d'une *soule* les jours de pardon ; ils m'ont vu à des noces de village danser leurs pas rustiques, qui ressemblent au rhythme d'une ancienne marche sacrée. Quand vient l'été, je me fleuris d'un bouquet de genêts, dont le faible parfum me semble plus suave que celui des fleurs rares. Oui, je suis Breton, Génofa, et si je me trompe en continuant la lutte entreprise contre le régent, Dieu, qui voit le fond de ma pensée, ne regardera que mon but : la liberté, le bonheur de mes paysans, le respect du parlement et des États ! Ces messieurs de Paris raillent assez volontiers nos pauvres gentilshommes des landes, ils les appellent les « épées de fer » ; choquons-les contre leurs épées de parade, et que Dieu soit avec nous !

— *Argad !* cria la foule des paysans remplissant le cimetière, encombrant la route. *Argad !*

En ce moment Génofa aperçut la Korigane se glissant entre les tombes afin de rejoindre Pontcallec.

— Souviens-toi de mes paroles dans la lande, lui dit-elle ; j'ai entendu chanter l'oiseau gris de l'hiver, et l'oiseau noir de la mort... L'aigle n'aurait pas dû s'unir à la colombe, parce que la vipère va siffler...

— Ma bonne Anaïk, dit Génofa en tendant une pièce de monnaie à la pauvresse, priez pour nous Notre-Dame du Folgoat ; rien ne peut nous désunir en ce monde, Dieu vient de recevoir nos serments...

Lentement la foule des paysans se dispersa ; les gentilshommes eux-mêmes s'éloignèrent, chacun d'eux avait pour mission de convier ses amis, ses voisins à la réunion prochaine, et de leur donner le mot d'ordre.

Pontcallec suivit à la ferme le comte de Kerglas et Génofa. Comme ils allaient franchir le seuil du domaine, ils trouvèrent Sylvanik et Mylio. Les blonds adolescents semblaient grandis, électrisés par une pensée vaillante, mais un peu intimidés par la hardiesse de leur démarche.

Ils se serraient l'un contre l'autre, s'encourageant mutuellement à parler.

M<sup>lle</sup> de Kerglas avait tant de fois visité Nonna à la Genetaie, qu'elle connaissait Sylvanik.

— Que veux-tu ? lui demanda-t-elle en souriant, et

pourquoi Mylio, qui chante si bien les guerz et les sônes, semble-t-il si timide aujourd'hui?

— Je vais vous dire, mademoiselle. Mylio et moi, nous avons eu une idée ; le comte de Kerglas va s'armer pour le pays, et vous ferez comme M<sup>mes</sup> de Talhouët et de Montlouis, vous vous occuperez des blessés, il y en a toujours trop à la guerre... Eh bien! nous demandons à ne pas vous quitter, à vous protéger, à vous servir...

— Pauvres enfants! dit Génofa.

— Ne nous refusez pas, notre demoiselle, dit Mylio.

— J'accepte pour ma femme, dit en souriant Pontcallec ; à partir de ce jour, vous serez les pages de Kerglas!

Chacun des petits paysans saisit une des mains de Génofa, s'agenouilla et la porta à ses lèvres.

La journée que le marquis passa au manoir ruiné fut la dernière pendant laquelle il s'abandonna à de nobles et saintes espérances. Dans le lien qu'il venait de former, il trouvait un nouvel élément de courage. Jamais plus que ce jour il ne montra de générosité, de noblesse, d'éloquence ; Kerglas l'écoutait avec une admiration attendrie, et Génofa se sentait fière à la pensée de devenir la compagne d'un tel homme. Tous trois se séparèrent pleins d'espoir, et Clément promit de revenir à la ferme dès qu'il aurait achevé sa tournée dans les environs de Berné.

Pontcallec employa quatre jours à parcourir le pays, réchauffant le zèle des tièdes, enrégimentant des alliés, montrant à tous la bataille comme imminente. Il était impossible en effet que, dans la liste des conspirateurs saisie chez l'ambassadeur d'Espagne, on n'eût pas trouvé les noms d'un grand nombre de gentilshommes bretons. On devait donc s'attendre à une invasion de troupes, et si l'on ne voulait voir, comme du temps du duc de Chaulnes, les routes plantées d'autant de gibets que les champs comptaient de pommiers, il fallait prendre l'offensive.

Au bout de cinq jours Pontcallec revint à Berné.

Il venait d'entrer dans la salle à manger, quand Primel lui dit d'un air mystérieux :

— Vous êtes attendu, monseigneur.

— Par qui ! demanda le jeune homme.

— Par la comtesse d'Égoulas.

Pontcallec ne put réprimer un mouvement de contrariété ; il devina que la jeune femme apportait de mauvaises nouvelles. Néanmoins il traversa rapidement le salon, et trouva la comtesse vêtue d'un habit de cheval, bien qu'elle eût fait la route en carrosse.

— Qu'est-il arrivé ? lui demanda Pontcallec.

— Vos amis, que l'on appelle vos complices, sont emprisonnés... Si vous voulez éviter leur sort, il faut renoncer à la guerre, marquis... Quoi que fassiez, vous serez vaincu... M$^{me}$ la duchesse du Maine, cette naine aux ambitions de géante, sacrifiera sans remords tous ceux qui l'ont servie... Le premier ministre possède la liste des conjurés, et, pour la première fois de sa vie, le régent menace d'appliquer aux révoltés les sévérités les plus grandes...

— Je prévoyais tout cela, madame, mais je continuerai la lutte.

— Vous ne comprenez pas, marquis : c'est l'emprisonnement, c'est l'échafaud...

— C'est la bataille d'abord, la bataille de la justice contre l'oppression, des États et du parlement de Bretagne, contre ceux qui tentent de violer la signature de leurs rois ! c'est la mort peut-être, mais croyez-le, ce trépas serait digne d'envie.

— Mais je ne veux pas que vous mouriez, moi ! s'écria M$^{me}$ d'Égoulas.

Clément de Pontcallec regarda la jeune femme, et pour la première fois il fut frappé de l'expression de son visage. Alors il comprit le but du voyage de la comtesse et quelles secrètes espérances elle avait caressées. Son devoir n'était pas douteux : il devait d'un seul mot anéantir dans son esprit et dans son cœur les chimères qu'elle avait caressées.

— Madame, lui dit-il avec une politesse froide, je vous remercie de l'intérêt que vous daignez me porter... Rien à cette heure ne saurait changer mes résolutions; je me déshonorerais en renonçant à la lutte.

— Ordre est donné à des régiments de Dragons Rouges de quitter les Cévennes et d'entrer en Bretagne.

— Les gentilshommes bretons ont des épées, et les Léonais des pen-bas.

— Mon Dieu! mon Dieu! s'écria Mme d'Égoulas, c'est à devenir folle!

— Non, madame, c'est l'heure de rassembler son courage, de prier avec foi, d'accomplir les sacrifices héroïques.

— Vous avez raison, marquis! la terreur m'aveugle, il faut se battre, se battre près de vous, vous défendre, vous sauver; je n'oublie point que je vous dois la vie...

— Madame, dit Pontcallec avec un sourire, si vous êtes née en Bretagne, vous avez trop vécu à Paris pour vous accoutumer à la vie des camps. Il ne restera près des soldats de la sainte cause que les femmes assez dévouées pour soigner nos blessés : Mmes de Lambilly, de Montlouis, de Talhouët, ma fiancée, Mlle de Kerglas...

En entendant ces derniers mots, la comtesse, qui s'était levée, s'appuya chancelante sur un meuble.

— Votre fiancée? murmura-t-elle.

— Nous avons échangé nos promesses il y a quatre jours.

— Ainsi vous n'aviez dans votre passé aucun souvenir... Vous ne songiez point qu'une autre femme, entraînée par sa reconnaissance...

— Non, madame... dit Pontcallec.

— Et, reprit la comtesse d'Égoulas, si vous vous trouviez en face d'une créature qui vous ait voué toute sa vie, et fût prête à vous la sacrifier, vous la repousseriez sans remords?

— Sans remords... mais non sans pitié...

Le marquis saisit la main de la comtesse et reprit d'une voix plus douce :

— Je lui dirais, et elle le comprendrait, que, n'ayant pas demandé les sacrifices qu'elle a rêvé de faire, je ne reste point responsable de ses secrets espoirs... En même temps j'ajouterais que pour Clément de Pontcallec, enfant de la lande, il faut une chaste fille de Bretagne, blanche et pure comme nos hermines.

— Assez! assez! s'écria M$^{me}$ d'Égoulas.

— Acceptez-vous mon amitié? demanda le marquis.

— Jamais.

— Que me réservez-vous donc?

— Ma haine.

— Je suis homme, et je saurai me défendre, mais ne touchez pas à Génofa, n'y touchez jamais!...

M$^{me}$ d'Égoulas se recula.

— Si je puis vous sauver, je puis aussi vous perdre.

— Ne vous l'ai-je pas dit? nous sommes résolus à mourir.

— Alors, prenez garde aux Dragons Rouges!

— Je ne crains que Dieu, si je commets le mal.

La comtesse eut un moment d'hésitation, sa colère parut lutter contre le souvenir d'un sentiment plus tendre.

— Vous avez tort de me repousser, lui dit-elle; sachant tout ce qui se prépare à Paris dans le but d'étouffer ce qu'on appelle là-bas la rébellion de la Bretagne, je venais mettre à votre service mes amis et moi-même... Je suis du même pays et de même race, comte Clément...

— Vous n'osez ajouter : Je suis du même parti et de la même foi, répliqua vivement Pontcallec. Tandis que nous, nos femmes, nos mères, nos sœurs vivaient au fond de leurs manoirs, fidèles aux traditions saintes, aux coutumes austères du foyer, vous traversiez les fêtes de la cour pareille à un fulgurant météore. Non, vous n'êtes plus une fille de notre terre de landes et de genêts ; l'amour du plaisir vous en éloigna, une fantaisie seule vous y ramène...

— Marquis ! s'écria la jeune femme.

— Je songe à vous éclairer sur vos propres pensées. Il vous manquerait toujours les ballets de la volière de Sceaux, la musique enchantée de ces fêtes, les vers de Malézieux, les madrigaux de Saint-Aulaire, et ce bruit de cailletage auquel vous êtes accoutumée. Ici vous ne vous retrouveriez plus vous-même et, jusqu'à votre parure, tout mentirait au pauvre milieu dans lequel vous croyez pouvoir revenir. L'air trop vif de la lande enlèverait la poudre de votre chevelure ; vos dentelles se déchireraient aux épines de l'ajonc ; vous vous évanouiriez en face d'une blessure... Et ce qui serait plus désolant, plus terrible, quand tomberaient nos soldats, si vous gardiez le courage de panser leurs plaies, vous ne sauriez point répéter à leur chevet les prières consolant l'agonie.

La jeune femme baissa la tête.

— J'ai renié plus d'un devoir au milieu de la société frivole dont vous parlez, mais vous eussiez pu, vous seul, entendez-le bien, réveiller dans mon âme les croyances endormies... Je serais devenue humble écolière et néophyte soumise... Ne me repoussez pas, il y va de mon salut.

— Soit ! fit Pontcallec, allez trouver M$^{mes}$ de Montlouis et de Talhouët, et priez-les de vous admettre parmi elles.

— Je voulais rester près de vous, et me battre à vos côtés.

— Nous ne ressusciterons pas la Fronde, madame, et les femmes acceptent chez nous un rôle plus humble.

— Et puis, demanda amèrement la comtesse, M{}^{lle} de Kerglas serait jalouse?

— Non, madame; elle n'a jamais soupçonné le mal.

— Ce que je voulais faire pour vous, je puis le faire contre vous.

— Je vous croyais reconnaissante?

— Oh! pourquoi m'avez-vous sauvé la vie? demanda la jeune femme avec emportement.

— Pour vous laisser le temps de vous repentir.

— C'est votre dernier mot?

— Et ma suprême espérance.

— Êtes-vous certain de ne pas me regretter?

— Je suis sûr d'agir d'après ma conscience.

— Au revoir, marquis de Pontcallec!

— Adieu, madame!... dit Clément en reconduisant la jeune femme.

Celle-ci s'arrêta sur le seuil, puis elle se retourna pour dire au jeune homme d'une voix sifflante :

— Marquis de Pontcallec, vous n'épouserez jamais Génofa de Kerglas!

— L'avenir est à Dieu, madame, répondit le jeune homme.

Une minute après, la comtesse d'Égoulas remontait en carrosse; mais, au lieu de prendre la route de Paris, elle suivit le chemin de Rennes, qui la devait conduire chez M. de Montesquiou.

## XI

### L'ESPIONNE

Pour la première fois depuis le retour de Pontcallec, devait avoir lieu au château du jeune gentilhomme une réunion de l'ardente noblesse, se battant moins encore pour ses libertés que pour l'amélioration du sort des pauvres gens.

A une époque reculée de l'histoire, la Jacquerie s'était ruée sur les châteaux, incendiant, égorgeant tout sur son passage; par une superbe et chrétienne revanche, l'épée des seigneurs bretons s'étendait sur les chaumières menacées.

De grands progrès se réalisaient dans l'ordonnance de la petite armée dont le marquis était le généralissime. On avait pourvu à l'armement des volontaires; les taillandiers du pays forgeaient sans repos des baïonnettes; quand elles venaient à manquer, on emmanchait une faucille au bout du canon d'un mousquet. Les faux, liées à des bâtons de rêne hauts comme des lances, devenaient des armes redoutables. Chacun des défenseurs des libertés bretonnes suivait sa fantaisie; à défaut d'armement régulier, rendu impossible par suite du manque de fonds nécessaires pour se procurer assez de sabres et d'armes à feu, on improvisait de lourdes masses avec des pierres de silex, à l'aide desquelles jadis nos pères fabriquaient l'extrémité de leurs flèches, leurs haches de guerre et leurs lances de combat. Jamais on n'avait tant durci au feu de *pen-bas* noueux, forts comme des massues et garnis d'une attache de cuir qui les rendait solides au poignet et bien en main. On ne respirait plus que lutte et bataille. Le marquis de Pontcallec ayant annoncé que, par surcroît de précautions, le nom de chaque soldat, si obscur qu'il fût, serait changé pour un sobriquet de fantaisie, ce fut à qui chercherait l'appellation la plus gracieuse ou l'expression la plus énergique pour rendre brièvement les qualités qui le distinguaient.

Plus tard, pendant les guerres héroïques de la chouannerie, les paysans vendéens et bretons recueillirent et rajeunirent cette tradition des anciens jours.

Ce fut ainsi que Gildas le meunier devint le *Vengeur*, qu'on désigna Sylvanik sous le nom de *Genêt d'or*, et son inséparable ami Mylio sous celui de *Rameau d'argent*. Piérik, sauvé de la ruine par le marquis, s'appela *Guerre à mort*. Les gentilshommes imitèrent les paysans; M. de Lambilly ne répondit plus qu'au nom de *Maître Pierre*, et du Kaskaër s'intitula le *Chevalier du Bon Sens*.

Toute cette armée prête pour la lutte attendait le signal des chefs.

Ceux-ci, à leur tour, demandaient le mot d'ordre au cabinet espagnol. Du reste, ce qui rassurait les gentilshommes, et dont ils auraient dû s'alarmer plutôt que se réjouir, c'est qu'en Bretagne nul ne semblait les suspecter. Il est vrai que du fond de son château M. de Montesquiou ne cessait d'envoyer rapport sur rapport; mais on ne semblait pas à Paris attacher une grande importance au mécontentement des nobles de Bretagne. Peut-être attendait-on seulement des preuves irrécusables de la conspiration. Avant que l'on agît au grand jour, plus d'un émissaire secret fut envoyé à M. de Montesquiou, et tandis que les Bretons s'armaient pour la lutte ouverte, l'espionnage minait le sol sous leurs pas.

Le Poitou, le Dauphiné, parcourus sans cesse par des émissaires de Pontcallec, fournissaient de nouveaux signataires du pacte d'union. Les nouvelles rapportées de leurs voyages devaient accélérer le mouvement insurrectionnel.

Peu de temps avant l'heure fixée pour la réunion des gentilshommes, un mendiant dissimulant son visage moitié sous de longs cheveux blancs, moitié sous les bords rabattus d'un immense chapeau, se traînait d'une façon pénible du côté de l'étang de Pontcallec.

Assis dans une sorte de jatte de bois fixée autour de sa ceinture par des courroies de cuir, les deux mains appuyées sur des patins à peu près semblables à ceux des femmes d'Orient, il se traînait comme un reptile, demandant d'une voix nasillarde qu'on daignât lui faire l'aumône d'un morceau de pain ou de quelques deniers.

S'il s'était agi d'un garçon alerte, rôdant autour du château sans mot d'ordre au moment où la nuit facilitait les surprises, peut-être les serviteurs du marquis eussent-ils repoussé ce mendiant, dans la crainte qu'il cachât un espion ; mais, nous l'avons dit, les précautions étaient moins en ce moment le résultat de la défiance que la suite d'une résolution préventive. D'ailleurs, que craindre du misérable cul-de-jatte dont un enfant aurait eu raison, et qui se traînait sur la route en psalmodiant de temps à autre les couplets d'un *guerz* populaire ?

Primel, qui l'aperçut le premier, lui jeta une aumône, et lui fit signe de s'éloigner ; mais sans nul doute le mendiant ne comprit pas, ou du moins il tint à payer en quelque sorte le secours qui lui avait été donné en poursuivant sa traînante mélopée.

— C'est bon ! c'est bon ! mon brave homme, lui cria Primel ; il est inutile de tourmenter M. le marquis... Vous n'êtes pas de Berné, car personne ne vous connaît ici...

— Je ne suis point de Berné, répondit le cul-de-jatte; j'accomplis en ce moment un pèlerinage à tous les sanctuaires de Notre-Dame érigés en Bretagne, et je vis de ce que donnent les âmes charitables. Dieu bénisse le maître de cette maison!

Puis, agitant ses patins et se trainant sur le sol en imprimant un brusque mouvement à son torse, le misérable quitta la cour de Pontcallec et reprit la route tracée le long des rives de l'étang. Il ne poursuivit pas longtemps sa marche, et, apercevant une énorme touffe de joncs, il se dirigea de ce côté. A peine venait-il de se blottir derrière cet abri improvisé qui lui permettait de ne point perdre de vue le château de Pontcallec, qu'il aperçut, assise sur la berge, une femme dont le visage s'ombrageait des plis d'un capuchon noir. Son habit était de drap fort simple, une croix d'argent tombait sur sa poitrine, et un chapelet s'enroulait à son poignet. Elle avait l'aspect de ces pieuses artisanes qui, en retour d'une faveur du ciel, promettent un voyage à quelque fontaine miraculeuse.

Elle aussi paraissait avoir choisi le lieu de son repos de façon à surveiller les abords du manoir, et le cul-de-jatte l'examina avec moins de défiance que de curiosité. Les affiliés du complot de Pontcallec n'ayant plus besoin d'employer les travestissements puisque le mot d'ordre leur suffisait, il était évident que quiconque s'approchait trop près du domaine pouvait passer pour un espion.

La pèlerine bretonne fit sans doute cette réflexion, car, aux derniers rayons de la clarté du jour, elle examina le cul-de-jatte avec une attention obstinée. Celui-ci soutint le regard de la jeune femme et lui rendit avec usure l'examen qu'il venait de subir.

Sans nul doute, l'artisane portait un irréprochable costume; on ne pouvait même concevoir de soupçons à la vue de son visage blanc comme les fleurs de lis, car un grand nombre de Bretonnes gardent un teint pur rappelant celui de leurs aïeules les blanches Gauloises. Seulement elle ne put masquer ses mains comme son visage, et ces deux mains fines roulant avec négligence les grains d'un rosaire suffirent pour la trahir aux yeux méfiants du cul-de-jatte.

Il enfonça pour ainsi dire ses patins dans le sol, prit un élan, et se trouva si près de la jeune femme qu'il frôla sa jupe de drap.

Elle se leva en étouffant un cri d'effroi.

— Silence! fit le mendiant. Primel est aux aguets... Ne craignez rien, du reste; quand on devine le secret d'une femme, on est bien près de devenir son allié, peut-être même son complice.

— Que voulez-vous dire? demanda la pèlerine d'une voix irritée...

— N'essayez point de me donner le change, madame; en rabattant sur votre visage le capuchon d'une mante grossière, vous avez oublié de dissimuler la blancheur de vos mains.

Par un mouvement instinctif, la jeune femme baissa sur ses fins poignets les manches de son *juste* de drap.

— Je ne trahirai pas votre présence, dit le mendiant, et vous pouvez être sans crainte, à la condition...

— Combien voulez-vous?

— Vous eussiez pu d'abord vous informer si le mendiant qui vous parle agit par intérêt ou par vengeance.

— Vous auriez à vous venger du marquis?

— Cruellement.

— Je le croyais adoré des pauvres.

— J'étais riche, quand il me déclara une guerre acharnée...

— Au fait, dit la jeune femme, votre langage n'est

point celui des mendiants ordinaires ; et sous quel prétexte Pontcallec devint-il votre ennemi ?

— Sous le plus simple de tous ; il trouva que je pressurais les petits fermiers, et, fouillant dans ma vie privée, il me signifia que je prenais de trop gros intérêts aux gens ayant besoin de moi.

— Vous faisiez l'usure ? dit tranquillement la jeune femme.

— A partir du jour où il m'eut ordonné de traiter autrement ses tenanciers, comme si ces questions ne me regardaient pas seul, il me persécuta, me dénonça et me réduisit à la misère... Je suis aujourd'hui un porteur de besace, et chaque semaine j'entre dans la cour du château de Pontcallec, mêlé à la foule des gueux qui y viennent solliciter l'aumône ; je tends la main comme les autres... Mais je crache sur la pièce d'argent qui m'est donnée, et je maudis le maître du manoir... Et ne croyez pas que ma rancune se borne à ce cri de colère. Non, non ! je hais le marquis de tout l'amour que j'avais pour mes biens, de tout l'orgueil que je ressentais en pensant que j'étais indépendant et riche, et qu'un jour, en qualité de membre du tiers, je pourrais siéger à mon tour à côté de la noblesse et du clergé.

— Tant d'ambition ?

— Et pourquoi n'en aurais-je pas eu ? Mon père m'avait fait instruire, et je possédais de l'argent ! De l'argent ! Comprenez-vous la valeur de ce mot, et devinez-vous avec quelle rage et quelle impatience j'attends l'heure qui me livrera le seigneur de Malestroit et Pontcallec, celui que tous les gens du pays appellent simplement, dans leur enthousiasme et leur reconnaissance, *le Marquis ?*

— Oui, dit la jeune artisane d'une voix profonde, vous le détestez, et cependant votre rancune n'est rien à côté de ma froide colère.

— Je comprends, fit le cul-de-jatte avec un mauvais rire ; je le hais seulement, tandis que vous... vous l'aimez...

— Moi !

— Vous l'aimez, comtesse d'Égoulas, et vous êtes accourue ici dans l'espoir de rompre son mariage avec Génofa de Kerglas et de devenir suzeraine de Pontcallec... Vous êtes Bretonne, madame ; je vous ai vue jadis dans votre propre château, et du premier regard je vous ai reconnue...

— Eh bien ! oui, fit la fausse paysanne en rejetant sur ses épaules le capuchon de sa mante ; je suis la comtesse d'Égoulas, et je poursuivrai ma vengeance, non-seulement sur le marquis, mais encore sur sa fiancée...

— Je vous l'ai dit, madame, nous pouvons nous entendre... Le costume que vous avez revêtu me prouve que vous ne reculerez devant aucune aventure... Quant à moi, à partir du jour où j'ai lancé sur Clément de Pontcallec la malédiction rouge, j'ai rêvé de m'attacher à ses pas... J'ai surpris de la sorte le secret de l'assemblée de l'abbaye de Lanvaux, je sais que ce soir les gentilshommes ligués contre le régent se réunissent à Pontcallec, et je me suis juré d'apprendre quelque chose de plus...

— Comment le pourrez-vous ? demanda M$^{me}$ d'Égoulas en jetant sur le misérable vautré dans l'herbe un regard dans lequel le dédain se mêlait à la pitié.

Le mendiant lâcha ses patins, déboucla la jatte de bois dans laquelle il recroquevillait son corps, et bondit sur la berge du lac.

— Il fait nuit, dit-il, nous pouvons avancer... Personne ne soupçonnera sous l'habit que vous portez la fière comtesse d'Égoulas... Entrez sans crainte dans les cuisines, racontez que vous vous rendez en pèlerinage et que vous demandez l'hospitalité ; pendant ce temps, j'essaierai de rôder autour du château en dépit de Primel.

— Où nous trouverons-nous? demanda Mme d'Égoulas.
— Près du menhir de la lande.
— Quel jour?
— Demain.
— L'heure?
— A la nuit close.
— J'y serai, répondit la jeune femme.

Le porteur de besace et la paysanne se séparèrent. L'un rampa sur les bords du lac, laissant une partie de son déguisement dans la touffe de jonc; l'autre reprit le chemin des vastes cuisines, dans lesquelles s'entendaient des bruits de voix et des chocs de vaisselle. Les gens du marquis dînaient et chacun à cette heure était sûr d'avance de recevoir bon accueil.

Mme d'Égoulas marcha vers la grande pièce d'allée et s'arrêta sur le seuil pour adresser ce salut :

— Dieu vous bénisse, gens de la maison! Dieu vous bénisse, petits et grands!

— Qui êtes-vous? demanda vivement un palefrenier en marchant vers la nouvelle venue.

— Là! là! fit la vieille Yvonne, parlez plus doucement à cette jeunesse.

— Merci, la mère, dit la pèlerine en s'avançant vers la vieille femme ; voici la première fois qu'on se montre dur à l'égard d'une pauvre fille allant de fontaine en fontaine puiser l'eau miraculeuse qui doit guérir les yeux de sa mère à demi aveugle.

— Yvonne, dit le palefrenier en s'adressant tout bas à la vieille femme, ne vous souvenez-vous point des recommandations de Primel?

— Et que craignez-vous d'une femme? Est-ce que nous nous occuperons ce soir des grandes affaires?... Et les messieurs de Rohan-Poulda, de Montlouis et du Couëdic vont-ils nous enrôler?

— Je me défie, dit le palefrenier.

— Je fais passer la charité avant la prudence, répondit Yvonne.

— Si vous consultiez Primel?

— Il ne quittera point son maître ce soir... D'ailleurs je prends tout sur moi.

La pèlerine fit un pas pour se retirer.

— Je suis indiscrète, bonnes gens. Dieu vous bénisse quand même !

— Du tout ! du tout ! s'écria Yvonne ; prenez place à table, et réconfortez-vous avec une tranche de lard et un gobelet de cidre. Il ne sera pas dit qu'on a refusé l'aumône dans le manoir de Pontcallec.

M$^{me}$ d'Égoulas se signa avant de prendre part au repas; puis, après avoir mangé quelques miettes de pain et mouillé ses lèvres dans le gobelet qu'Yvonne lui avait tendu, elle rapprocha son siége de la vaste cheminée, et dit en regardant les serviteurs qui la considéraient avec une sorte de surprise :

— Je veux payer votre hospitalité par le plus beau des cantiques, celui qui loue la charité des Bretons et leur promet la bénédiction divine.

— Oui, chantez ! chantez ! répondirent les serviteurs du château.

M$^{me}$ d'Égoulas possédait une voix douce et sonore ; elle commença :

« Saint Pierre disait à Jésus :

« — Irez-vous en Basse-Bretagne, mon Dieu?

« — Pierre, je n'irai point en Basse-Bretagne ; les hommes n'y sont point estropiés, et l'eau y est légère.

« Saint Jean disait à la Vierge :

« — Irez-vous en Basse-Bretagne, chère Dame?

« — En Basse-Bretagne, j'irai demain ; un grand ami m'a invitée. »

« Le lendemain, dans la paroisse de Plouigneven, on entendit le ménétrier sonner chez un digne chef de famille ;

« Chez un digne chef de famille qui était bon pour les misérables, et dont les biens allaient croissant, à mesure qu'il faisait l'aumône.

« Or il avait un fils unique, un vaillant garçon de dix-huit ans, et il donnait en son honneur un banquet, un superbe banquet de noce, où il avait invité tous ses parents, et aussi les pauvres qui sont les amis des saints.

« Comme ils étaient à table, très-avant dans la nuit, voici venir une pauvre femme en retard, les habits en lambeaux, pieds nus, et un petit enfant suspendu à son sein.

« — Quoique vous arriviez bien tard, pauvre chère femme, soyez la bienvenue. »

« Et il la prit par la main et la conduisit près du feu.

« Près du feu pour se réconforter, aussi bien que son petit enfant. Et l'enfant souriait aux gens de la maison ; mais elle ne voulait pas manger.

« — Mangez et buvez à votre aise ; c'est avec plaisir qu'on vous sert.

« — Je n'ai ni faim ni soif, mais une grande amitié pour vous ;

« Mais une tendre amitié pour vous qui m'avez invitée de bon cœur, qui m'avez invitée tendrement à venir aux noces de votre fils.

« Mon cœur ne se sent pas de joie de voir toute votre compagnie ; mon fils Jésus, de voir des gens si charitables.

« Personne ne nous reconnaît, hors celui qui nous fait l'aumône ; mille fois bénie soit cette maison ! A vous revoir en paradis ! »

« Ce chant a été fait au ciel, dans le palais de la Trinité, sous un buisson chargé de roses qui embaument le paradis. »

La pèlerine se tut, et croisa modestement ses mains blanches, en baissant ses yeux brillants. Elle avait fini de chanter depuis longtemps qu'on l'écoutait encore. Les saintes visions évoquées par cette pieuse légende passaient devant les yeux de ces fidèles serviteurs de Notre-Dame.

Yvonne parla d'abord.

— Merci à vous, dit-elle, d'avoir chanté l'hospitalité bretonne, dans le château où elle s'exerce le plus largement.

Puis, poussant le palefrenier du coude :

— N'est-elle pas pieuse femme et jolie fille, la pèlerine des fontaines miraculeuses?

— Pour belle fille, je ne dis pas non! répliqua le palefrenier; cela saute tout d'abord aux yeux, et si elle allait jamais sur le pont de Penzé le jour où les *pennerès* vont attendre les jeunes gens qui deviendront leur mari, je sais bien qu'elle trouverait mieux que pas une l'occasion de plisser les rubans de son tablier; mais la consigne de Primel était de ne laisser entrer personne sans le mot de passe.

— Il parlait des hommes, Joson.

— Vous l'avez pris sur vous, Yvonne!

— Et la Vierge sainte m'en saura gré.

— Ne craignez point que je l'oublie, répliqua la voyageuse qui avait entendu la dernière phrase; si j'ai payé le pain et le cidre d'un cantique, je me souviendrai des gens de la maison près des madones des fontaines bénies. Je recommanderai au Seigneur le jeune marquis, je nommerai sa future épousée.

— Comment! vous savez? demanda Yvonne.

— Les fiançailles de Clément de Guer et de Malestroit, marquis de Pontcallec, avec l'héritière de la masure de Kerglas? Sans doute. Il n'est pas une fileuse en Bretagne qui n'applaudisse au choix du jeune seigneur.

— C'est de toute justice, répondit Yvonne ; la fille du vieux comte, avec sa robe de toile plissée comme celle des paysannes, est plus belle et plus enviable que les dames de la cour de Versailles.

— Elle est si pieuse ! ajouta une jeune servante.

— Et si charitable ! reprit Yvonne. Vous avez parlé de Kerglas, qui de château est devenu ferme, et de ferme tomba en masure ; ne sera-ce point de toute justice que notre jeune marquis relève les tours ruinées et fasse rebâtir les murailles de la cour d'honneur? Ah! la chère âme du bon Dieu! si elle ne peut offrir aux pauvres que le pain noir de la table de son père, avec quelle bonté la voit-on donner ses soins aux malades du pays! On devrait l'appeler l'ange de Kerglas... Quand le petit Louësik tomba dans l'étang en voulant cueillir des nénuphars, ne l'a-t-elle point sauvé et rapporté dans ses bras à la chaumière de Lison? Si quelque vieille femme près de mourir demande qu'une âme charitable l'assiste dans son agonie, Génofa s'agenouille près de son lit clos et lui parle de Dieu, aussi bien que le ferait le curé de Lignol lui-même. Qu'on soit attaqué dans le pays d'une mauvaise fièvre, elle accourt sans crainte du danger... On m'affirme même qu'elle ne redoute pas d'entrer chez la Korigane, qui jette des maléfices et appelle les démons.

— Oui, oui, c'est une sainte ! répétèrent en chœur les serviteurs de Pontcallec.

— Et sans doute elle aime la Bretagne et les pauvres gens de son pays... reprit la pèlerine ; elle hait les gabelous autant que votre maître lui-même, et, l'occasion venant, elle se déclarerait contre eux ?

— L'héritière de Kerglas est brave comme Jeanne la Flamme, dit Yvonne en s'animant, et quiconque déclarerait la guerre aux Bretons la trouverait au combat avec sa bannière brodée d'hermine.

— Dieu la garde de tout mal! fit la pèlerine en se levant... Adieu à tous, et, comme dit le saint cantique, à vous revoir au paradis!

— Ne quittez point le château si tard, dit Yvonne; ne sera-t-il point assez tôt de vous remettre en route au premier rayon du soleil?

— Les routes m'effraient un peu la nuit, dit la voyageuse; cependant, plutôt que de vous causer le moindre embarras...

— Ne craignez rien, fit une servante, je vous céderai mon lit clos et je partagerai celui d'Yvonne. Nous nous levons matin dans la maison; à l'aube, vous serez libre de continuer votre saint voyage.

— J'accepte donc, répondit M$^{me}$ d'Égoulas.

Tandis qu'elle se disposait à profiter de l'amicale hospitalité des serviteurs de Pontcallec, Torcol, exécutant le plan qu'il venait de former, se glissait dans l'ombre et parvenait à gagner la partie du château donnant sur la forêt.

Au lieu de se réunir dans la salle du rez-de-chaussée, es gentilshommes, sans doute afin de s'isoler davantage, avaient choisi pour leur délibération une immense galerie située au premier étage, et dans laquelle les Pontcallec renfermaient depuis longues années les souvenirs héroïques de leur famille. Le long des murailles se dressaient d'énormes armures faites pour des géants; des portraits d'aïeules roides et solennelles dans leurs robes de lampas ornaient deux grands panneaux à côté de panoplies rapportées de toutes les contrées où la chevalerie avait étendu ses conquêtes.

Les lumières placées dans cette galerie répandaient au dehors un faible éclat ; les lourds rideaux tirés devant les fenêtres interceptaient presque absolument la clarté.

L'espion ne tarda pas à se trouver placé près d'une croisée du rez-de-chaussée dont les ornements architecturaux rejoignaient presque un balcon formant saillie et découpant ses trèfles le long de la galerie des armures. Le mendiant s'accrocha des deux mains à une ouverture, posa ses pieds sur la fenêtre, et, se servant de chacun des ornements comme d'un nouveau degré, il monta jusqu'à ce qu'il lui fût possible d'enjamber la balustrade de pierre et de passer de l'autre côté. La fenêtre se trouvait à demi fermée ; en écartant les rideaux, il était possible de voir et d'entendre ce qui se passait dans la salle. La position de l'usurier offrait cet avantage qu'à la première alerte il lui serait possible de reprendre son chemin et de disparaître comme un poulpiquet fantastique.

— Bon ! murmura Torcol entre ses dents, je vous connais tous, mes gentilshommes ; si vous avez votre liste des signataires de l'union, je ferai la mienne... Et sans doute elle ira plus loin que la vôtre... Vous vous agitez comme des frelons, et ceux qui vous poussent à la bataille en seront peut-être les premiers déserteurs... Je ne parle pas des trois fidèles serviteurs groupés autour du marquis : Montlouis, du Couëdic, Talhouët jouent la même partie ; mais voici MM. Hervieux de Mellac, Denis Couëssin de La Béraye, les trois Talhouët de Boishorant, les deux Poulda, cadets de Rohan, le chevalier de Lanty du Croco, M. de Gouvello, MM. de La Boëssidre et de Kérantré... Ceux-là sont la tête de la conspiration, et le jour où cette jolie vipère qui s'appelle la comtesse d'Égoulas les aura envoyés à l'échafaud, il restera un groupe de gentilshommes bons pour les forteresses : le chevalier de Kéralio des Marets, les deux frères de Fontaine, Kervasi, Kouado... Je vois plus loin encore MM. de La Landellac, de Pumerue, de L'Isle-Rouge, Lescouët de Guérande, Kerognon de Trézel, le chevalier de La Bedoyère... Quant aux autres nobles avides de se créer une renommée à la suite du marquis, ils sont nombreux comme les arbres de généalogie. M. Lantillac de Kerpoissan qui cause en ce moment avec le marquis de La Roche, le comte de Corlay et M. de Kesberat, est assez ami des trois de Bois-Baudry, du chevalier de Lescoët, de M. de Kergoat de Kerdas, pour les entraîner au fort de la mêlée.

Tandis que l'espion comptait les conspirateurs, ceux-ci se groupaient de telle sorte que le marquis se trouvait assis devant une grande table, ayant à ses côtés Talhouët, Montlouis, du Couëdic et le vieux comte de Kerglas.

Cette réunion présentait un aspect bizarre ; tous ceux qui s'y trouvaient possédaient le droit de porter l'épée ; mais pour les uns elle accompagnait un habit de velours brodé de fleurs et de paillettes, pour les autres un simple vêtement de drap ; elle fraternisait même avec le costume des paysans léonnais : braies de toile, veste d'étoffe, ample ceinture bleue.

Après que le marquis eut énuméré à ses amis les appuis sur lesquels ils pouvaient compter, tant en hommes qu'en argent, du côté de l'Espagne, il ajouta en se tournant vers les quatre assesseurs :

— Je crois aux promesses du roi d'Espagne... Il a mis à la mer, pour venir à notre aide, une flotte qui, je l'espère, aura meilleure chance que l'*admirable Armada*... Elle nous amène un secours de dix mille combattants... Mais, dans les conspirations du genre de celle que nous ourdissons, s'attirer des alliés est loin de suffire. Il faut surtout que nous nous préparions individuellement à une résistance opiniâtre, contre laquelle échoueront les soldats de M. de Montesquiou. Je sais bien qu'il ne nous sera pas difficile d'occuper un port breton, afin de permettre au duc d'Ormond d'opérer sur nos côtes la descente de son corps de débarquement, mais chacun de nous doit surtout songer à enregistrer ses fermiers, ses paysans, et à en former des troupes aguerries.

— J'ai déjà fait réparer mon castel de la Roche-Bernard, dit M. de Talhouët-Bonamour, et les soldats qui le gardent et s'enorgueillissent du nom de leur troupe, le *Régiment de la Liberté*, se battront jusqu'à la mort pour défendre le pain de leurs familles que dévorent aujourd'hui les employés du fisc. Dans la vieille salle d'armes du château, occupée actuellement par les maîtres taillandiers du pays, on fabrique des baïonnettes; je garde une provision de poudre, et au premier signal vous me verrez accourir avec mes hommes.

Le vicomte de Rohan-Poulda se leva à son tour.

— Je possède aussi mon arsenal, dit-il, et je puis distribuer des fusils et des arquebuses aux gens du pays qui en auront besoin.

— J'offre Pontcallec pour place principale de l'insurrection, ajouta le marquis. Sa situation naturelle nous permet aisément de le défendre. L'étang nous garde d'un côté et la forêt de l'autre. A partir de l'heure où commencera réellement la lutte, et je souhaite que ce soit demain, la garnison du château montera la garde sur les remparts.

— Accepté, dit M. de Talhouët-Le-Moyne. Il me semblera néanmoins nécessaire de n'occuper le château que durant le jour, et de passer la nuit dans la forêt dont la cavalerie et l'infanterie du régent seraient fort en peine de reconnaître les sentiers.

— Bien! fit Pontcallec; si vous le jugez bon, nous ajouterons même à notre vocabulaire cette phrase mystérieuse : « Entrer en forêt. » Cela signifiera : Faire partie de la conjuration.

— C'est fort juste, dit Koskaïr, le *Chevalier du bon sens*, qui avait pris pour devise : « Pour le droit et la raison ! »

Et chacun de l'approuver.

— A partir de demain, dit le marquis, je mets mon château sur le pied de guerre; les communs sont assez vastes pour abriter les soldats; dans mes écuries logeront aisément trois cents chevaux ; les grands appartements du manoir seront réservés aux femmes, aux filles, aux sœurs des combattants; nous avons déjà reçu de M$^{mes}$ du Hirel, de Bizeisil, de Bourgneuf, de Lambilly, de Kankoën, de Bonamour, de Kerpordarme l'offre de s'adjoindre à nous, afin de soigner les blessés, puisqu'il n'y a pas de guerre sans victimes.

— Inscrivez à côté de ces noms celui de ma femme, dit M. de Montlouis.

— Madame de Talhouët-Le-Moyne se joindra à ce groupe de Bretonnes généreuses.

— Ajoutez à la liste de ces nobles dames celui de Génofa de Kerglas, dit le gentilhomme laboureur.

— Allons, messieurs, dit Pontcallec, il nous reste à atteindre un double but : arracher la Bretagne à l'oppression et rendre à la France la dignité qu'elle perd sous le gouvernement du duc d'Orléans. Vive le roi, messieurs, mais le roi sans le régent !

— Tout pour la Bretagne, avec les franchises de la bonne duchesse !

— Vive Philippe V, régent de France ! ajouta M. Talhouët-Bonamour.

Pendant un moment, toutes les mains se rapprochèrent pour une étreinte, puis les épées se dressèrent pour un serment.

L'heure était arrivée ; la flotte espagnole cinglait vers la France ; tous ces braves cœurs battaient en ce moment d'enthousiasme ; ces défenseurs des faibles s'apprêtaient à lutter jusqu'à la mort, jusqu'au martyre, tandis que du fond du château de Dijon, où la gardait M. le duc, la *reine du grand Roman*, la fée Ludovise, la conspiratrice de Sceaux, la révolutionnaire de l'Arsenal, la complice de Cellamare et la protectrice de Lagrange-Chancel, négociait sa paix avec Dubois et M$^{gr}$ le régent.

Le marquis s'approcha de l'une des fenêtres de la galerie ; l'atmosphère était devenue brûlante, et il éprouvait le besoin de respirer l'air frais de la nuit.

Torcol tremblant d'être découvert enjamba la balustrade, et, s'accrochant aux saillies de pierre, il descendit et gagna un bosquet touffu dans l'ombre duquel il se dissimula complétement.

— J'en sais assez, pensa-t-il, pour faire tomber au moins vingt têtes.

A peine se trouvait-il en sûreté qu'un grand mouvement s'opéra dans les cours du château ; les gentilshommes voisins de Pontcallec regagnaient leurs demeures, tandis que les autres acceptaient l'hospitalité du jeune marquis.

Dès que le bruit eut cessé dans le manoir et que les lumières eurent disparu derrière les fenêtres, l'usurier quitta son abri et regagna les rives du lac.

Quand le jour se leva, une jeune femme portant le costume des pèlerines quitta la grande cour de Pontcallec ; lorsqu'elle se trouva à quelque distance du manoir, elle étendit la main de ce côté. Bénissait-elle le maître pour son hospitalité ? maudissait-elle les murs qui l'avaient abritée, et dans lesquels un jour elle rêvait d'entrer en souveraine maîtresse ?

— A nous deux, Génofa de Kerglas ! dit-elle les dents serrées.

Presque au même moment, un cul-de-jatte, se traînant avec peine sur la route, psalmodiait d'une voix nasillarde la complainte de la *Jeune Fille de Lannion*.

## XII

### UN PIÉGE

L'automne succédait à un été splendide, pendant lequel la Bretagne avait fleuri ses landes comme des parterres et mis des papillons d'or à toutes les branches de ses genêts. Il semblait que cette terre aride voulût reconnaître la générosité de ses fils prêts à mourir pour sa cause.

Dans le canton de Berné, tout avait changé de face, depuis la soirée où les gentilshommes réunis dans le manoir du marquis s'étaient engagés à entreprendre la lutte armée. Chaque paroisse envoyait ses paysans se ranger sous la bannière des chefs, et les environs du domaine de Clément de Pontcallec présentaient en ce moment l'aspect d'un camp retranché. Des soldats montaient la garde sur les remparts de la forteresse ; nul ne franchissait l'enceinte sans mot d'ordre. Dans les vastes cours transformées en cuisines, des chaudières cuisaient sur de grands feux clairs la bouillie d'avoine destinée aux gars aux longs cheveux portant sur leur habit l'hermine de Bretagne. L'heure des repas arrivée, les défenseurs du château se massaient autour du foyer ; chacun tendait son écuelle, mangeait silencieusement, puis, le gobelet en main, demandait sa ration de cidre. Alors, réconfortés, égayés, les garçons priaient le sonneur de leur jouer un air de biniou, ou bien, se prenant par les mains, ils commençaient une de ces danses grâce auxquelles on *pile* gaiement l'aire neuve. Parfois aussi la tristesse les gagnait; l'inaction leur devenait lourde; ils demandaient à leurs chefs quand les hostilités commenceraient. Ni du Couëdic, ni Talhoüet, ni le marquis lui-même ne le pouvaient dire; ils attendaient leurs alliés d'Espagne, et ceux-ci ne paraissaient pas.

Dans une partie isolée du château se tenaient M$^{mes}$ de Montlouis, de Talhouët-Le-Moyne, de Lambilly, et cette blanche et douce Génofa qui semblait l'ange de ce groupe héroïque. Les femmes avaient roulé des bandes, préparé des compresses, effilé de la charpie; de temps à autre, elles parcouraient la campagne, afin de visiter les chaumières privées du fils ou du mari gagnant le pain de la maison. Depuis que le meunier Gildas s'était joint à la troupe du marquis de Pontcallec, Épine-Blanche ne quittait guère Génofa. Ces deux jeunes filles, si différentes par leur condition et leur éducation, se ressemblaient par l'âge et par la beauté. Blondes et charmantes toutes deux, toutes deux aussi atteintes de cette mélancolie vague qui touche de son aile le front des jeunes filles prédestinées à mourir jeunes, elles possédaient un égal enthousiasme pour les choses de la foi et le culte de la patrie. La Bretagne n'était pas seulement leur terre natale; elles savaient, elles sentaient que loin d'elle elles ne pourraient vivre. Qui les en eût exilées leur aurait donné la mort. Le soir, assises près d'une haute fenêtre, elles chantaient tour à tour des chansons pleines de mélancolie : le *Rossignol*, que traduisit Marie de France; les *Fleurs de mai*, cette élégie de la jeunesse. La grave raison de M$^{me}$ de Montlouis, la tendresse exclusive de M$^{me}$ de Talhouët pour ses trois petits enfants ne leur permettaient point avec elles une intimité aussi grande. Épine-Blanche et Génofa s'entendaient d'ailleurs à merveille sur le sujet le plus habituel de leurs conversations. A peine avaient-elles échangé un mot affectueux, un baiser, que Génofa, suivant l'instinct de son cœur, ramenait l'entretien sur Clément de Pontcallec.

— Après Dieu et mon père, disait-elle, toute ma vie est à lui, et je sais que, si je le perdais, je renoncerais au monde. Je suis si fière d'avoir été choisie par le plus noble, le plus dévoué, le plus courageux des hommes!

— Oui, le plus noble des hommes! répétait Épine-Blanche comme un écho.

— Et toi, demandait mademoiselle de Kerglas, n'as-tu jamais pensé à fiancer ton cœur? Il me semble que Gildas, l'habile *cloarek*, le fils pieux, le vaillant champion de la Bretagne, te préfère à toutes les jeunes filles?

— Mademoiselle, répondit Épine-Blanche d'une voix triste, à quoi bon parler de bonheur quand le danger nous entoure de tous côtés? Ne savez-vous point qu'on a vu des dragons rouges dans le pays? Ils se cachent encore, il est vrai, mais qui sait si demain ils ne commenceront pas leurs batteries?... Avant de réciter ma prière du soir, je remercie toujours Dieu de m'accorder une nuit paisible; mais je n'espère point que nous jouirons longtemps de ce calme apparent. Certes nos gars du Léonais sont braves et tomberont sans regret en regardant le ciel, mais notre armée n'est pas nombreuse. Tandis que les gentilshommes recrutent des défenseurs pour la Bretagne, les agents de M. d'Argenson, les âmes damnées de M. de Montesquiou répandent des bruits sinistres. On ne parle pas de conspiration, mais la sévérité redouble à cause des impôts sur l'eau-de-vie, le sel et le tabac. On pend les fraudeurs sans miséricorde; et, j'en suis sûre, bientôt, sous prétexte de faire des perquisitions chez les gens suspects, on trouvera le moyen d'opérer partout des visites domiciliaires. Chaque journée perdue nous laisse une chance de moins; je ne serai contente que quand j'entendrai les mousquets et que je verrai nos Léonais courir sur les dragons à la baïonnette...

— Le roi d'Espagne a cependant promis des hommes et de l'argent.

— Et qu'a-t-il envoyé? Si peu de piastres que, si les Bretons ne servaient pas pour l'amour de M. le marquis, l'armée serait déjà dispersée. De temps en temps, il est vrai, un homme passe la frontière, cachant une lettre dans son bâton ou dans une bouteille de vin, mais on ne fait pas grand'chose avec les paroles. Le seigneur marquis a meilleur cœur qu'il n'est riche; bien des gentilshommes ne possèdent d'autre fortune que leur champ et leur épée. Et puis le temps des semailles et des labours arrivera pour les fermiers; ils se souviendront du courtil aux ruches, des vergers, le mal de la maison peut les prendre; car dans la maison sont restés les enfants et les femmes. Il faut se battre, se battre demain, se battre tout de suite, s'il est possible.

— Bien dit, ma vaillante enfant! dit le marquis de Pontcallec paraissant d'une façon inopinée devant les jeunes filles. Oui, oui, *Argad!* Mais nous ne pouvons cependant nous battre seuls; l'ennemi se cache comme une malfaisante bête, et nous ne savons pas où le trouver.

Spern-Gwen se leva.

— Reste, lui dit Génofa d'une voix douce; Clément et moi, nous n'avons point de secrets; nous nous chérissons sous le regard de Dieu...

— Je vous en prie... dit Spern-Gwen d'une voix plus faible.

— Ah! mon Dieu! comme te voilà pâle... Clément, Épine-Blanche va s'évanouir.

— Moi! non, ce n'est rien... murmura la jeune paysanne d'une voix qu'elle s'efforça d'affermir... J'ai parlé du pays; le cœur m'a battu trop fort, voilà tout.

Génofa, Épine-Blanche et le marquis de Pontcallec se trouvaient en ce moment sous les arbres d'un berceau revêtu par l'automne de tons d'or et de pourpre ; à quelque distance jouaient sur le gazon les enfants de M$^{me}$ de Talhouët ; M$^{me}$ de Montlouis cousait un vêtement pour ses pauvres.

Un pas rapide se fit entendre dans l'allée voisine, et M. de Talhouët, pâle mais résolu, s'avança vers le marquis.

— Vous avez des nouvelles ? lui demanda celui-ci.

— J'en ai.

— Elles sont graves ?

— Très-graves.

Le marquis se leva : Génofa posa la main sur son bras.

— Je serai bientôt votre femme, dit-elle, j'ai le droit de tout apprendre.

— Vous avez raison, répondit Clément d'une voix dans laquelle vibrait une tendresse grave... J'écoute, mon ami...

— Nous sommes trahis ! ajouta Talhouët.

— Comment en avez-vous la preuve ?

— Un navire, le seul sur trois qui fût parvenu sur les côtes de la Bretagne, venait de débarquer trois cents hommes à Quiberon, quand une troupe de soldats s'est jetée sur les Espagnols et les a brusquement séparés des Bretons ; on a remis à bord la petite armée envoyée par Philippe V, et après avoir enchaîné et emprisonné les gens de Quiberon, ordre a été intimé aux navires espagnols de cingler de nouveau vers les côtes de Biscaye. Toute chance de secours nous est désormais retirée du côté de l'Espagne. Les piastres envoyées par elle ne paieront pas les dépenses que nous faisons dans huit jours ; le bruit de l'abandon dans lequel nous allons nous trouver ne manquera pas de décourager nos hommes...

— Comment avez-vous appris cette nouvelle ? demanda Pontcallec.

— Par un homme de Quiberon qui est parvenu à s'échapper des mains des soldats et qui a couru jour et nuit afin de nous prévenir de ce désastre.

Pontcallec baissa la tête ; le sentiment d'un malheur impossible à conjurer envahit son esprit. Il comprit à partir de ce moment que la lutte se terminerait par sa mort. Mais il n'était pas homme à reculer, et il dit à M. de Talhouet :

— L'Espagne nous fait défaut, la Bretagne saura se suffire.

— Et ce ne sera pas trop de tout son courage pour dompter la mauvaise fortune, ajouta M. de Montlouis en rejoignant les deux amis.

— Vous connaissez déjà l'échec de Quiberon ? demanda le marquis.

— De quel échec voulez-vous parler ?

— Nous ne pouvons plus compter sur Philippe V, dit Talhouët.

— Alors, messieurs, raison de plus pour suivre le conseil que je venais vous donner... Si nous ne prenons pas l'offensive, nous sommes perdus.

— Qu'est-il survenu de nouveau ?

— M. de Langey, ce colonel de cavalerie avec lequel, Pontcallec, vous avez eu jadis une querelle assez grave pour qu'elle fût vidée sur le terrain, s'acharne aujourd'hui particulièrement contre vous. Il commence à battre le pays avec une partie du régiment caserné à Ploërmel.

— Cette fois, du moins, le misérable ne m'échappera pas. Il remplit le métier des soldats de la maréchaussée ? Nous tâcherons de lui donner assez d'embarras et de lui ménager un nombre suffisant d'échecs pour qu'il perde à la fois le peu de réputation et la faveur dont il jouit.

— Malheureusement il n'est pas le seul chargé de nous traquer, de nous poursuivre, reprit Montlouis ; M. de Vianne, commandant du château de Nantes, expédie de tous côtés des détachements de dragons rouges venus des Cévennes.

— De Vianne! murmura Pontcallec ; celui-là se disait mon ami.

M. de Montlouis reprit :

— Il ne faut pas nous le dissimuler, Clément, la terreur gagne les campagnes traversées par les soldats. Ils pillent les fermes, insultent les femmes, dérobent les chevaux, incendient les masures de pauvres gens dont le seul crime est de ne rien posséder... Ces mêmes paysans, qui jadis se sont jetés à nos genoux afin d'obtenir notre protection contre les hommes du fisc, tremblent maintenant devant les dragons, et n'oseront peut-être plus prendre part à la bataille.

— Je réponds de mes Léonais, s'écria Pontcallec.

— Et moi de mes tenanciers, fit Talhouët.

— Chaque gentilhomme ayant signé le pacte d'union, dit Montlouis, convoquera ses vassaux sous des prétextes divers : soit afin de chasser les loups infestant les campagnes, soit pour remplir leurs corvées de bûcherons dans la forêt ; les recteurs qui connaissent l'impiété du Régent et souhaitent voir un règne moins odieux nous amèneront une armée de mendiants. Quand nous aurons lassé les soldats du marquis de Langey et les dragons de Vianne par une guerre d'escarmouches, nous verrons à tenter un coup décisif.

— Surtout, ajouta Pontcallec, gardons tous le plus grand silence sur nos désillusions. Nous avons cru qu'il s'agissait pour nous de nous battre en héros, il s'agit peut-être seulement d'expirer en martyrs.

Épine-Blanche se cramponna d'une main à un banc

de bois sur lequel elle était assise, et posa l'autre sur son cœur.

M^lle de Kerglas s'était levée.

— Bien parlé, Clément! dit-elle de sa voix harmonieuse ; mourir pour une cause sainte n'effraie pas plus les hommes de votre race que les filles de Kerglas.

Les chefs tinrent conseil, et il fut décidé qu'à l'avenir aucun des combattants ne coucherait au château. Les femmes y resteraient seules sous la garde de serviteurs fidèles ; quant aux amis de M. de Pontcallec, ils s'abriteraient dans le tronc creux d'un if gigantesque, où nul ne s'aviserait de soupçonner leur présence. Les gars du pays coucheraient dans les fourrés.

Le soir même où Pontcallec avait reçu ces nouvelles, les précautions les plus minutieuses furent prises, les mots d'ordre changés, et les sentinelles reçurent ordre de sonner de la trompe chaque fois que paraîtrait un étranger.

Un sentiment d'impatience et de malaise gagnait tous les soldats, fatigués d'un si long repos ; ils appelaient de toutes leurs forces le moment de la lutte ouverte. Le gouverneur de Bretagne, connaissant le nombre restreint des combattants, sachant que la plupart des gentilshommes qui les commandaient sacrifiaient les épaves de leur mince fortune, attendait que le pain et le cidre manquassent aux paysans ; il traitait les défenseurs des libertés bretonnes en citoyens d'une ville assiégée, et les prenait par la famine.

Le lendemain, Génofa se promenait vers le soir sur la limite du bois, suivie par la fidèle Épine-Blanche. A quelque distance, Mylio et Sylvanik, leurs pages rustiques, marchaient silencieux, quand subitement sortit d'une tallée de jeunes chênes la tête embroussaillée de Yan l'innocent. Il roulait ses gros yeux pâles en regardant devant lui avec une timidité farouche, et fouettait le sol d'une branche d'ajoncs garnie de pâquerettes enfilées dans les aiguillons.

— D'où viens-tu? demanda Sylvanik en serrant le bras de Yan; pourquoi n'es-tu pas venu par la route?

L'innocent poussa un gloussement effaré et se rapprocha de Génofa.

— Ne lui parle pas durement, Sylvanik, répondit la jeune fille; tu sais qu'il ne comprend pas tout ce qu'on lui dit.

— Cela se peut, mademoiselle, répondit le jeune garçon, et pourtant m'est avis qu'il a souvent plus de malice que de bêtise.

— Que désires-tu? demanda Génofa en s'adressant à l'idiot; si tu as faim, va manger avec les gens du château...

— Le pauvre innocent n'a pas faim, dit lentement l'étrange créature; il venait répéter à la demoiselle ce que la Korigane lui a dit.

— Eh bien! parle vite.

— Anaïk est couchée sur des fagots de genêts; personne ne lui parle du doux Jésus mort pour les péchés du monde...

— N'a-t-elle point fait demander l'abbé Lantenac?

— Pauvre Korigane! elle voudrait voir la demoiselle avant de se confesser au recteur; elle dit qu'elle voit trouble avec les yeux de son âme.

— C'est triste! bien triste! dit Génofa d'une voix plus basse; depuis combien de temps est-elle si malade?

— Huit longs jours... et sans fin elle dit que vous seule pouvez consoler son âme.

— J'irai, dit Génofa, j'irai demain...

— Qui sait, ajouta l'innocent, si demain elle ne sera pas au jugement de Dieu?...

La fille du comte de Kerglas tressaillit. Elle s'accusa

d'égoïsme, de pusillanimité ; sa conscience de chrétienne se révolta, et, domptant une sorte de terreur dont elle ne fut pas maîtresse, elle ajouta :

— Eh bien ! ce soir ; oui, ce soir même.

— Y pensez-vous, mademoiselle? demanda Spern-Gwen, vous aventurer seule dans la lande !

— Ne l'avons-nous pas traversée toutes deux plus tard encore ?

— Sans doute, répondit Épine-Blanche ; mais alors nous vivions tranquilles, la Bretagne n'était pas armée, et maintenant...

— Nos gars ont battu les environs sans trouver trace des dragons rouges. Je ne te demande pas de m'accompagner, Épine-Blanche, pour deux raisons : la première, c'est que la Korigane ne dirait peut-être pas devant toi ce qu'elle veut me confier ; la seconde, c'est que tu mourrais de peur.

— Certainement j'aurai peur, répondit la jeune fille, mais je n'en remplirai pas moins mon devoir, qui est de ne jamais vous quitter.

— Nous serons là ! dit Sylvanik en brandissant son bâton.

— Mylio, et toi, Sylvanik, vous resterez au château ; j'accepte seulement la compagnie d'Épine-Blanche... Va donc, Yan, et dis à la Korigane que je ne vais pas tarder à te suivre.

Une minute après, M$^{lle}$ de Kerglas montait dans sa chambre, prenait une mante de taffetas noir dont elle rabattait le capuchon sur ses épaules, et, suivie de sa compagne, elle quittait le château.

La nuit était déjà venue, et l'obscurité ne pouvait manquer d'être complète au moment où M$^{lle}$ de Kerglas arriverait à la cabane de la vieille femme. En passant devant la masse sombre du menhir, Épine-Blanche se signa dévotement, car dans son épouvante il lui semblait voir des formes humaines s'agiter à côté de la pierre druidique. Génofa s'avançait du même pas élastique et ferme ; quand elle se trouva en face de la cabane, elle souleva le loquet et passa la première.

La pauvre masure était plongée dans l'obscurité, mais on y entendait le souffle d'une respiration humaine.

— C'est moi, Génofa, dit la jeune fille d'une voix douce.

Elle achevait à peine ces mots qu'une main robuste lui saisit le poignet, tandis qu'une voix inconnue, mais facile à reconnaître pour celle d'une femme, disait avec amertume :

— Oui, c'est toi, Génofa la douce, la belle, la sainte ! la fiancée du marquis de Pontcallec !

— Ah ! fit Génofa, vous êtes des lâches, vous qui vous cachez dans l'ombre et tendez un piége à la charité.

Une seconde après, la clarté d'une lanterne illuminait la cabane. Le premier regard de Génofa fut, non point pour ceux qu'elle savait désormais être ses ennemis, mais pour l'angle de la chambre où se trouvait l'amas de genêts formant d'ordinaire le lit de la Korigane. Une masse inerte, bâillonnée, roulée dans d'épais manteaux, reposait sur cette dure couche.

— Vous l'avez tuée sans doute, dit Génofa. Est-ce aussi ma vie qu'il vous faut ?

La femme qui avait adressé la parole à Génofa s'avança rapidement vers elle. On ne pouvait distinguer son visage, caché sous un masque de velours ; mais la jalousie et la rage allumaient des flammes dans ses yeux.

Un laquais venait de lier derrière son dos les bras d'Épine-Blanche, dont il paralysait les mouvements. Sur un signe de sa maîtresse, le second valet, qui avait saisi les poignets de Génofa, venait d'enlever à la jeune fille la liberté de ses mouvements.

— Madame, dit M^lle de Kerglas d'un accent ferme et doux tout ensemble, pourquoi me haïssez-vous? je ne vous connais pas.

— Clément de Pontcallec n'en pourrait dire autant... J'avais rêvé d'unir ma vie à la sienne, tu as dérangé ces plans de bonheur... Je me venge sur toi, faute de pouvoir m'attaquer à lui. Tu dois être sa femme, il te préfère à tout, il donnerait sa vie pour la tienne; périsse donc ta beauté, puisqu'on fait de toi ma rivale préférée !

Génofa poussa un cri de terreur ; sur un signe nouveau de la femme masquée, un troisième misérable sortit de l'ombre et se mit à souffler sur les charbons à demi éteints d'un réchaud.

— Mon Dieu, dit Génofa, quelle torture voulez-vous m'infliger?

— La seule qui puisse éloigner de toi le marquis de Pontcallec; j'aurai sa vie; de toi, je ne veux que la beauté de ton visage.

— Grâce! dit Génofa d'une voix éperdue, grâce! Est-ce ma faute si M. de Pontcallec m'a demandée pour femme? Qui êtes-vous pour concevoir ce crime horrible de torturer une malheureuse fille?

— Tu le sauras plus tard, répondit la femme masquée.

Génofa tenta de dégager ses poignets des mains qui les pressaient comme un étau ; elle tordit ses bras sans y réussir, et, avec une dextérité qui redoubla son épouvante, un misérable la bâillonna, tandis que le second, roulant Épine-Blanche dans une couverture, la jetait à côté de la Korigane, dont le corps s'agitait comme les tronçons d'un serpent.

Pendant ce temps, le charbon s'embrasait dans le réchaud.

— Es-tu prêt? demanda la femme masquée à l'homme qui soufflait le brasier.

— J'agirai quand vous voudrez.

La femme reprit :

— En attendant que les derniers préparatifs soient terminés, je vais te conter une vieille histoire...

« On raconte qu'une jeune fille, redoutant les dangers auxquels pouvait l'exposer son admirable beauté, eut le courage de jeter du soufre sur un réchaud et d'exposer son visage à cette vapeur corrosive. Elle devint pour tous un objet d'horreur et de dégoût... Génofa, dans une heure, ton père lui-même n'aurait pas le courage de te donner un baiser.

Les yeux de Génofa se levèrent vers le ciel ; elle n'attendait plus rien des hommes.

Mais au moment où l'exécuteur des vengeances de la femme masquée allait répandre la poudre sur les charbons ardents, la porte de la cabane fut jetée en dedans par les solides épaules de Gildas, et quatre Léonais s'avancèrent dans la chaumine de la Korigane. Les valets qui venaient de garrotter et de bâillonner les jeunes filles sans défense poussèrent un cri d'effroi et reculèrent dans le fond de la cabane.

— Vous avez des pistolets, cria la femme masquée ; tirez, mais tirez donc !

Les misérables n'eurent pas le temps de se servir de leurs armes ; le bâton de Gildas brisa le poignet du premier et fendit la tête du second, tandis que le troisième recevait dans la poitrine un de ces terribles coups de tête dont les lutteurs bretons ont le secret.

La femme masquée, voyant la défection de ses hommes, poussa un rugissement de rage, et, tirant un stylet de sa gaîne, elle allait en frapper Génofa, quand Mylio et Sylvanik se placèrent au-devant de M<sup>lle</sup> de Kerglas.

— Siffle, vipère, dirent-ils, mais ne pique pas!

Et Mylio, arrachant l'arme des mains de la femme masquée, la cacha dans sa poitrine.

— Mylio, Sylvanik, et toi, Conan, dit Gildas, accompagnez M<sup>lle</sup> de Kerglas et ma cousine ; nous vous aurons rejoints avant que vous ayez traversé la lande.

Les jeunes filles délivrées allaient quitter la chaumine, quand Génofa revint du côté d'Anaïk, qui, assise sur son lit, respirait à pleins poumons en agitant ses bras endoloris.

— Venez ! venez ! lui dit M<sup>lle</sup> de Kerglas.

— Merci, ma douce âme, répondit la vieille femme ; on s'est servi de mon nom pour essayer de te perdre, ma place est encore ici.

— Mademoiselle, ajouta Mylio, si le comte de Kerglas s'apercevait de votre absence...

— Ah ! tu as raison, dit Génofa ; courons !

Elle se retourna cependant encore vers Gildas pour lui dire :

— Grâce pour mon ennemie ; je ne me reconnais pas le droit de me venger.

— Vous êtes un ange, mademoiselle, dit le meunier du Scorff, et je me souviendrai de cette parole... Je veux savoir le nom de cette misérable femme et je veux voir son visage. Partez sous la garde de braves gens, mademoiselle ; nous suffirons au reste.

Épine-Blanche, qui tremblait comme une feuille, et Génofa aussi émue, mais plus maîtresse d'elle-même, sortirent de la cabane où restaient Gildas, Conan et ses amis.

— Coupe les cordons du masque de cette femme, dit Gildas à Conan.

Le gars obéit ; alors le meunier du Scorff put voir dans sa pâleur et sa beauté fatale la figure stupéfiée de la comtesse d'Égoulas.

— Je m'en doutais ! dit-il.

En ce moment, la Korigane frappa sur l'épaule du meunier.

— La fille du comte de Kerglas a demandé la grâce de cette femme, dit la sorcière de la lande ; il ne faut jamais repousser les prières d'une sainte...

— Ah! s'écria la comtesse qui se croyait perdue, toute ma fortune si vous me sauvez!

— Nous n'avons point besoin de ta fortune, comtesse d'Égoulas... Avant de nous la partager ou de la donner aux porteurs de besace de Berné, nous voudrions savoir si tu ne l'as point ramassée dans le sang et la boue de la trahison... Tu tiens à vivre, et tu vivras! Mais écoutez bien, vous autres... Cette femme, jalouse de M$^{lle}$ de Kerglas, voulait lui ravir sa beauté afin de l'empêcher de devenir la femme de notre maître... Le talion, je demande le talion...

— C'est juste, répondit Gildas ; et pourtant...

— Elle pourra faire pénitence, ajouta la Korigane... Liez-la comme elle m'avait liée moi-même...

Il fallut à peine une minute aux paysans pour garrotter M$^{me}$ d'Égoulas.

— Bien! fit Anaïk ; emportez loin de cette cabane les complices de son guet-apens...

Gildas, Conan et les quatre Léonais traînèrent sur la lande ces trois misérables réduits à l'impuissance.

Au même moment, une grande fumée, au milieu de laquelle s'élevaient des jets de flamme, frappa leurs regards.

— Le feu! dit Gildas ; le feu est au château de Pontcallec!

— Je ne vois pas seulement le feu, ajouta Conan, j'entends la fusillade...

— On se bat, les gars, on se bat sans nous... *Argad! Argad!*

Anaïk se dressa sur le seuil.

— Partez ! dit-elle, partez, sauvez le jeune marquis. Dieu vous accompagne...

Les six jeunes gens s'élancèrent à travers la lande, à la lisière de laquelle ils rejoignirent Épine-Blanche et Génofa, qui, frappées également du bruit de la mousqueterie, couraient vers le théâtre de la lutte.

La Korigane ferma la porte de sa cabane et revint vers M^me d'Égoulas. Celle-ci était couchée à terre et solidement garrottée aux pieds d'une huche.

— Tu as voulu ravir la beauté d'un ange, dit la Korigane ; tu perdras la tienne... Le réchaud que tu fis allumer servira pour toi... la vapeur du soufre rongera ton visage et dévorera tes yeux ; tu avais mis ce soir un masque pour torturer sans crainte d'être reconnue une vieille femme et un enfant ; tu le porteras désormais collé à ton visage, dans la crainte d'être pour tous un objet d'horreur.

Tout en parlant, la Korigane rapprochait le réchaud de M^me d'Égoulas, jetait sur les charbons ardents la fleur de soufre, et tournait du côté de ces flammes dévorantes le blanc visage dont la rivale de Génofa avait été si fière.

La douleur arracha M^me d'Égoulas au sentiment de l'existence. Quand elle vit l'espionne évanouie, Anaïk la regarda avec une expression de joie sauvage ; puis, fermant sur M^me d'Égoulas les portes de sa chaumine, elle s'élança sur la route pour rejoindre Génofa.

Ce n'était plus une fumée blanche qui s'élevait à cette heure du château de Pontcallec ; les flammes de l'incendie coloraient le ciel d'un rouge ardent, et le bruit de la fusillade, grossissant de minute en minute, annonçait un engagement sans merci.

## XIII

### LE FEU ET LE SANG

A mesure que Gildas, Conan et ses camarades approchaient du château de Pontcallec, l'horreur de l'incendie et le tumulte du combat s'accentuaient davantage. Les flammes s'échappaient en hautes colonnes par les larges croisées, léchant les épaisses murailles, et noircissant les pierres qu'elles ne pouvaient entamer. Au sifflement du feu, au pétillement des étincelles, s'unissaient le bruit de la mousqueterie et les cris furieux des défenseurs du manoir, surpris à l'improviste par l'arrivée d'une troupe de soldats commandés par M. de Vianne.

Il y eut un premier mouvement d'indescriptible désordre. Nul ne s'attendait à cette attaque soudaine, bien que l'on sût les dragons et l'infanterie en campagne.

Les femmes habitant l'aile gauche du château venaient de s'endormir ; suivant la résolution prise dans la journée, les soldats de Pontcallec s'étaient prudemment *égaillés* dans la forêt, et leurs chefs les y avaient suivis par prudence. La garde du manoir se trouvait confiée aux sentinelles avancées, ayant ordre de faire feu en cas d'alerte, et au guetteur placé sur la tour, et dont le cor réveillerait et rallierait la garnison si l'ennemi se présentait. Une dizaine de gars déterminés, armés de bâtons et d'arquebuses, devaient surveiller la tour servant d'asile à M^mes du Hirel, de Talhouët, de Lambilly, de Montlouis et leurs fidèles compagnes. Après plusieurs mois d'une vaine attente d'hostilités, on jouissait au château d'une sécurité relative. Les paysans s'imaginaient que la guerre se déclarerait au moyen d'un grand déploiement de forces, et comme on ne voyait rien venir, on pensait pouvoir dormir tranquille.

Cependant de divers côtés s'avançaient lentement et sans bruit des soldats obéissant à une consigne sévère et suivant un plan habilement combiné. Les sentinelles léonaises fredonnaient les vieux airs du pays en marchant d'un pas scandé. La nuit était calme, presque douce, et la demi-obscurité ajoutait la grâce du mystère à sa beauté mélancolique. Les petites rainettes criaient au bord de l'étang, et à de longs intervalles le houhoulement d'un oiseau de nuit ou le vol sinistre d'une chauve-souris troublait seul le repos de la nature. Tout à coup, après avoir rampé dans les joncs de l'étang à la façon des reptiles, huit hommes armés jusqu'aux dents bondirent sur les sentinelles; les gars du Léonais n'eurent pas le temps d'achever leur couplet rustique : chacun d'eux tomba en poussant un long râle, et les meurtriers, les voyant étendus à leurs pieds, sifflèrent l'air de chasse qui devait servir de signal à leurs camarades. Alors on vit se dresser soudain une petite armée qui, massée, pressée et formant un carré, s'avança jusqu'à la cour du château.

Le soldat guetteur, placé au sommet de la tour, entendit les cris de ses camarades; les grandes ombres s'avançant vers le manoir redoublèrent son effroi; il approcha sa trompe de ses lèvres et fit retentir un appel d'alarme.

Les hommes de M. de Vianne s'arrêtèrent.

— A tout prix, dit leur chef, il faut imposer silence à la sentinelle.

— Sans doute, répondit un soldat ; mais pour cela il faudrait pénétrer dans le château.

— Non ! non ! repartit un autre ; je me fais fort d'atteindre la plate-forme de la tour en m'accrochant aux sculptures des balcons et des corniches ; je gagnerai les toits, et, une fois parvenu au sommet de la tour, nous verrons bien qui sera le plus fort, de moi ou du Léonais.

— Va ! dit M. de Vianne, et si tu échoues, dix de tes camarades se tiendront prêts à te remplacer.

La sentinelle soufflait toujours dans sa trompe de cuivre. On eût dit un chasseur sonnant l'hallali d'une chasse infernale. Brave enfant ! il comprenait que la vie de ses camarades, le salut d'un groupe de femmes héroïques, la cause entière de la Bretagne dépendait de lui. Il ne donnait pas seulement son souffle, mais son âme. Sa gorge se desséchait, sa poitrine se brisait sous l'effort... il sonnait toujours, comme Roland donnait de son cor d'ivoire pour rallier les combattants de Charlemagne.

Tandis qu'il gardait ses lèvres collées sur l'embouchure de cuivre de sa trompe sonore, ses yeux sondaient les ténèbres, fouillaient les ombres de la lisière du bois. Il voyait la troupe ennemie entourer le manoir par le seul endroit accessible, et il attendait anxieux, enfiévré, l'arrivée de ses frères et de leurs chefs.

Tout à coup, tandis qu'il se baissait un peu, afin d'évaluer le nombre des ennemis menaçant l'armée bretonne, Yvonik aperçut une chose qui l'étonna d'abord et ne tarda pas à captiver son attention. Au milieu des découpures des balcons, des têtes de gorgones, des faces de lions et d'alligators servant de gargouilles, il lui sembla voir ramper des formes indistinctes. Les bêtes de pierre, les monstres de granit prenaient-ils vie pour défendre de leurs griffes, de leurs dents et de leurs cornes recourbées le manoir auquel les avaient liés pendant des siècles le caprice et l'art des maçons et des piqueurs de pierres? Yvonik était superstitieux comme tous ceux de sa race. Un vague effroi lui traversa l'esprit, mais il se souvint des conseils du recteur et se signa dévotement. L'impression de crainte qu'il venait de ressentir redoubla son énergie pour appeler ses compagnons, et il donna du cor d'une façon désespérée, cherchant s'il ne distinguait rien dans les profondeurs du bois, et se retournant ensuite pour surveiller la partie du château dont les gargouilles paraissaient grandir et se mouvoir. Yvonik poussa, non pas un cri, mais un appel déchirant, transmis au loin par le pavillon de métal de sa trompe, et tandis que d'une main il soutenait l'instrument et prolongeait sa note terrible, épouvantée, pleine de désespoir et d'angoisse, de l'autre il serra la poignée de son *pen-bas*, puis, se penchant vers les sculptures, il asséna un terrible coup de son bâton qui fit voler un éclat de pierre, en même temps qu'une clameur d'agonie fendait l'air. Quelque chose roula de saillie en saillie, puis la sentinelle entendit le bruit mat de la chute d'un corps sur le sol. Le Léonais tressaillit. Ses membres s'agitèrent de ce frisson causé par l'idée que l'on vient de prendre la vie d'un homme; mais, rendu défiant et pensant que l'ennemi abattu ne serait pas le seul à tenter l'escalade, il se rapprocha des créneaux, se mit à genoux et, toujours sonnant de la trompe, la poitrine brisée, le souffle plus rare, il attendit...

M$^{mes}$ du Hirel, de Lambilly et leurs compagnes s'étaient éveillées. Passant rapidement un costume favorable pour la fuite, et s'armant à la hâte de couteaux destinés plutôt à les préserver de l'outrage qu'à les défendre contre la mort, elles se réunirent dans la salle commune et se comptèrent des yeux. Alors seulement elles s'aperçurent que ni Génofa ni Épine-Blanche ne se trouvaient au milieu d'elles. Une terrible angoisse leur serra le cœur. Elles s'interrogèrent vainement. M^lle de Kerglas et la meunière du Scorff n'avaient confié à personne le secret de leur généreuse imprudence.

— Mesdames, dit alors la belle et jeune M^me de Talhouët, à genoux! notre dernière heure va sonner sans doute; mourons en Bretonnes, mais mourons surtout en chrétiennes.

Elle saisit dans ses bras ses trois petits enfants, et tandis que ses compagnes attiraient contre leur sein tous les êtres craintifs qui leur étaient chers, M^me de Talhouët commença à haute voix les prières des agonisants.

Quelques voix lui répondaient avec fermeté, mais plus d'un sanglot s'unit aux invocations suprêmes.

Au dehors, les blasphèmes des soldats, les pétillements de l'incendie se confondaient avec les sons expirants du cor d'Yvonik. Les femmes se rapprochèrent et se massèrent dans un angle de la salle. La fuite leur était impossible; partout se mouvaient des ombres ennemies, et bientôt, pour accroître leur terreur, le bruit d'une lutte acharnée retentit dans l'escalier conduisant à leurs appartements.

Les hommes de M. de Vianne se battaient contre les Léonais commis à la garde des femmes.

On ne se servait ni du mousquet ni du fusil, on luttait avec des couteaux de chasse et des sabres; les morts roulaient dans l'escalier, les derniers soupirs des vaillants gars s'exhalaient dans la langue maternelle, et à chaque Breton succombant sous le nombre répondait un cri de joie féroce.

M^me de Montlouis ouvrit la fenêtre.

— On a le pouvoir de nous tuer, dit-elle, le droit de nous offenser, jamais!

Encore un instant et la porte de la salle devant laquelle luttaient les défenseurs des femmes de leurs chefs allait céder sous l'effort d'une vingtaine de scélérats, exaspérés par une héroïque défense, quand la physionomie du combat changea subitement de face.

Aux rouges clartés de l'incendie, M^me de Montlouis reconnut les soldats de Pontcallec accourant au pas de course, en poussant leur cri de guerre :

— *Argad! Argad!*

Presque immédiatement commença un combat terrible ; bien que la troupe de Pontcallec se trouvât de beaucoup inférieure en nombre à celle de M. de Vianne, elle se jeta au-devant des assaillants avec une furie indescriptible. Les mousquets et les arquebuses ne pouvaient deux fois faire feu sur les Bretons, car ceux-ci, se précipitant sur les soldats, les arrachaient de leurs mains et les tordaient, puis s'en servaient en guise de casse-tête.

Au plus fort de la bataille, un nouvel incident vint doubler l'ardeur des hommes du marquis de Pontcallec. Génofa se précipita soudainement dans la mêlée, en agitant au-dessus de son front la bannière de Bretagne semée d'hermines, et répétant d'une voix inspirée :

— Bataille ! bataille pour Notre-Dame et la Bretagne !

Que d'enthousiasme ! Rayonnante, inspirée, on l'eût prise, avec ses blancs vêtements et ses cheveux d'or dénoués, pour une figure d'archange.

En un instant, elle eut rejoint Pontcallec et Kerglas.

— Ma fille, cria le comte, veux-tu donc mourir ?

— Je veux vous suivre, répondit-elle.

Et sa voix sonore répéta :

— *Argad* pour la Bretagne ! victoire pour Notre-Dame !

Le sang coulait à flots, les combattants luttaient corps à corps avec des armes tordues ou faussées. Le champ de bataille prenait un aspect d'autant plus horrible que les lueurs de l'incendie montaient, montaient toujours.

— Sabrez! sabrez! criait M. de Vianne.

Pontcallec bondit du côté où ce cri venait d'être poussé.

Du premier regard, il reconnut le chef du régiment l'infanterie, et s'adressant à lui d'une voix indignée :

— Monsieur, lui dit-il, c'est du plat du fourreau que je devrais vous frapper ; vous avez forfait à l'honneur en exerçant le métier d'espion! Mais je vois couler le sang de mes hommes, et pour en arrêter l'effusion je consens à me battre avec vous...

— Et moi je refuse, répliqua de Vianne ; tu ne dois pas périr par l'épée, mais par la hache, comme un traître...

Pontcallec bondit vers M. de Vianne et lui fouetta par deux fois le visage avec son épée.

Au cri poussé par le gentilhomme, dix soldats se précipitèrent sur Pontcallec; celui-ci, pressé, entouré, se trouva dès lors exposé à un danger imminent.

Il regarda sans pâlir les onze épées qui le menaçaient, et, s'entourant d'un cercle de fer, grâce à sa science prodigieuse de l'escrime, il parvint à se défendre, non pas à coups de pointe, mais en se couvrant du tourbillonnement de son arme, comme d'un bouclier.

Génofa, qui l'avait vu disparaître, poussa un cri d'angoisse. Là où était le chef devait flotter la bannière ; elle s'élança du côté où Pontcallec soutenait une lutte inégale.

— Kerglas et Pontcallec! cria-t-elle avec angoisse.

— Nous voici! répondirent deux voix juvéniles.

C'étaient Sylvanik et Mylio qui rejoignaient Génofa.

En même temps un bâton noueux brisa trois crânes : Gildas s'annonçait par un coup de maître. Ce nouveau champion bondit près de Pontcallec, et, faisant tournoyer sa massue, il agrandit le cercle au milieu duquel se mouvait le marquis, en même temps que Mylio et Sylvanik, armés d'épées ramassées sur le terrain, s'en servaient en dignes pages de M<sup>lle</sup> de Kerglas.

M. de Vianne, atteint à l'épaule, poussa un cri de rage ; ses soldats, décimés par les Bretons, songeaient moins à continuer la lutte qu'à chercher le salut dans la fuite. On leur avait annoncé une victoire facile, un butin sans péril : ils se trouvaient en face d'une poignée d'hommes décidés à mourir, et dont le dernier cri serait ce défi suprême :

— La Bretagne libre ! la France sans le régent !

La blessure de M. de Vianne acheva d'ébranler leur confiance et d'éteindre leur ardeur ; la troupe se débanda en poussant un sauve-qui-peut général, et la troupe de Pontcallec resta maîtresse du champ de bataille.

Les braves gens n'eurent pas le temps de songer au repos ; il fallait s'opposer au progrès de l'incendie. Heureusement l'étang était près ; et tandis que les gars tentaient de sauver la demeure seigneuriale, M<sup>mes</sup> de Lambilly, de Talhouët, de Montlouis, aidées par Génofa dont la robe de laine blanche portait de larges taches sanglantes, s'occupaient à panser les blessés. Agenouillées dans les cours, sur les berges de l'étang, partout où la bataille avait été plus acharnée, elles lavaient les plaies, les bandaient d'une main légère, rassuraient les gars aux longs cheveux tombés pour les franchises du pays, et récitaient leur chapelet en traversant les rangs des malheureux que l'on transportait doucement à l'ombre des grands arbres jaunis par l'automne.

Gildas songea le premier à Yvonik

Il le trouva couché sur le dos, les lèvres couvertes d'une écume rougeâtre, et donnant à peine signe de vie. Alors, le soulevant sur ses robustes épaules, le meunier du Scorff le porta près des autres défenseurs de la Bretagne. Mais, quelque effort que l'on fît pour arracher la trompe de cuivre des mains crispées du jeune homme, il fut impossible d'y réussir.

Les blessés aperçurent aux lueurs mourantes de l'incendie et aux premières clartés de l'aube le recteur de Lignol agenouillé près d'un camarade à l'agonie. Le ministre du Dieu de paix n'avait point conseillé la guerre ; mais, de l'heure où elle faisait des victimes, sa place était près des mourants, il voulait poser le crucifix sur leurs lèvres pâles. Le même jour, et dans la prévision d'une seconde attaque, les quatre chefs bretons reformèrent leur troupe. Mylio, Sylvanik et dix des plus jeunes garçons reçurent ordre d'aller dans les paroisses voisines sonner le tocsin et enrôler de nouveaux paysans.

Puis le marquis donna le signal du départ, et les soldats valides, chargés des brancards sur lesquels reposaient les blessés, s'enfoncèrent dans la forêt.

Le soir, pendant la veillée, M. de Kerglas, le comte de Pontcallec et les femmes des gentilshommes peignirent à Génofa l'inquiétude dans laquelle les avait jetés son absence, et l'effet produit par sa brusque apparition, quand elle apparut en agitant au-dessus de son front les plis de sa blanche bannière.

La jeune fille raconta dans quel piége elle était tombée.

— Je comprends ! s'écria le marquis ; tandis que cette femme vous menaçait de la torture, elle savait que l'attaque de M. de Vianne nous mettrait dans l'impossibilité d'aller à votre secours.

— Monsieur le marquis, répondit M$^{lle}$ de Kerglas, je ne dois ni me venger ni haïr ; un secret instinct me fait trembler pour la vie de cette malheureuse créature... Je dois la vie à un miracle... Si Mylio et Sylvanik, ayant surpris ma conversation avec Yan, et voulant me protéger malgré moi, n'avaient trouvé Gildas et ses camarades, que serais-je devenue ?

« M^me d'Egoulas est restée seule avec la Korigane, dont l'esprit, si faible d'ordinaire, peut, à la suite d'une violente terreur, s'être complétement dérangé... Je vous en supplie, envoyez des hommes sûrs dans la lande, et si l'on trouve Anaïk et M^me d'Égoulas, faites-les ramener au camp toutes deux.

— Vous serez obéie, Génofa ; souvenez-vous pourtant que cette femme est doublement notre ennemie.

— Je me rappelle seulement que Dieu m'ordonne le pardon des injures.

Le marquis choisit Conan et Gildas, à qui revenait de droit cette mission.

Les deux braves garçons cherchèrent vainement dans la lande la cabane de la vieille Anaïk ; à la place de la masure, ils trouvèrent des décombres, et non loin de là M^me d'Égoulas, le visage tuméfié, les membres agités par les soubresauts d'une fièvre ardente.

Des corbeaux voletaient en rond autour de trois formes rigides sur lesquelles étaient tombés des débris carbonisés de la chaumière. La Korigane, accroupie sur ses talons et penchée sur M^me d'Égoulas, chantait d'une voix stridente ;

« Vin et sang coulent mêlés, vin et sang coulent.

« O feu ! ô feu ! O acier ! ô acier ! O feu ! ô feu ! O acier et feu !

« O chêne ! ô chêne ! O terre ! ô flots ! O flots ! ô terre ! O terre et chêne !

« Vin blanc et sang rouge, et sang rouge ! Vin blanc et sang rouge !

« J'ai bu sang et vin dans la rude mêlée ; j'ai bu sang et vin !

« Et danse et chant, chant et bataille ! Et danse et chant !

« Danse du glaive, en cercle ; danse du glaive !

« Chant du glaive bleu qui aime le meurtre, chant du glaive bleu !

« O glaive ! ô grand roi du chant de bataille ! O glaive ! ô grand roi !

« O feu ! ô feu ! O acier ! ô acier ! O feu ! ô feu ! O acier et feu !

« O chêne ! ô chêne ! O terre ! ô flots ! O flots ! ô terre ! O terre et chêne ! »

Gildas et Conan avaient écouté le vieux chant bardique avec une sorte de religieux respect ; quand la Korigane l'eut achevé, le meunier posa la main sur son épaule.

— Nous venons chercher cette femme... dit-il.

M<sup>me</sup> d'Égoulas comprit qu'on la conduisait vers Pontcallec.

— Tuez-moi ! dit-elle, tuez-moi !

— Les païens se vengent, les Bretons pardonnent, dit Gildas.

Une minute après, ils emportaient, couchée sur des branches d'arbres, M<sup>me</sup> d'Égoulas évanouie.

Elle revint à elle dans l'ambulance disposée sur la lisière de la forêt.

A genoux près de son lit, Génofa lui prodiguait des soins et pansait ses brûlures avec une angélique patience.

La honte et l'admiration se disputèrent durant une seconde l'âme perverse de l'espionne ; mais cette âme était trop gangrenée pour rester accessible au repentir, et la rage de se trouver doublement vaincue augmenta la haine vipérine de M<sup>me</sup> d'Égoulas.

## XIV

**LE PROSCRIT**

L'abbé Lanténac avait ce soir-là prolongé sa prière; depuis que la Bretagne ruinée, affamée, saignait par tous ses membres; depuis que le pays traversé, pillé, rançonné par les dragons rouges, souffrait comme aux plus mauvais jours de ses discordes, le vieux recteur voyait doubler sa tâche durant le jour, et s'imposait de plus longues prières. Il allait d'une ferme à l'autre, consolant les mères dont les fils étaient *entrés en forêt;* il franchissait le seuil des châteaux, où l'on ne pleurait pas moins que dans les chaumières. Il y trouvait seulement des adolescents et des vieillards : ceux dont la main ne pouvait encore manier une épée, et ceux qui n'avaient plus la force de la porter. Les hommes valides étaient absents. Où se cachaient-ils? Partout. Où les trouvait-on? Dieu sait combien la charité de l'abbé Lanténac devait être active, prévoyante, dévouée, pour le deviner. Les proscrits dormaient tour à tour dans le creux des vieux arbres et dans les ruines; ils s'enfuyaient dans les montagnes d'Arhès, ou cherchaient un asile dans les carrières abandonnées. L'affection, le dévouement les suivaient. Depuis le prêtre jusqu'au plus petit berger, c'était à qui leur porterait des consolations et des vivres. Tout service rendu entraînait un péril, mais quand de si nobles existences se trouvaient compromises, qui donc comptait la sienne pour quelque chose? La population tout entière s'unissait pour les dérober aux soldats commandés par MM. de Vianne, de Rochefort et de Langey ; les dragons pendaient de temps à autre un pauvre paysan coupable de trop de fidélité à son seigneur; alors le fils reprenait pour la continuer l'œuvre du père assassiné, et la mère le bénissait pour son courage. La colère de M. de Montesquiou ne connaissait pas de bornes; M. de Vianne, après s'être déshonoré aux yeux de la noblesse en poursuivant des hommes dont il avait été l'ami, s'était juré de l'emporter dans sa poursuite fratricide. Caïn voulait toucher le prix de la mort d'Abel. Ce n'était plus à une poursuite que se livraient les dragons rouges, mais bien à une chasse à courre. On traquait les hommes comme des bêtes fauves. On cernait les bois, on y faisait des battues. Il s'agissait de débusquer et de rabattre le gibier, afin d'assister à la scène de la curée. On n'était guère plus rassuré sur le sort de la plupart des femmes ayant pris part à cette lutte héroïque ; toutes suivaient leurs maris dans ces terribles aventures, et jamais la tendresse conjugale n'éclata d'une façon plus grande que durant la Fronde bretonne, où une noblesse généreuse essaya de rendre à son pays ses antiques prospérités.

L'abbé Lanténac, agenouillé devant son crucifix, demandait à Dieu la consolation et le salut pour les infortunes qu'il restait impuissant à guérir, quand la porte de l'humble presbytère retentit brusquement sous trois coups rapides.

La vieille Tiphène se réveilla en sursaut, se demandant ce qu'elle devait faire, effrayée à la pensée de voir entrer les soldats du régent, prise de pitié à l'idée qu'un proscrit demandait sans doute asile.

Avant qu'elle eût pris une résolution, le recteur descendit l'escalier, et sans même s'informer qui frappait au seuil du presbytère, la seule demeure après l'église que l'on soit sûr de ne trouver jamais fermée, il tira la barre de fer passée par Tiphène dans les larges gâches et ouvrit la porte toute grande.

Un homme franchit rapidement le seuil de la porte, et le recteur, élevant sa petite lampe à la hauteur du visage de son hôte, le reconnut et poussa un cri :

— Monsieur de Pontcallec !

— Oui, mon ami, mon père, répondit le gentilhomme; moi, brisé, rendu de fatigue, affamé; moi qui, depuis trois jours, ai vécu d'une croûte de pain donnée par un mendiant, et qui pendant dix nuits ai dormi dans le grand if.

— Venez, monsieur le marquis, venez ! dit le vieillard.

A peine le jeune homme était-il entré dans la salle basse du presbytère, que Tiphène parut apportant du pain noir, car le recteur n'était point assez riche pour en manger d'autre, du cidre et un reste de viande froide.

Tandis que le proscrit faisait honneur à ce maigre repas, l'abbé Lanténac examinait avec un intérêt plein de compassion le jeune homme assis en face de lui.

Les souffrances physiques, les angoisses, les douleurs de la défaite, les nuits sans sommeil, cette vie d'exil dans la patrie, la perspective terrible de l'échafaud, l'avaient bien changé. Son regard était devenu sombre, sa bouche amère. Une expression de désespoir traversait parfois son mâle visage; par instants aussi, on lisait sur cette figure si complétement belle une résolution implacable.

— J'ai bien prié pour vous, monsieur le marquis, dit le recteur d'une voix attendrie par les larmes. Il me semble toujours que vous êtes ce même enfant que j'ai vu si petit au manoir de Pontcallec, dont l'incendie a commencé la ruine.

— Monsieur le recteur, cette ruine sera bientôt plus complète.

— Que craignez-vous?

— Je ne crains rien, mais j'attends...

— Quoi donc?

— Je suis perdu... dit le marquis en posant ses bras sur la table et en regardant le recteur avec une expression de résignation si simple qu'elle devenait héroïque. Je me demande souvent pourquoi je continue la lutte, car, en vérité, l'issue n'en saurait être bonne... Je me crois obligé à ne me point livrer, dans la crainte d'entraîner mes amis, dans ma ruine; mais je n'espère rien... rien! Quelque jour on rasera le manoir où vous aimiez à venir, cette demeure féodale connue de tous les pauvres, bénie par tous les malheureux, et on sèmera du sel sur la place où s'élevaient ses vieilles tours.

— Vous croyez qu'on oserait?

— Monsieur le recteur, la conspiration ourdie par M<sup>me</sup> du Maine, et à laquelle nous nous sommes associés afin de trouver un appui pour la Bretagne; cette conspiration dans laquelle, pour enjeu, nous avons mis nos fortunes et nos vies, ne paraît aux gens de Paris, en ce qui concerne Ludovise, qu'une querelle d'apaisement facile. La duchesse, qui négocie sa paix avec le Palais-Royal, ne peut manquer d'obtenir sa grâce. Elle verra traiter avec une égale indulgence le duc de Richelieu et ceux de ses amis qu'elle entraîna dans l'intrigue de l'ambassadeur d'Espagne. Savez-vous alors ce qui arrivera? On rejettera sur nous l'odieux du complot. Nous seuls aurons fomenté des troubles. On nous traitera en coupables, on nous appellera traîtres au pays, et nous payerons la dette des conspirateurs de Sceaux.

— Oui, dit l'abbé Lanténac, vous avez raison; on

tentera de vous rendre responsables de toutes les fautes commises.

— Et puis, voyez-vous, monsieur le recteur, il y a des jours où je me demande si, en croyant nous immoler pour une grande cause, nous ne nous sommes point trompés... ce doute m'est plus amer que la défaite... Depuis de longs mois, le malheur nous poursuit sous toutes les formes... Nous avons prié le Seigneur de bénir nos armes, et il semble que le Dieu des batailles nous repousse... Quand nous avons compris que nous ne trouverions pas autour de nous l'appui sur lequel nous avions le droit de compter, nous nous sommes résignés à attendre la flotte de sept vaisseaux qui, armée à la Corogne sur les instances de M. de Lambilly, devait nous apporter trois mille hommes... Les avaries subies par les navires, le gros temps les empêchèrent d'aborder ; l'argent que nous reçûmes ne valait pas le renfort de soldats qui devaient soutenir les nôtres... Le combat de Pontcallec me prit le tiers de mes hommes... D'ailleurs, il faut l'avouer, la terreur se mit dans les rangs... plus d'un paysan effrayé regagna sa maison... Ils craignaient la potence, les pauvres gens ! Durant deux mois, notre vie a été un enfer... Mais ce que vous ignorez encore, c'est que Montlouis, Talhouët, du Couëdic et moi, résolus à mourir pour la cause que nous avons crue grande et juste, nous formâmes un projet hardi, le seul dont pouvait dépendre la victoire...

— Quel était ce projet ?

— Chacun de nous ayant calculé l'effectif de sa petite troupe, nous pouvions compter sur mille hommes environ... C'était peu, mais ce nombre nous suffisait... Il s'agissait de courir à Rennes, de cerner le château que M. de Montesquiou habitait aux environs, et de l'enlever ou de nous faire tuer sur place.

— Eh bien ? demanda le recteur.

— Dérision! Savez-vous combien furent exacts à ce rendez-vous suprême?

— Cent?

— Douze! De cette heure, je compris que la partie était perdue...

— Pourquoi ne quittez-vous pas la France?

— Je ne le dois pas.

— Vous avouez ne point conserver d'espérance.

— Cela est vrai, mais je garde des devoirs.

— Plusieurs de vos amis ont passé en Espagne dans la barque du marinier de Locmariaker; que ne les imitez-vous?...

— Je vous l'ai dit, monsieur le recteur, de même que le capitaine d'un navire quitte son bord le dernier, je dois rester en France jusqu'à ce que mes amis soient en sûreté... et puis, je vous l'avoue, je ne passerais pas sans crainte de France en Espagne ou en Angleterre.

— Pour quelle raison?

— Elle est si puérile que je n'ose vous la révéler... la Korigane, que je consultai un jour presque malgré moi sur mon avenir, m'a dit de me défier de *la mer*.

— Superstition, mon ami! Dieu seul agite ou apaise les vagues de l'Océan, et, croyez-le, mieux vaut être dans ses mains que dans celles des juges de la cour prévôtale.

— Quelle infamie! s'écria Pontcallec; tandis qu'à Paris les amis de M$^{me}$ du Maine restent désormais sans inquiétude, on crée en Bretagne, avant même l'arrestation d'un seul prévenu, une chambre criminelle dont les arrêts sont dictés d'avance. Nous ne pouvons attendre ni grâce ni merci: la mort; et encore essayera-t-on de nous déshonorer!... Aussi, pour cette tâche inique de condamner des gentilshommes dont le seul but a été de sauvegarder les droits de leur patrie, n'a-t-on pas osé s'adresser à la magistrature. Jamais elle n'eût consenti à juger des hommes tels que nous! M. d'Argenson en a été réduit à recruter sa commission dans un personnel administratif qu'il rejettera plus tard avec un avancement plus ou moins rapide dans le service des intendances, selon que chacun aura témoigné plus de zèle, c'est-à-dire demandé plus de condamnations... Quel que soit notre sort, nous léguerons au mépris public les noms du président de Rochefort, des conseillers de Marnière, Féron du Quingo, Jacquelot de La Mothe, de Montébac, de La Forest, de Derval... Ce ne sont plus des Bretons, mais des fournisseurs du bourreau...

La voix de Pontcallec, vibrante d'indignation, s'était élevée ; le jeune homme, debout en face du recteur, une main étendue, l'autre appuyée sur la table, semblait en ce moment non plus échanger les confidences de son cœur blessé, mais plaider sa cause devant les juges chargés de prononcer sa sentence.

L'abbé Lanténac posa doucement la main sur son épaule.

— Souhaitez-vous reposer? lui dit-il ; votre chambre est prête.

Le recteur le conduisit dans la sienne, et lui désignant son lit étroit et dur :

— C'est la couche d'un anachorète, dit-il ; vous vous en contenterez.

— Mais vous, mon père?

— Moi, je ne me coucherai pas durant le reste de cette nuit, je prierai pour vous... Dieu vous donne la paix, mon enfant!

Le jeune marquis se jeta dans les bras du vieillard.

— Oui, priez, lui dit-il ; si je puis être sauvé, ce ne peut être que par vos prières.

Le recteur éleva la main pour le bénir, puis il sortit.

Pontcallec, resté seul, ouvrit la fenêtre et regarda la campagne. Ne pouvait-il avoir été suivi? La maison n'était-elle point cernée? Par précaution, le jeune homme portait une sorte de costume de paysan ; mais des pistolets chargés et un long poignard prouvaient que, si on l'attaquait, il vendrait chèrement sa vie.

Autour de lui régnait un silence absolu ; la lune, qui venait de réapparaître du sein des nuages qui parfois la voilaient, répandait une tranquille lueur sur la lande endormie.

Le jeune homme s'accouda un moment sur la croisée. Il semblait aspirer le calme de cette nuit charmante, embaumée par les dernières fleurs de l'été. Une sorte d'apaisement se faisait dans son esprit troublé. Cette nature énergique, dont les héroïsmes s'imprégnaient parfois d'un caractère de sauvagerie, se sentit envahie par l'attendrissement ; ceux qui vont mourir ont de ces moments durant lesquels les souvenirs du passé s'éveillent jeunes et souriants dans leur mémoire.

Tour à tour Pontcallec revit le moulin agreste de Gildas, dans la grande salle duquel se réunissaient les derniers poëtes de la Bretagne ; il retrouva l'aïeule vénérable sous ses cheveux de neige et sa coiffe de toile, Épine-Blanche avec son sourire ingénu.

La scène changea subitement : il reconnut Gildas à la lueur de l'incendie du manoir, Gildas, qui lui ramenait sa Spern-Gwen, M<sup>lle</sup> de Kerglas...

Qu'était devenue celle-ci? Quand vint l'heure de la dispersion, que les gentilshommes compromis se cachèrent de château en château, de ferme en ferme, le comte laboureur n'osant imposer à sa fille cette vie errante la ramena dans la ferme ; il dédaigna de se cacher et il attendit les dragons rouges. Ceux-ci avaient-ils fait prisonnier le noble vieillard ? reverrait-il jamais en ce monde le doux visage de Génofa?... Les hommes les plus énergiques sont aussi ceux qui sentent davantage ; le marquis de Pontcallec était trop jeune pour ne plus éprouver d'une façon profonde l'attendrissement et le désespoir. Il voyait son avenir sombre, il pressentait sa mort prochaine, et à cette heure suprême, où pour la première fois il comprenait quel sort l'attendait, le souvenir de Génofa troubla son cœur héroïque.

— J'aurai donné plus que ma vie à la Bretagne, dit-il ; je lui sacrifie mon bonheur.

Quand il eut longtemps rêvé à la petite fenêtre du presbytère, il se jeta sur le pauvre lit du recteur et s'endormit d'un lourd sommeil.

Au moment où il s'éveilla, les cloches de Lignol sonnaient à toute volée.

On célébrait la fête de Notre-Dame-des-Moissons.

— Allons ! pensa le marquis, pour la dernière fois peut-être j'assisterai à la messe dans cette chère et pauvre église.

Il regarda le beau soleil d'octobre baignant de clartés la cime des arbres ; puis, avec cette coquetterie qui tient à l'extrême jeunesse, il lava son beau visage pâli par les souffrances et les privations, peigna ses longs cheveux noirs, puis il passa son habit de satin bleu brodé d'or légèrement terni, son gilet d'étoffe pareille, et se retrouva pour un moment tel qu'il apparut dans le palais de Sceaux, le jour où la fée Ludovise le décora du ruban jaune citron de l'ordre de la Mouche-à-Miel.

Mais il ne garda pas longtemps cette élégante parure : la culotte de soie disparut sous d'amples braies de toile ; des guêtres de cuir cachèrent les bas de soie ; le pourpoint blanc, la soubreveste bleue et le surtout orné de broderies dissimulèrent l'habit de satin ; il passa dans sa ceinture de cuir à boucle de cuivre deux pistolets espagnols à deux coups, puis, posant sur sa tête un petit chapeau de paille tissée de fil rouge, il se trouva en se regardant dans un petit miroir d'étain l'apparence d'un beau paysan du Léonais.

Comme il descendait, le curé de Lignol partait pour l'église.

— Je vous accompagne, monsieur le recteur, dit le marquis, et je tiendrai à honneur de vous servir la messe, comme au temps où j'étais enfant et où notre bon aumônier me prenait pour son desservant.

— Quelle imprudence! dit le recteur; sortir en plein jour!

— Que puis-je craindre au milieu de nos paysans?

— Ils donneraient leur vie pour vous défendre; mais que pourraient-ils contre les dragons?

— Je suis désormais dans les mains de Dieu, répondit le marquis avec mélancolie. Quoi qu'il arrive, ce me sera un bon souvenir de penser que durant mon dernier jour de liberté j'ai assisté au saint-sacrifice.

— Venez donc! répondit l'abbé Lanténac.

Le jeune marquis monta lentement et gagna le banc seigneurial de la petite église. Une jeune fille y était agenouillée à côté d'un vieillard.

Il ne fallut qu'un regard à Pontcallec pour reconnaître Génofa de Kerglas.

Celle-ci leva vers le ciel un regard plein de reconnaissance; puis, cachant son front dans ses mains, elle rendit à Dieu d'ardentes actions de grâces.

Plus bas, dans l'ombre des piliers, se tenaient Gildas et Mylio. Quelques pauvres femmes récitaient leur chapelet, les yeux fixés vers les images des saints.

La messe commença, et comme il l'avait annoncé, le jeune marquis de Pontcallec servit le vieux prêtre. Jamais le gentilhomme ne pria avec une ferveur plus grande, jamais il ne se remit mieux dans les mains de cette Providence qui gouverne tout pour notre bien, même quand elle semble nous oublier.

Il semblait au curé qu'il officiait à cette heure comme les premiers pasteurs de l'Église naissante. A côté de lui, un proscrit ; à deux pas, une vierge prosternée ; autour de l'autel, des ignorants et des pauvres. Aucune des vieilles femmes qui demandaient à la prière le calme de leurs dernières heures ne reconnut dans le beau paysan le marquis de Pontcallec ; Gildas fut plus perspicace : son dévouement ne lui permit pas de se tromper.

A cette époque, l'Église conservait de nobles pouvoirs que les lois civiles lui ont successivement retirés ; il appartenait au prêtre seul de bénir les unions, et la parole, la signature d'un humble recteur suffisaient pour lier deux existences.

La messe venait de s'achever, quand le marquis supplia l'abbé Lanténac de rester au pied de l'autel. Puis, se dirigeant vers le banc dans lequel priaient M. de Kerglas et sa fille, Clément dit au comte :

— Vous m'avez promis Génofa pour femme ; je vous demande aujourd'hui de faire honneur à cette parole.

Le visage du gentilhomme laboureur exprima un effroi subit; il consulta sa fille du regard ; celle-ci était déjà debout, tendant sa main tremblante au marquis de Pontcallec.

Le vieillard baissa la tête ; il avait donné sa parole, il était prêt à la tenir. L'abbé Lanténac devint fort pâle.

Il bénit ces deux jeunes époux avec un sentiment d'angoisse intérieure ; puis, leur adressant quelques paroles émues, il leur rappela non pas les noms heureux de Jacob et d'Abraham, mais bien ceux de ces jeunes couples unis par les saints vieillards des Catacombes, qui semblaient ne confondre un jour leur destinée que pour se retrouver avec plus de joie dans le ciel.

Quand Génofa de Kerglas se releva, une héroïque expression transfigurait son visage pâle.

Le recteur, le vieux comte, M. de Pontcallec et sa femme regagnèrent le presbytère après avoir causé quelques minutes avec Gildas et Mylio.

— Ne nous suis-tu pas? demanda le marquis au meunier.

— Non, répondit Gildas; tandis que vous resterez chez le recteur de Lignol, Mylio et moi nous ferons le guet.

M. de Pontcallec serra les mains du meunier, et rentra avec le comte de Kerglas et sa fille dans la salle basse du presbytère.

La vieille servante dressait le couvert.

— A Dieu ne plaise, mon père, dit Clément de Pontcallec au comte de Kerglas, que j'entraîne Génofa dans ma vie d'exilé; jusqu'à ce que j'aie une demeure où reposer ma tête, elle restera sous votre toit.

Il n'y eut point de joie expansive après ces noces troublées par tant d'angoisses; Génofa et le marquis ne trouvaient points de mots capables de peindre ce qui se passait dans leur âme; leurs regards seuls échangeaient des promesses, une fugitive espérance; souvent aussi des larmes brillèrent dans les yeux de la fille du comte de Kerglas.

Le recteur s'efforçait de montrer l'avenir sous des couleurs moins sombres; il conseilla d'une façon si pressante à M. de Pontcallec de gagner l'Espagne en traversant la France, puisque « la mer » lui faisait peur, que le marquis, cédant à l'ascendant du vieux prêtre et aux supplications de sa jeune femme, s'engagea à quitter le soir même le presbytère de Lignol et à se diriger à pied vers Bayonne. Cette résolution rendit un peu de calme à M. de Kerglas; Génofa elle-même retrouva son sourire. Elle promit au marquis de Pontcallec de le rejoindre avec son père, dès qu'il aurait passé la frontière.

— Oui, dit-elle en regardant avec une affection profonde le jeune homme qui semblait renaître à l'espoir, nous devons être heureux encore... Ici nous ne pouvons plus attendre que les dragonnades et les bourreaux... là-bas nous retrouverons une nouvelle patrie, jusqu'à ce que la majorité du roi délivre la France du régent.

— Vous le voulez tous? dit Pontcallec; je cède. Je vous l'ai promis, ce soir même je me mettrai en route; à partir de cette heure, priez pour moi.

M. de Kerglas serra sur son cœur le mari de sa fille.

Au même instant, le visage bouleversé de Mylio parut à la fenêtre de la salle donnant sur le jardin du recteur. Il heurta rapidement aux carreaux, et à peine la servante eut-elle ouvert à l'enfant impatient, que, bondissant vers le marquis, Mylio lui dit d'une voix entrecoupée :

— Fuyez, seigneur marquis, fuyez! les dragons arrivent!

## XV

#### LE GUEUX DE QUIMPER

Depuis le jour où il avait avoué sa haine au marquis
Torcol, que l'on appelait généralement dans le pays l[e]
gueux de Quimper, n'avait cessé de poursuivre celui qu'i[l]
considérait comme l'auteur de sa ruine. Nous l'avons v[u]
dans les environs du château épier la réunion nocturn[e]
des gentilshommes, et proposer à M<sup>me</sup> d'Égoulas de devenir le complice de son espionnage et l'instrument de s[a]
vengeance. Après la terrible soirée pendant laquelle Génof[a]
faillit devenir la victime de la vindicative amie de M<sup>me</sup> d[u]
Maine, M<sup>me</sup> d'Égoulas, soignée par Anaïk, dut la vie [à]
la sorcière de la lande. Il ne fallait point cependant attribuer à la charité chrétienne le zèle avec lequel la Korigane usa ses onguents et utilisa ses breuvages. Avec s[a]
profonde science de la vie, la vieille femme comprenai[t]
que sauver M<sup>me</sup> d'Égoulas sans parvenir à lui rendre s[a]
beauté perdue était prolonger le plus grand, l'unique malheur auquel pût être sensible cette créature vicieuse, don[t]
le seul bonheur avait été de livrer ces batailles de l[a]
coquetterie dans lesquelles sombrent tant de réputation[s]
féminines. Profitant de l'abattement de l'espionne, elle l[a]
soigna avec obstination, comptant bien que plus tard, e[n]

dépit de la hideur de son visage, la comtesse n'aurait pas le courage de mourir.

Anaïk resta enfermée avec la malade pendant quinze grands jours. Au bout de ce temps, les plaies se cicatrisèrent, la fièvre tomba, la connaissance revint à M<sup>me</sup> d'Égoulas, et il lui fut possible de se rendre compte de ce qui se passait autour d'elle.

Avec une ruse ayant sa source dans le sentiment de la justice qu'elle croyait exercer à l'égard d'une coupable, la Korigane, prévoyant, avec la sûreté médicale d'un docteur, la durée du dernier accès de fièvre auquel la comtesse devait être en proie, quitta la cabane de branchages élevée par les soins de Gildas, une heure avant que la malade retrouvât la lucidité de son esprit.

La porte et les volets de genêts étaient clos, lorsque, s'éveillant de son assoupissement profond, M<sup>me</sup> d'Égoulas crut sortir d'un mauvais rêve. Dans la chaude pénombre emplissant la hutte, elle ne distingua rien.

D'abord les ténèbres noyaient les détails de cette misérable demeure, et les minces rayons lumineux filtrant à travers les clayonnages éclairaient à peine le vol des atomes et les rayures d'or striant la terre battue du plancher.

Depuis que M<sup>me</sup> d'Égoulas exerçait son métier d'espionne de concert avec MM. de Rochefort, de Langey et de Vianne, et à la solde de M. de Montesquiou, la jeune femme avait passé plus d'une nuit dans un milieu lugubre et pauvre.

Le souvenir ne lui revint pas tout de suite ; elle retrouva le sentiment de la vie avant de s'interroger sur le passé et de s'inquiéter de l'avenir.

D'un mouvement rapide, elle s'assit sur son lit, puis, étendant la main et trouvant sur un escabeau les vêtements de pèlerine qu'elle portait le soir où elle rencontra Torcol sur les bords de l'étang de Pontcallec, elle se leva rapidement, passa ses habits et courut à la fenêtre. Ce fut après l'avoir ouverte que, reconnaissant les tours de Pontcallec noircies par la flamme et la forêt devenue plus lugubre, elle se rappela tout à coup le piége tendu par elle à Génofa, l'arrivée de la confiante créature, la scène horrible qui l'avait suivie...

En même temps aussi, elle se souvint de l'intervention subite de Gildas et de la délivrance miraculeuse de M<sup>lle</sup> de Kerglas.

Alors seulement une sorte d'épouvante s'empara de l'espionne.

— La Korigane! fit-elle, la Korigane!

M<sup>me</sup> d'Égoulas chercha du regard un miroir, si cassé, si mauvais qu'il fût; la sorcière de la lande n'en avait pas besoin, et la jeune femme, affolée de terreur, allait rester en proie à un doute terrible, quand elle aperçut dans un angle de la hutte un seau d'eau tiré par Anaïk à la source voisine.

M<sup>me</sup> d'Égoulas s'agenouilla sur le sol, se pencha rapidement vers l'eau limpide; mais, prise d'une subite épouvante, elle cacha son visage dans ses mains et se recula en murmurant :

— J'ai peur! j'ai peur!

Cette femme n'avait jamais eu de culte que pour sa beauté. Cette beauté, le soin qu'elle en prenait, l'orgueil qu'elle en ressentait résumaient sa vie. Elle s'en était servie comme d'un piége décevant; elle avait renié son âme et trahi son Dieu pour cette beauté qu'un jour, une heure lui pouvaient ravir. A la pensée de l'avoir perdue, elle tremblait plus que si on lui eût crié :

— Vous allez mourir.

Cependant la violence indomptée de sa nature ne comportait pas les longs délais. Elle voulait apprendre la vérité, si dure qu'elle pût être, et M^me d'Egoulas, écartant ses mains et se courbant vers le seau, regarda son visage qu'elle ne pouvait plus reconnaître.

— Moi! fit-elle, saisie d'horreur et de dégoût; c'est moi!

La peau jadis blanche et rose de son visage avait maintenant des tons livides; zébrée, hachée par de nombreuses cicatrices traçant des lignes sanguinolentes, elle présentait l'image d'un masque hideux; ses cils, longs, bruns, étaient tombés, et les paupières rouges couvraient des yeux bridés aux angles, larmoyants au point lacrymal. La bouche se tordait; les lèvres violettes laissaient voir les gencives blanches; les cheveux avaient blanchi.

— Un monstre! ajouta-t-elle; je suis un monstre!

Elle regarda ses mains restées douces et fines; le visage seul était atteint. La Korigane avait deviné juste en lui infligeant ce terrible talion.

La misérable s'affaissa sur ses talons, ses mains se joignirent sur ses genoux, et un sanglot amer, déchirant, souleva sa poitrine. Pendant plus d'une heure elle demeura plongée dans un morne désespoir. Elle pleura sa beauté, dit adieu à ses derniers rêves, puis se relevant terrible :

— Maintenant, dit-elle, ce ne sont plus les larmes de Génofa qu'il me faut, c'est le sang de Pontcallec, c'est la tête de tous ces gentilshommes auxquels mon nom fait horreur!

Retrouvant subitement sa terrible énergie, elle rabattit sur sa figure le capuchon de sa mante et, marchant à travers le bois, elle prit la route de Quimper.

M^me d'Égoulas était certaine d'y rencontrer Torcol ou d'y trouver une lettre l'instruisant des derniers événements. Elle ne s'était pas trompée : le porteur de besace ne quittait guère la ville depuis trois semaines; il attendait son alliée; il avait eu de ses nouvelles par l'idiot

Yvonik, dont la vague intelligence s'éclairait de lueurs fugitives quand il s'agissait de gagner de misérables liards.

D'ailleurs, depuis la nuit de l'incendie, les troupes de MM. de Vianne et de Langey laissaient les gentilshommes entrés en forêt dans un calme relatif. Afin de les atteindre d'une façon plus certaine, on semblait les oublier. Mais tandis qu'ils vivaient dans les bois où les paysans leur portaient des vivres, la ligne de troupes qui les cernait se rétrécissait davantage, et les dragons recevaient ordre d'investir la campagne. M$^{me}$ d'Égoulas arriva chez l'usurier au moment où celui-ci se disposait à se mettre de nouveau aux ordres de M. de Vianne.

Le gueux de Quimper venait de jeter sa besace vide sur son épaule, quand M$^{me}$ d'Égoulas pénétra dans son taudis.

— Où vas-tu? lui dit-elle.

— Mendier mon pain.

— Et puis?

— Et puis chercher et trouver le marquis de Pontcallec.

— Combien t'a promis M. de Vianne?

— Cent louis.

— Je t'en compterai le double si tu me laisses t'accompagner.

Torcol tendit la main :

— Payez d'avance, fit-il ; vous n'avez pas toujours haï Clément de Pontcallec... Il m'a ruiné, moi, c'est différent ; mais rien ne me répond qu'après m'avoir juré que vous donneriez une part de votre fortune pour le perdre, vous ne sacrifieriez pas le reste pour le sauver.

— Regarde-moi! fit M$^{me}$ d'Égoulas.

Le gueux de Quimper recula de surprise et d'effroi.

— Juge si j'ai besoin de vengeance... tu as raison pourtant dans tes défiances... Voici la moitié de la somme promise; tu toucheras le reste le jour où tu livreras Pontcallec aux mains des soldats de M. de Vianne.

Les complices se mirent en campagne, et Torcol ne fit pas une course dans les bois, à travers les landes, le long des genetaies, sans avoir sur ses traces, dans son ombre, cette femme enveloppée d'une mante noire, qui marchait le jour, la nuit, sans paraître jamais souffrir de la fatigue.

Vingt fois Torcol et M<sup>me</sup> d'Égoulas crurent surprendre Pontcallec, et vingt fois il leur échappa, tantôt par la rapidité de sa fuite, tantôt grâce à l'affection des paysans du pays qui le cachaient, puis l'aidaient à s'évader.

Une diabolique inspiration persuada à M<sup>me</sup> d'Égoulas que le jeune marquis ne manquerait point de revenir du côté de Lignol.

Non-seulement le proscrit était sûr du dévouement de l'abbé Lanténac, mais encore le presbytère se trouvant peu éloigné de la ferme de Kerglas, il pourrait avoir des nouvelles de Génofa et de son père.

La jalousie et la haine calculaient juste.

Le gueux de Quimper et M<sup>me</sup> d'Égoulas que suivait Yvonik l'idiot courant dans les fourrés, se cachant dans les taillis de jeunes chênes, gagnèrent d'abord la ferme de Kerglas. L'innocent n'y apprit rien, sinon que Génofa pleurait souvent et se montrait de plus en plus charitable. A Lignol, les complices de M. de Vianne passèrent deux jours dans les décombres d'une maison abandonnée. Prévoyant bien que le jeune marquis y viendrait de préférence durant la nuit, Torcol épia les environs du presbytère, et le soir où Clément de Pontcallec heurtait au seuil hospitalier, le gueux de Quimper, qui venait de le reconnaître aux rayons de la lune, étouffa un cri de joie féroce.

Il revint précipitamment à la masure abandonnée,

traça quelques mots sur une feuille de papier, et confia le message à Yvonik.

Immédiatement après, le gueux de Quimper avertit Mme d'Égoulas que le lendemain, sans nul doute, le marquis serait arrêté. Il revint surveiller les murailles du jardin du recteur de Lignol.

Et pendant l'heure triste et charmante que le marquis de Pontcallec donna tour à tour à ses jeunes souvenirs, à ses craintes douloureuses, les yeux de l'usurier ne cessèrent d'être fixés sur lui, comme si à travers la nuit et l'espace il pouvait exercer une attraction funeste sur le futur martyr.

A l'aurore, Mme d'Égoulas entendit sur la route le pas lourd des dragons. Serrant les plis de sa mante, elle marcha vers le chef de l'escorte :

— Vous cherchez Pontcallec? demanda-t-elle.

— Oui, répondit M. de Vianne.

— En ce cas, vous pouvez me suivre, ajouta le Torcol, qui après avoir accompagné le marquis à l'église l'avait vu rentrer au presbytère ; l'oiseau est au nid, hâtez-vous de vous en saisir, après avoir comme de juste rétribué la peine que je me suis donnée...

— Misérable ! fit M. de Vianne; cinquante coups de plat de sabre, voilà ce que je te dois.

— Ne me faites pas de mal, s'écria l'espion, et payez-moi ce que vous voudrez !

M. de Vianne jeta une bourse pleine d'or aux pieds de Mme d'Égoulas.

Celle-ci frémit de honte, et marcha droite et le front haut, sous son capuchon baissé, à la suite des dragons.

L'usurier prit le temps de se baisser et de relever la bourse, puis il regagna la tête du détachement.

Yvonik marchait à quelque distance, poussant de petits

gloussements et faisant des bonds désordonnés le long des sentiers.

Ce fut en ce moment que Gildas, poursuivant sa faction dans le voisinage du presbytère, vit briller de loin les habits rouges des dragons et luire le cimier de leur casque.

Quelque folle que pût être son espérance d'arrêter, fût-ce l'espace d'une minute, la troupe armée venant se saisir de son maître, il résolut de se faire tuer sur le seuil de la maison curiale, et, appelant Mylio, il lui dit en désignant le groupe qui s'avançait :

— Voici les dragons de M. de Vianne ; escalade le mur du jardin et préviens le marquis.

Le petit pâtre se signa, partit en courant, puis, s'aidant des pieds et des mains, il gagna la crête du mur, sauta sur une plate-bande, et vint coller son visage pâli d'effroi contre les vitres de la fenêtre.

En ce moment, le marquis de Pontcallec, vaincu par les pleurs de Génofa, les conseils de l'abbé Lanténac et les instances du comte de Kerglas, qui promettait de le rejoindre à Saint-Sébastien, s'engageait à quitter le soir même cette Bretagne pour le bonheur de laquelle il avait sacrifié sa fortune et sa vie.

A ce cri de Mylio : « Les dragons arrivent ! » Génofa devint pâle comme la mort. Mais surmontant rapidement son angoisse :

— Partez, Clément, dit-elle, gagnez la campagne ; ce courageux enfant nous apprendra dans quel lieu vous vous êtes réfugié.

Au même instant, un grand bruit se fit entendre à la porte du presbytère. Les dragons, pensant y pénétrer sans peine, trouvèrent sur le seuil Gildas acculé dans l'angle formé par la porte, et prêt à lutter contre la troupe entière, bien qu'il fût seulement armé de son *pen-bas*.

Mylio comprit vite la pensée du meunier.

— Monsieur le marquis, dit-il, quand Gildas sera mort, ils passeront !

— Gildas ! répondit le marquis.

Le gentilhomme bondit du côté de la fenêtre.

L'abbé Lanténac le retint :

— Sauvez-vous, dit-il, sauvez-vous ! ne rendez pas inutile l'héroïsme de ce brave garçon.

Mylio ne perdit pas de temps, et dressant contre le mur du jardin une longue échelle il la gravit afin d'inspecter de ce côté les abords du presbytère... Des dragons rouges le cernaient.

Le marquis de Pontcallec était bien perdu...

Un bruit de mousqueterie éclata, puis des cris de rage, et la porte du presbytère, cédant sous la pesée de dix robustes épaules, tomba dans le vestibule avec fracas. En une minute, la salle fut envahie.

Génofa se précipita vers son mari et voulut l'enlacer de ses bras, mais le jeune homme la repoussa doucement en arrière, et se plaçant devant Génofa il tira ses pistolets de sa ceinture.

— Arrêtez ce rebelle ! cria M. de Vianne.

— Je refusais de croire, dit Pontcallec, qu'un gentilhomme honoré d'un brevet de colonel consentît à exercer le métier d'exempt pour appréhender au corps un ancien ami... mais, pour avoir surpris Pontcallec, vous ne le tenez pas encore... Depuis quand les dragons portent-ils la main sur des hommes de ma qualité?... Si quelqu'un s'approche, je tire...

Et debout, un pistolet de chaque main, le buste renversé, l'œil rempli d'éclairs, M. de Pontcallec attendit.

En dépit des ordres du colonel, les dragons n'osèrent avancer.

Le courage de cet homme qui les attendait sans pâlir

excitait leur admiration; ils subirent un moment la puissance de cet héroïsme.

— Je casse la tête au premier soldat qui refuse d'arrêter cet homme! cria M. de Vianne.

Pontcallec leva ses pistolets et posa le doigt sur la détente.

Le recteur de Lignol s'élança vers lui.

— Ne tirez pas! lui dit-il; ne tirez pas, au nom du Dieu crucifié, mon ami, mon pauvre enfant! et résignez-vous au nom du Sauveur qui souffrit patiemment pour l'amour des hommes.

Le marquis posa sur la table ses deux pistolets, releva le recteur de Lignol et le pressa sur sa poitrine : deux grosses larmes roulèrent dans les yeux de cet homme si fort, si grand, que désarmait à cette heure le souvenir du Christ. Il baissa la tête, parut rassembler toutes ses forces, murmura à l'oreille du prêtre le nom de la pauvre Génofa, qui cherchait à s'échapper des bras de son père, puis se tournant du côté des dragons :

— Faites ce qui vous est ordonné, leur dit-il.

Il tendit en frémissant les mains qu'entourèrent les menottes cachées dans les poches de M. de Vianne.

Un mouvement de révolte involontaire échappa au jeune homme; le regard de l'abbé Lanténac le contint.

Clément de Pontcallec se tourna vers le comte de Kerglas.

— Adieu, mon père! dit-il.

Il ajouta d'une voix plus basse :

— Génofa, au revoir!

M. de Kerglas soutenant sa fille s'approcha du marquis. Alors le jeune homme plia un genoux devant le vieillard.

— Je te bénis, lui dit celui-ci; quoi qu'il arrive de toi, les Bretons honoreront ta mémoire.

— Je te bénis, dit Génofa à son tour ; si tu meurs, je ne tarderai pas à te suivre...

Ses lèvres effleurèrent le front de son mari, la main du comte releva le prisonnier, et Clément de Pontcallec dit d'une voix résolue :

— Partons !

Comme il franchissait enchaîné le seuil du presbytère, il vit d'un côté de la porte Torcol qui lui jeta ces mots à la face :

— Tu m'as ruiné, je t'ai vendu.

Une femme cachée sous une mante épaisse se pencha à son tour :

— Tu m'as dédaignée, je t'ai trahi.

Pontcallec regarda tour à tour le gueux de Quimper et la comtesse d'Égoulas :

— Dieu vous jugera, dit-il ; je vous pardonne.

Et il continua d'avancer.

Un homme couché en travers du chemin lui barrait le passage ; c'était Gildas tout sanglant, qui se souleva sur le coude et murmura :

— Dieu vous garde mon bien-aimé maître...

Le meunier retomba. Pontcallec voulut s'élancer vers lui ; il en fut empêché par les dragons

La route fut longue et plus douloureuse encore.

La nouvelle de l'arrestation de Pontcallec se répandit dans les campagnes avec une rapidité inouïe. Dès qu'elle circula, les laboureurs quittèrent les champs, les paysans abandonnèrent leurs demeures ; tous s'échelonnaient sur la route afin de saluer pour la dernière fois celui qui avait pris en main la cause des pauvres gens. Il n'était pas un seul des mendiants accoutumés à recevoir l'hospitalité traditionnelle de Pontcallec qui ne voulût s'agenouiller sur le bord de la route qu'il devait suivre, afin de lui envoyer un dernier adieu et de lui promettre de prier le ciel pour sa délivrance. Jamais pareil spectacle ne s'était encore vu dans le pays. Prosternés dans la poussière du chemin, les aveugles psalmodiaient leurs oraisons, les estropiés guettaient le sinistre cortége, les femmes et les enfants pleuraient au souvenir de celui qui tant de fois leur avait donné des secours et des caresses. Les laboureurs, frémissants de rage, tournaient dans leurs mains la courroie de cuir de leurs bâtons. On devinait à leurs regards, à leur attitude, qu'ils attendaient un signe pour se jeter sur les soldats de M. de Vianne. Mais le marquis eut pour tous de sages conseils, de touchants adieux ; il demanda aux pauvres, avec une humilité touchante, de prier pour lui. A partir de cette heure, il acceptait le martyre et jamais il ne parut plus grand que durant cette voie douloureuse suivie au milieu d'une foule en larmes.

Il approchait de Berné, quand il rencontra une bande d'enfants parmi lesquels se trouvaient ceux de Piérik et de Nonna, ces tenanciers dont la misère avait pour la première fois fait germer dans la pensée du marquis l'idée de rendre à la Bretagne ses priviléges reconnus par Charles VIII, Louis XII, François I<sup>er</sup>, Henri III, Henri IV et Louis XIII... Les enfants, intimidés par la vue des dragons rouges, trouvèrent cependant dans leur reconnaissance et leur affection le courage de s'avancer au milieu des soldats.

— Bonjour, monsieur le marquis ! nous allons au bourg, au catéchisme.

— Priez pour moi, répondit le jeune homme ; adieu, mes bons petits enfants ! je ne vous reverrai plus jamais...

Les innocents ouvrirent de grands yeux inquiets.

— Où allez-vous donc ? demanda le frère cadet de Sylvanik ; où allez-vous, monsieur le marquis, que vous ne reviendrez pas bientôt ?

— Je n'en sais rien ! dit Pontcallec avec une douceur résignée. Dieu le sait, pauvres petits... Je suis en danger...

Alors seulement les enfants de Berné aperçurent les menottes qui lui serraient les mains, et poussant un cri de désespoir ils se jetèrent à ses genoux et couvrirent ses mains de baisers. Le marquis aurait voulu caresser ces têtes blondes, les chaînes l'en empêchaient.

Les soldats détournaient la tête ; malgré eux, la vue de cette population de pauvres, de mendiants protestant contre l'iniquité de cette arrestation leur faisait trouver dur leur métier d'hommes de guerre.

L'attitude des Bretons sur le passage de Clément de Pontcallec fut pour lui une suprême consolation ; il la reçut avec une reconnaissance émue ; et le calme résigné dont il donnait des preuves depuis l'heure de son arrestation ne se démentit pas jusqu'au moment où M. de Vianne, à qui, à partir de ce moment, aucun honnête homme ne rendit son salut, le remit dans les mains du grand-prévôt chargé de le conduire à Nantes.

## XVI

### LA CHAPELLE

Le château du Bouffay possédait à Nantes sa légende sinistre. On n'y avait point seulement enfermé des misérables et des assassins ; plus d'un hôte de noble maison avait langui dans ses murs ; plus d'un prince y souffrit de longues tortures. Les geôliers qui s'y succédaient se racontaient de funèbres histoires, et les captifs qui en franchissaient le seuil pouvaient, durant les heures de leur captivité, se souvenir des malheurs du baron de Craon, qui fut enfermé au château du Bouffay par le duc Jean I$^{er}$, et des étranges et sanglantes aventures de Gilles de Retz.

Des hommes pleins de jeunesse, entraînés par un dévouement enthousiaste à la cause du peuple breton, allaient jeter sur cette demeure sombre l'attendrissante grandeur de leur résignation et de leur courage.

La cour prévôtale instituée à Nantes depuis le 3 mars 1719, et qui exerça ses fonctions dès la fin de ce même mois, se composait de treize hommes soldés au poids de l'or pour assumer sur leur tête les malédictions d'une province et faire couler le sang de quatre gentilshommes.

Pas un Breton n'eût consenti à juger, à condamner un frère ; on prit des étrangers, et pour présider la *chambre du roi* il fallut aller jusqu'à Chambéry recruter M. de

Châteauneuf-Castaigniers, qui fut surnommé par le peuple le *président savoyard*.

Afin d'obtenir sur la conspiration de Cellamare, dont le retentissement avait été si grand en Bretagne, les témoignages et les éclaircissements dont la cour avait besoin, un arrêt plaça sous la « sauvegarde du roi les dénonciations et les révélations ». Mais le peuple, dans sa conscience, cassa l'arrêt, et ne cessa d'injurier les traîtres qui se rendirent à l'appel de la cour en qualité de témoins ; la chambre prévôtale fit en outre publier un arrêt par lequel il était défendu à tous gentilshommes et autres, nommément aux communautés et maisons religieuses, de donner retraite aux coupables, et de se rendre dépositaires d'aucun de leurs papiers, — avec injonction de les dénoncer au plus tôt.

En dépit de ces ordres, nobles, prêtres et paysans se firent un devoir de protéger les proscrits, et si un misérable n'avait pas vendu Clément de Pontcallec, si M$^{me}$ d'Égoulas, dont le nom est resté l'objet de l'exécration, n'avait livré les secrets des conspirateurs, jamais, si habiles que furent les agents de Dubois, ils n'eussent saisi l'héritier des Malestroit et des Pontcallec.

Un soir, une sourde rumeur apprit aux Nantais que l'héroïque jeune homme venait d'être incarcéré dans la prison du Bouffay.

M. de Vianne tenait parole : il envoyait Clément de Pontcallec à M. de Montesquiou en guise « d'étrennes ».

Ses compagnons ne devaient pas tarder à le rejoindre.

La cour prévôtale répandit le bruit qu'elle était disposée à l'indulgence pour tous ceux qui, s'humiliant devant son pouvoir, s'en remettraient à sa discrétion.

Le dernier piége qu'elle tendit fut celui d'une fausse clémence.

Quand on repasse les pages terribles de cette histoire, on a peine à comprendre la confiance avec laquelle les amis de Pontcallec résolurent de se confier à la justice et à l'indulgence des treize juges présidés par M. de Châteauneuf.

Nul ne pouvait soupçonner des juges remplissant un mandat du roi de mentir publiquement à leurs promesses.

La conduite du régent justifiait d'ailleurs la confiance des gentilshommes compromis : M$^{me}$ du Maine, son mari, le comte de Toulouse et leurs complices étaient libres. On pouvait prêter au régent tous les vices, hors la rigueur et la cruauté.

Si grand fut l'espoir des hommes ayant signé le *pacte d'union*, que M$^{me}$ de Talhouët-Le-Moyne, voyant hésiter son mari à se fier à la parole des juges, se jeta à ses genoux pour le supplier de s'abandonner à la bonté du roi.

— Que redoutes-tu? dit-elle; la grâce est promise à tous ceux qui viendront à résipiscence... Songe à tes enfants, que ta mort rendrait orphelins... songe à l'ange dont va s'augmenter notre famille... Tu n'as pas conspiré contre Louis XV; tu te battais contre le duc d'Orléans pour les libertés de la Bretagne... qui donc oserait te condamner? Nobles et mendiants, fermiers et paludiers se lèveraient pour te défendre. On est bien fort en face d'un tribunal quand on peut dire le front haut : — J'ai voulu la liberté de mon pays et le soulagement des pauvres!

— Tu le veux? dit M. de Talhouët; j'obéis.

Sans doute les prières de sa femme ébranlaient sa résolution, mais, il faut bien le dire aussi, l'atonie qui gagnait la population bretonne le faisait désespérer du succès. Il commençait à craindre d'avoir rêvé pour cette population misérable une liberté pour laquelle elle n'était point faite, ou dont l'heure n'était pas sonnée.

Quelques jours plus tard, M. de Talhouët rejoignait Pontcallec dans la prison du Bouffay, où ne tardèrent pas à les suivre du Couëdic et Montlouis.

Une fois ces quatre gentilshommes sous les verrous, on s'inquiéta peu de ceux qui étaient parvenus à s'évader, et les peintres ordinaires du bourreau reçurent la commande de cent cinquante effigies destinées à être un jour accrochées à une potence autour de cette même place du Bouffay.

Dès qu'ils furent réunis, les quatre amis retrouvèrent la confiance.

Un courant de sympathie les soutenait. Les interrogatoires qu'ils soutenaient s'imprégnaient de douceur et présageaient l'indulgence. Les juges ne cessaient de vanter la clémence du roi, celle du régent. On les entraînait sur la pente dangereuse des aveux en les assurant que la franchise était un droit à la bonté du duc d'Orléans. Chaque prévenu se trouvait enveloppé de rêts invisibles. Les êtres qui les chérissaient davantage les encourageaient dans cette voie; tous croyaient leur liberté prochaine. Et le jour où l'on apprit à Pontcallec et à ses amis qu'ils allaient enfin comparaître devant le tribunal fut pour eux le premier signal de la délivrance.

Cependant, comme il se rendait dans la salle où le tribunal était assemblé, le marquis dit à M. de Talhouët :

— Le beau, le jeune Chalais fut jugé dans la salle dont nous allons franchir le seuil, et il la quitta pour monter à l'échafaud.

— Le président de Châteauneuf ne vous a-t-il point dit comme à moi que ce procès était une sorte de formalité?

— Dieu le veuille pour votre femme et pour la mienne!

— Ah! fit M. de Talhouët, si ce n'étaient elle et les chers petits, je ne regretterais point l'existence. Le rêve généreux que nous fîmes autrefois ne deviendra jamais une réalité... Nous verrons trop souffrir autour de nous pour être jamais heureux.

On était ce jour-là, 26 mars 1720, au mardi de la s)

maine-sainte. Les offices tintaient avec la tristesse dont s'entoure le deuil de l'Église rappelant le souvenir de la mort de l'Homme-Dieu.

Pour tous les Bretons, il semblait impossible que durant une semaine vouée à la prière, aux larmes, au repentir, on songeât à user de rigueur à l'égard des quatre hommes qui, dans l'affaire de Cellamare, avaient joué le rôle le moins coupable.

Toute la ville de Nantes était en émoi, une foule compacte se pressait autour de la prison du Bouffay, et parmi ceux qui semblaient le plus empressés d'attendre et de voir les prisonniers se trouvaient une jeune femme, presque une jeune fille, Génofa de Kerglas; une mère pâle, défaite, entourée de petits enfants, M$^{me}$ de Montlouis.

Des soldats interceptaient tous les passages, gardaient toutes les issues. Ils encombraient les cours, les couloirs; ils formaient des haies compactes sur le chemin que devaient parcourir les prisonniers avant d'arriver à la salle d'audience.

Comme si l'on eût voulu entourer l'appareil de la justice d'une plus grande épouvante, contrairement à tous les usages, la cour entra en séance à cinq heures du matin. La prison se trouvait encore plongée dans une obscurité à peine trouée par les clartés fumeuses des torches que secouaient les soldats, afin d'en aviver la flamme.

Surpris dans leur sommeil par l'ordre inattendu de paraître devant leurs juges, les accusés sentirent passer en eux non point le frisson de la peur, mais le pressentiment de la mort. Au moment où ils se retrouvèrent réunis sur le seuil de la salle d'audience, ils se tendirent la main en échangeant un long regard, puis, la tête haute, la démarche assurée, ils s'avancèrent au milieu des soldats jusqu'au banc qui leur était réservé.

L'aspect lugubre de la salle, la grande image du Christ

étendant ses bras ensanglantés du haut de la croix, la face pâle et rigide des juges, tout concourait à ébranler leur courage. Mais s'ils devaient tomber, ce devait être avec honneur ; si la fin de cette journée leur était fatale, il fallait au moins qu'elle restât dégagée de toute faiblesse.

Jusqu'à ce jour, les interrogatoires avaient conservé une direction presque paternelle ; les juges semblaient animés du désir de trouver des innocents dans ces gentilshommes amenés devant eux. Mais à cette heure la rigidité figeait pour ainsi dire les traits de ces mêmes juges ; leur voix était dure ; ils adressaient des questions captieuses ; une infernale adresse opposait l'un à l'autre les témoignages et les aveux. De plus, au lieu de témoigner des égards à ces gentilshommes qui avaient presque tous porté l'épée, on affecta de les traiter comme les sauvages descendants des Gaulois aux longs cheveux.

Tous quatre demeurèrent calmes et dignes, tous quatre, sans s'amoindrir par une lâche faiblesse, avouèrent qu'ils avaient eu tort de conspirer non contre le Roi, mais contre le régent, moins pour servir les vues ambitieuses de Philippe V d'Espagne qu'afin de rendre à la Bretagne les priviléges et les dons nombreux confirmés par les rois de France.

L'éloquence entraînante de Pontcallec fut telle quand il expliqua au nom de ses amis la noble erreur dont ils étaient victimes que MM. du Couëdic, de Montlouis et de Talhouët sentirent renaître leurs espérances un moment ébranlées par l'attitude hostile des juges.

Il pouvait être quatre heures de l'après-midi quand le grand-prévôt, M. de La Griolais, quitta la salle d'audience.

Les accusés ne remarquèrent point son départ ; seuls, les juges et M. de Châteauneuf échangèrent un regard significatif.

M. de La Griolais se dirigea vers le couvent des Carmes ; il demanda le père Fortunat et lui dit :

— Pouvez-vous, mon père, obtempérant aux ordres de la cour prévôtale, envoyer quatre pères au château du Bouffay ?...

Le religieux devint blanc comme un suaire.

— Quatre religieux ! répondit-il ; quelle mission auront-ils à remplir ?

— Ils assisteront quatre gentilshommes qu'à cette heure la cour doit condamner à mort...

— Tous quatre ! Mon Dieu ! mon Dieu ! murmura le vieillard. Ne vous trompez-vous point, monsieur le grand-prévôt ? Depuis leur emprisonnement, on parle de clémence... Ils sont si jeunes ! si braves ! S'ils se sont trompés en embrassant une cause qu'ils crurent légitimes, faut-il les en punir si cruellement ?

— Mon père, répondit M. de La Griolais, le tribunal ne va demander que leur vie ; il vous appartient d'avoir soin de leur âme... Je laisse ici M. Galiné, exempt de la maréchaussée ; il accompagnera vos religieux au château.

Le grand-prévôt quitta le couvent.

Le supérieur sentit son âme déchirée ; il ne pouvait s'accoutumer à la pensée que ces jeunes hommes allaient mourir. Il connaissait M$^{mes}$ de Montlouis, du Couëdic ; la triste Génofa venait souvent à la chapelle... Que de désespoirs et de deuils suivraient cette condamnation !

— Elle n'est pas prononcée encore ! se disait-il ; et qui sait ?...

Mais, en y réfléchissant, n'était-il pas mille fois plus terrible que l'on avertit les confesseurs et le bourreau avant que l'arrêt fût rendu ?

Le vieillard manda les pères Georges, Pierre, Mathieu et Nicolas.

Au moment de leur révéler quelle mission terrible ils

allaient remplir, son cœur se brisa ; il ouvrit les bras, attira vers lui les fils vivant sous son autorité paternelle, et il leur dit au milieu de ses sanglots :

— Vous avez souvent médité sur la passion du Sauveur ; allez aider quatre hommes à gravir leur calvaire... Puisez dans votre foi, dans votre charité, dans le cœur saignant du Médiateur des hommes, la force de consoler, d'exhorter, d'affermir ces malheureux... Parlez-leur du ciel, de la miséricorde divine, de la bonté infinie !... Allez ! je vous bénis avant de vous envoyer vers ces malheureux.

A peine les révérends pères carmes eurent-ils franchi la porte du couvent, sous la garde de l'exempt de la maréchaussée, que la population, qui depuis le matin attendait anxieuse l'issue du procès, poussa un cri d'horreur en comprenant ce que signifiait à cette heure la visite de quatre religieux au château. La mort attendait donc les accusés, si l'on appelait les confesseurs ?

La noblesse de Nantes ne voulut pas être témoin de cette sanglante tragédie. A peine la sinistre nouvelle fut-elle connue que de chaque hôtel s'éloignèrent, en carrosse, en litière, à cheval, tous ceux dont les Montlouis, les du Couëdic, les Talhouët et les Pontcallec étaient les amis, les alliés ou les parents : la ville prenait le deuil.

Et tandis que les grandes familles de Nantes donnaient aux victimes ce témoignage de respect et de pitié, ceux qui en étaient l'objet ignoraient encore quel sort leur était réservé. Jamais ils n'avaient eu plus de confiance dans leur acquittement qu'à l'heure où le grand-prévôt prévenait les frères carmes, où le bourreau aiguisait le glaive de la justice.

Les interrogatoires terminés, les prévenus entendus, restait à prononcer l'arrêt.

On emmena les quatre gentilshommes dans leurs cachots.

Au moment de quitter ses amis, Pontcallec leur serra la main.

— Demain nous serons libres! dit-il.

Une demi-heure ne s'était pas écoulée quand la porte de la cellule du marquis s'ouvrit sous la main du guichetier.

Un greffier parut. Il tenait à la main un parchemin; derrière lui se groupaient des hommes à figures sinistres.

— Allons! pensa le marquis, la délibération n'a pas été longue.

— Monsieur le marquis, dit le greffier, vous devez entendre votre sentence à genoux.

Le gentilhomme regarda le greffier avec une sorte de stupeur; mais, comprenant que les hommes à visage patibulaire qui l'entouraient useraient de violence s'il n'obéissait pas à un ordre qui devait être l'expression d'une simple formalité, il plia les genoux et il attendit.

Le greffier commença d'une voix nasillarde la lecture de l'arrêt que Pontcallec écoutait avec une sorte d'indifférence; il savait combien est longue la phraséologie judiciaire; il ne prêta à la lecture une attention palpitante qu'au moment où le greffier arriva à ces mots :

— La cour royale déclare...

Sans nul doute on allait lui rendre la liberté, les ruines de Pontcallec, qu'il se hâterait de faire reconstruire... Il allait retrouver Kerglas et presser Génofa dans ses bras.

Le greffier poursuivit :

— Déclare... lesdits Guer de Pontcallec, Le Moyne de Talhouët, de Montlouis, du Couëdic, atteints et convaincus du crime de lèse-majesté et félonie, pour réparation desquels délits sont condamnés à avoir la tête tranchée sur un échafaud dressé à cet effet en la place publique de la ville de Nantes...

Un cri étouffé s'échappa de la poitrine de Pontcallec. La mort! On le condamnait à mort! L'image de sa femme, celle du vieux comte de Kerglas passèrent devant lui, et deux larmes roulèrent dans ses yeux.

Pontcallec était brave, il était fort, mais il avait vingt-deux ans...

— La mort ! répétait-il d'une voix sourde, la mort !

Il n'eut pas même le temps de s'absorber dans cette pensée : les aides du bourreau se précipitèrent sur lui, et tandis que les uns fouillaient les poches de ses vêtements, les autres liaient ses bras et ses mains.

— Monsieur, demanda Pontcallec au greffier, quel jour doit être exécutée cette sentence ?

— Dans deux heures... répondit le greffier en saluant.

— Deux heures! deux heures pour se résigner à mourir, pour mettre ordre aux dernières affaires de ce monde et se préparer à paraître devant Dieu !...

Clément de Pontcallec se leva en poussant un soupir de soulagement ; le révérend père Pierre se trouvait devant lui.

— Allons à la chapelle, mon fils, lui dit le charitable religieux ; ne songez plus qu'à Dieu, dont la miséricorde est infinie.

L'ardent jeune homme retrouva un peu de calme, la présence du moine le rassurait ; il ne songea plus qu'à l'éternité si proche.

— Pensez-vous que Dieu me pardonne mes péchés ? demanda-t-il avec l'humilité d'un chrétien.

Il passa le seuil de la chapelle, de cette même église dans laquelle Louis XII, roi de France, épousant solennellement la bonne duchesse, jura tant en son nom qu'au nom de ses successeurs de garder ses franchises à la Bretagne.

Quel crime attirait sur M. de Pontcallec et ses amis la condamnation capitale qui les frappait? Ils avaient défendu les libertés jurées, tenté de reconquérir les privilèges dont on dépouillait leur province. Sans doute cette pensée remua tumultueusement le cœur du jeune homme. Tantôt il courbait la tête, tantôt il la relevait avec une sorte de défi. Sa résignation de chrétien luttait contre l'indignation du gentilhomme.

— C'est une injustice! disait-il, nous condamner! lier les mains à des gentilshommes! Nous n'avons jamais tiré l'épée contre l'État... Et cette Chambre que l'on disait agir avec tant de douceur! Quelle douceur! Nous sommes quatre victimes! On en épargne de bien plus criminels que nous!

Le marquis vit entrer en ce moment dans la chapelle MM. du Couëdic et de Montlouis.

— Voilà un bien honnête homme qui va mourir! dit-il au père Pierre.

Il ajouta de nouveau :

— Quelle injustice !

Et, s'avançant vers M. de Montlouis, il l'embrassa.

M. de Talhouët gardait le silence ; il subissait au plus profond de son âme le déchirement dont souffraient ses amis; mais son cœur s'éleva tout de suite en haut. Le *Sursum corda* de sa douleur devait être pour ses compagnons, pour son confesseur et pour tous les pères carmes un exemple et une consolation.

— Je me réjouis de mourir pendant la semaine-sainte... dit-il au père Nicolas... Parlez-moi de la passion du Sauveur, afin de me donner le courage de mourir.

— Monsieur, dit le religeux, ne songez qu'à Dieu, à l'éternité si proche, agenouillez-vous, confessez-vous, jetez-vous dans le sein de la divine miséricorde...

Quel spectacle! Dans cette chapelle à peine éclairée, quatre hommes dans l'éclat de la jeunesse ou dans la force de l'âge, quatre vieillards pleurant sur eux, les prenant dans leurs bras, les entourant de cette pitié qui rend moins dur le sacrifice, partageant avec eux leur calice de fiel, afin qu'ils le trouvassent moins amer !

De temps à autre la voix de Pontcallec s'élevait forte et vibrante à l'extrémité de la chapelle ; l'infortuné ne parvenait pas toujours à modérer les éclats de son indignation. Il ne témoignait pourtant ni haine ni colère, mais un trépas, un trépas si foudroyant lui semblait terrible ! La chair se révoltait, si l'âme l'acceptait et se pliait sous la volonté divine. Les révérends pères carmes allaient de l'un à l'autre des condamnés ; la récitation des psaumes alternait avec les suprêmes aveux de la confession. La condamnation frappant les malheureux les atteignait en pleine vie, en pleine jeunesse ; prosternés sur les marches de l'autel, ils fixaient des yeux ardents sur le crucifix, et malgré eux le souvenir des affections de ce monde les troublait à cette heure. Et puis ils tremblaient de laisser derrière eux une inimitié, une dette. Les religieux devaient être tour à tour leurs confesseurs et leurs exécuteurs testamentaires. M. de Montlouis ne quittait pas le confessionnal. M. de Talhouët, le plus calme des condamnés, s'entretenait du ciel avec son confesseur, et de temps en temps s'agenouillait de nouveau pour s'accuser d'une faute oubliée. Sa ferveur, sa résignation admirable arrachaient des larmes au père Nicolas.

— Ne puis-je vous rendre un service ? demanda celui-ci. Ne souhaitez-vous point que j'écrive à quelque personne de votre famille ?...

— Ma femme ! dit-il avec un soupir renfermant tous les regrets de son âme, ma femme ! Ne vous hâtez point cependant de lui apprendre ma mort... C'est elle qui m'a conseillé de me livrer à la justice... c'est par elle que je meurs, elle expirerait de regret... Chère créature angélique ! elle croyait avec tous mes amis que le régent me demandait seulement une preuve de soumission... Que la première nouvelle de ma condamnation vienne à ma femme par M<sup>me</sup> Sainte-Catherine, religieuse hospitalière de Guémené... elle la disposera à se conformer à la volonté de Dieu.

— Je vous le promets, mon fils.

Le père Nicolas commença le *Miserere*, et M. de Talhouët le continua à haute voix.

Les prières des condamnés furent interrompues par l'arrivée de M. de La Griolais. Le grand-prévôt venait s'informer si les quatre gentilshommes souhaitaient prendre des dispositions particulières.

— Monsieur de La Griolais, dit Clément de Pontcallec avec une certaine vivacité, des Turcs nous accorderaient plus de deux heures pour mettre ordre à nos affaires spirituelles et temporelles.

— Quant à moi, fit M. du Couëdic, il me faudrait au moins huit jours.

— Pourvu que je fasse bien ma confession générale, ajouta Montlouis, je serai content, mais j'ai pour cela besoin de la nuit tout entière...

Et les malheureux demandèrent un sursis, afin de mieux mourir...

Il faut rendre cette justice à M. de La Griolais, qu'il témoigna la plus grande déférence aux condamnés et se chargea de porter leur requête à M. de Châteauneuf.

Mais il ne tarda pas à rentrer, et la question qu'il adressa aux gentilshommes prouva suffisamment que leur requête était rejetée :

— Où souhaitez-vous être enterrés?

— Dans l'église des Carmes, répondit Pontcallec; priez M. le greffier de demander trente pistoles sur mon argent, afin que l'on prie Dieu pour moi.

— Mon père, dit M. du Couëdic en s'adressant au confesseur de M. de Talhouët, pourvu que mon âme soit près de Dieu, que m'importe où l'on mettra mon corps?...

M. de Talhouët retourna vers le père Nicolas :

— Je souhaite être enterré dans votre église, parce que j'ai grande confiance dans la sainte Vierge.

Le même vœu fut émis par M. de Montlouis.

— Ne me séparez point de mes amis, dit alors M. du Couëdic.

Puis chacun d'eux régla de minces affaires, se souvint d'avoir contracté quelques dettes, chargea M. de La Griolais de les solder, et les dernières préoccupations de ce monde firent place à la pensée de la mort.

La vieille horloge du Bouffay sonna huit heures...

La porte de la chapelle s'ouvrit :

Les aides du bourreau venaient d'entrer.

## XVII

#### L'EXÉCUTION

Il faisait nuit noire ; la foule se pressait, s'étouffait autour du château, remplissait les rues adjacentes et débordait le long du port Maillard. A partir de l'heure où l'on avait vu les pères carmes se rendre à la citadelle escortés par un exempt, la sinistre nouvelle de la condamnation des gentilshommes se répandit dans toute la ville et souleva une indignation générale. Tandis que la noblesse fermait ses hôtels et fuyait en signe de deuil la cité où devait s'accomplir ce meurtre juridique, le peuple dont les condamnés avaient pris en main les intérêts, le peuple qui connaissait le mobile auquel avaient obéi ceux que l'on tentait de présenter comme des conspirateurs vulgaires, accusait hautement les membres de la chambre royale, ces juges vendus qu'il avait fallu ramasser au hasard et faire présider par un étranger, afin d'envoyer à l'échafaud ceux que les Bretons regardaient comme des martyrs.

Dans la salle basse d'un cabaret du port Maillard, six hommes portant le costume des Léonais parlaient avec animation. Gildas le meunier, le fermier de la Genetaie, Piérik, et quatre gars robustes de la paroisse de Lignol prévoyant que la haine de M. de Montesquiou causerait la perte de M. de Pontcallec et de ses amis, avaient, dès les premiers jours de l'incarcération des gentilshommes, formé le projet de les sauver.

— La population de Nantes nous viendra en aide, disait Gildas. Puisque nous ne pouvons essayer de faire évader ces messieurs pendant le procès, en cas de condamnation, nous saurons bien les arracher à leur escorte.

Une centaine de jeunes gens s'étaient engagés à risquer leur vie pour le salut de Pontcallec, et dès que le bruit de la condamnation se répandit dans la ville Gildas et Piérik prirent leurs dernières dispositions afin que le groupe des Léonais entourât les condamnés, les moines et les soldats, au moment où le cortége paraîtrait sur la place.

— C'est la dernière bataille, dit Gildas ; il s'agit de vaincre ou de mourir.

Les quatre hommes quittèrent le cabaret et gagnèrent le port. Chaque Breton passant près d'eux faisait un signe de la main et murmurait le mot d'ordre : *Argad!* puis lentement, sans tumulte, les Léonais se rapprochaient, formant deux masses distinctes dont l'une obéissait à Piérik, tandis que l'autre suivait les ordres de Gildas. Ces groupes manœuvrèrent si bien qu'au même moment ils débouchèrent de côtés opposés et se trouvèrent près du château.

Mais alors Gildas poussa un cri de rage.

Il s'était attendu à ne trouver que du populaire aux environs de la citadelle, et au lieu de cela il voyait se dresser de chaque côté de la porte du château du Bouffay un mur de piques et de fusils.

Tous les soldats de la garnison s'échelonnaient depuis le château jusqu'à la grande place, sur laquelle les charpentiers achevaient de clouer l'échafaud.

Jamais pour aucun supplice, même pour celui de

Chalais, on n'avait apporté un pareil déploiement de forces ; jamais non plus, depuis le duel fameux du comte de Tournemine et du sire de Beaumanoir, on n'avait vu la ville dans une telle fièvre de curiosité douloureuse.

Tout à coup la porte du château s'ouvrit, et la vive lumière des torches éclaira fantastiquement les moines et les gentilshommes suivis par les bourreaux.

A l'aspect des condamnés, une immense clameur s'éleva sur la place.

— Grâce ! grâce ! cria la foule.

En même temps, Gildas et Piérik crièrent :

— *Argad!*

Alors, la tête baissée, le bâton levé, les Bretons fondirent sur les soldats et tentèrent de se frayer un passage jusqu'aux prisonniers. Mais on avait tout prévu, jusqu'au dévouement suprême des gens de Berné, et au moment où les doubles mots de : « Grâce! » et de *Argad!* appelant l'attention des condamnés faisaient passer dans leurs regards une lueur d'espérance, la voix du greffier s'éleva et commença la lecture de l'arrêt.

A mesure qu'elle s'avançait, les cœurs s'oppressaient davantage, un silence plus lourd pesait sur la foule. L'effroi des grandes, des inévitables calamités pesait sur elle. En même temps aussi s'envolait le suprême espoir des gentilshommes qui, jusqu'à cette heure, et malgré leur résignation, n'avaient pu s'empêcher d'espérer que la Providence interviendrait en leur faveur et qu'une insurrection populaire leur rendrait la liberté.

Les pères carmes comprirent ce qui se passait dans l'âme de leurs pénitents, et d'une voix mêlée de larmes les encouragèrent à la résignation.

— Vous le voyez, mon père, dit M. de Talhouët en répondant à son confesseur, nous nous laissons conduire comme des agneaux à la boucherie.

— Mon fils, répondit le père Nicolas, vous vous rendez de la sorte plus semblable à Jésus-Christ... d'une seule parole, il pouvait renverser et anéantir ses ennemis ; il crut digne de lui de souffrir en silence... Il y a plus de générosité à supporter courageusement le mal qu'à le repousser avec impatience,.. On trouve en cela plus de mérite devant Dieu, plus de véritable gloire devant les hommes...

Le cortége se mit en marche.

M. de Pontcallec marchait le premier ; ensuite venait M. du Couëdic, puis M. de Talhouët ; le dernier était M. de Montlouis.

Au moment où les condamnés descendaient l'escalier du château, des cris de désespoir mêlés d'une explosion de sanglots se firent entendre à la fenêtre d'une maison voisine.

Pontcallec s'arrêta, Montlouis leva la tête.

Un long frémissement de douleur agita le jeune homme ; il venait de reconnaître Génofa. Au même instant tombait à ses pieds un bouquet de bruyères roses liées d'une boucle de cheveux blonds.

— Ma femme ! Génofa ! murmura le jeune marquis.

Le père Pierre releva le bouquet et, plein de cette tendre compassion que la charité développe dans les âmes, il le plaça dans les mains liées de Pontcallec.

Montlouis venait de reconnaître sa compagne dévouée.

Il échangea avec elle un suprême regard.

— Adieu, madame, dit-il, adieu !

La douleur de ces deux créatures innocentes, la pensée que ces hommes, qui allaient mourir dans toute leur force, laissaient derrière eux des orphelins et des veuves, excita de nouveau la compassion de la foule... Elle repoussait la justice sanguinaire et vendue, elle demandait miséricorde, elle se pressait haletante, repoussant les soldats et tentant de se frayer un passage. Tout concourait à faire de cette scène un tableau si plein d'horreur que l'histoire en présente peu de semblables. Un vent violent fouettait les torches, dont les lueurs intermittentes frappaient de tons fulgurants les groupes sinistres, qu'enveloppait un moment plus tard une obscurité complète. Les fusils étincelaient, les épées brillaient comme des éclairs, puis une ombre opaque enveloppait la foule terrifiée qui ne distinguait plus rien au milieu de la triple haie des soldats. Dès que leurs visages réapparaissaient dans la clarté sanglante, le peuple recommençait ses cris en faveur de ceux qui allaient mourir.

— On plaint votre sort, monsieur, dit le père Nicolas à M. de Talhouët; on ne plaignait pas celui du fils de Dieu.

Le chemin se poursuivait lentement ; les condamnés priaient à voix basse, ou, tournés vers leurs confesseurs, ils écoutaient leurs exhortations.

Enfin la vaste place du Bouffay se trouva en vue.

— C'est ici? demanda Pontcallec.

— Voilà votre calvaire, répondit le moine.

Ce fourmillement de soldats, cette armée debout pour assurer la mort de quatre hommes prouvait encore plus la crainte et la haine des juges que ne l'avait fait la façon expéditive dont le jugement avait été rendu. Ils sentaient bien que le peuple cassait leur sentence. Et ce n'était pas trop de toute la garnison de la ville pour protéger ces bourreaux.

— Les anges vous regardent! dit un des pères.

Tandis que les condamnés se rangeaient près de l'échafaud, le greffier, à cheval, dominant la multitude, lut pour la seconde fois l'arrêt qui condamnait MM. de Pontcallec, de Montlouis, Talhouët et du Couëdic à la peine de mort.

Cette fois, ce ne furent plus des sanglots qui éclatèrent, mais des malédictions. La foule lançait tour à tour ses anathèmes sur le régent et sur la cour prévôtale. Une dernière fois elle s'agita frémissante, indignée; une dernière fois aussi, suprême illusion traversant l'âme pacifiée! les condamnés crurent que le peuple se levait pour leur délivrance.

Puis le mouvement s'apaisa, le silence se fit, silence funèbre; troublé seulement par les ordres échangés entre les exécuteurs, les prières récitées à haute voix par les victimes, et les exhortations pieuses des moines s'efforçant de distraire les malheureux du sentiment du présent, pour leur montrer par avance le ciel prêt à les recevoir.

Alors, comprenant que la pitié serait stérile, que la justice resterait implacable, la foule s'agenouilla sur le pavé.

L'échafaud, drapé de noir, étalait sa large plate-forme. Il ne s'agissait pas seulement de ménager une place exiguë pour la potence et pour l'exécuteur. Trois bourreaux ne semblaient pas trop, sans compter les aides et le moine qui, tremblant à la pensée de voir mourir, devait conserver toute sa présence d'esprit, afin de diminuer aux yeux des condamnés l'épouvante du supplice et de leur laisser voir seulement le ciel qui en deviendrait le prix.

A mesure que le greffier lisait la sentence à haute voix, le maître des hautes-œuvres la répétait lentement sur l'échafaud.

Rien de plus sinistre que cet écho allant du dernier mandataire de la justice à celui qui en portait le glaive sanglant. Le dernier son expiré était le signal de la mort.

Le marquis de Pontcallec se trouvait à côté du cheval de l'exempt, un peu à l'écart de MM. de Montlouis, du Couëdic et de Talhouët. Par un dernier sentiment de compassion, on avait adossé les condamnés à l'échafaud, de telle sorte qu'ils se voyaient seulement de côté. Les pères carmes étouffaient avec peine leurs sanglots. La résignation des condamnés excitait la pitié et l'admiration de tous.

L'heure suprême était arrivée; sur la plate-forme de l'échafaud, le bourreau et ses aides attendaient. Les gentilshommes se firent de touchants adieux et se donnèrent le baiser de paix. Ils ne purent joindre leurs mains enchaînées, mais ils échangèrent des paroles de céleste espérance, répétant qu'ils mouraient sans haine contre ceux qui les avaient trahis et condamnés.

L'exécuteur gravit les premières marches de l'échafaud, suivi par M. de Montlouis qu'accompagnait son confesseur.

Alors commença un sublime dialogue entre les condamnés et les pères carmes. Au moment où M. de Montlouis s'agenouillait le révérend père Nicolas commença à haute voix :

— *Sancta Maria, Mater Dei.*

Et MM. du Couëdic et de Talhouët répondirent :

— *Ora pro nobis...*

Ce dernier avait à peine fini cette prière qu'il récita avec une piété angélique le *Salve regina*, en regardant tantôt le ciel, tantôt son confesseur.

L'exécuteur souleva son glaive à deux mains et le laissa pesamment retomber; celui des aides qui se tenait en face du billot attira brusquement par les cheveux la tête du supplicié, tandis qu'un troisième aide repoussait sur le plancher teint de sang le corps de M. de Montlouis agité par les suprêmes soubresauts de la mort.

— Messieurs! messieurs! cria le religieux, qui tremblant d'effroi avait assisté au supplice de son pénitent, un de vos frères est au ciel, mourez dans les mêmes sentiments de ferveur et d'amour. Le temps des douleurs est passé pour lui, il jouit déjà de la gloire de Dieu.

Un des aides s'approcha de M. de Talhouët.

— Montez, monseigneur, lui dit-il.

Le gentilhomme leva les yeux vers le ciel afin d'offrir

son sacrifice. Quand l'exécuteur lui eut délié les bras, il ôta paisiblement son habit, puis sa veste. Une fois seulement on le vit frémir, ce fut quand le bourreau déchira sur la poitrine la chemise de batiste, afin qu'il lui fût possible de la renverser davantage sur les épaules.

Cette lutte suprême de l'orgueil et de la chair s'apaisa sous l'influence de la parole éloquente du père Nicolas. Mais alors l'effroi du jugement, l'épouvante ressentie par tout chrétien sur le point de paraître devant son Juge, s'empara de l'âme du condamné qui cria à la foule d'une voix lamentable :

— Priez pour moi ! priez pour moi !

— Nous prierons ! répondit la foule agenouillée.

M. de Talhouët commença à monter l'escalier.

Ses yeux rencontrèrent le cadavre de son ami ; mais il continua d'avancer en recommandant son âme à Dieu.

Le père carme, afin de raffermir jusqu'à la fin le cher pénitent auquel il prodiguait ses consolations, se plaça en face de lui.

— Jésus ! soyez-moi Jésus ! dit M. de Talhouët.

Le glaive du bourreau traça un rapide éclair, s'abattit, et la chape du père Nicolas se trouva inondée du sang du supplicié.

Éperdu, le religieux descendit en courant vers MM. de Pontcallec et de Couëdic.

— La belle mort ! dit-il ; combien je suis édifié ; je n'en vis jamais de plus chrétienne.

— Mon père, répondit M. de Pontcallec, nous sommes tous trois d'honnêtes gens ; mais M. de Talhouët était le meilleur d'entre nous.

— Eh bien ! répliqua le père Nicolas, imitez sa générosité... Votre heure est venue, les anges vous attendent !

Cependant ce fut M. du Couëdic qui succéda au pieux

Talhouët sur la sinistre plate-forme. Il répéta les noms de Jésus et de Marie avec une grande piété.

M. de Pontcallec se tourna vers le greffier.

— Monsieur, lui dit-il, vous avez quelque argent à moi ; je souhaite qu'il soit employé à faire dire des messes.

— Je vous obéirai, monsieur le marquis, dit le greffier en saluant.

— Mes pères, reprit M. de Pontcallec, je pardonne à ceux qui m'ont trahi, jugé, condamné. Je meurs en paix avec les autres comme avec moi-même.

Une seconde après, le marquis montait sur l'échafaud.

Alors il tira de son doigt une bague de prix, et la tendant au maître des hautes-œuvres il lui dit avec douceur :

— Gardez-la en souvenir de moi, et apprenez-moi votre nom...

— Je m'appelle *La Mer*, répondit le bourreau.

Pontcallec tressaillit ; il se souvenait de la prophétie de la Korigane qui lui avait dit dans la cabane de la grande lande : « Tu mourras par la mer. »

Par une superstition qu'excuse sa jeunesse, la parole de la vieille Anaïk l'avait troublé à ce point que, la prenant à la lettre, il refusa de s'embarquer et de gagner l'Espagne dans la barque du pêcheur de Locmariaker.

Une quatrième fois, le glaive s'abattit...

On venait d'assassiner la Bretagne tout entière en mettant à mort ses défenseurs.

La foule restait agenouillée, morne, sanglotante ; quand fut passé son premier mouvement de stupeur, elle se leva, la colère dans les yeux, la lèvre frémissante ; elle sentait bien qu'elle ne pardonnerait jamais ce meurtre consommé dans la nuit comme un abominable crime ; elle se rua dans les rues qu'habitaient les membres de la cour prévôtale, en poussant des cris de haine et de malédiction.

Pendant ce temps, une jeune fille vêtue de blanc s'avançait sur la place d'un pas rigide ; derrière elle marchait un vieillard aux cheveux blancs. C'étaient le comte de Kerglas et Génofa.

Celle-ci s'agenouilla sur le pavé, trempa dans ce sang son mouchoir de batiste, puis l'appuya sur ses lèvres, et, toujours sans parler, refusant du geste l'aide du vieillard qui la suivait à demi fou de désespoir, elle prit le chemin de la chapelle des Carmes.

Les quatre pères s'y étaient réunis, afin de prier pour les malheureux dont ils avaient consolé les derniers instants. Le roulement sourd d'un chariot les avertit qu'ils devaient remplir un suprême devoir. En effet, un moment après, les exécuteurs déposaient sur le pavé de la chapelle quatre corps sanglants dont se rapprochaient les têtes mutilées...

En même temps arrivait un ordre de M. de Châteauneuf d'avoir la nuit même à procéder à l'enterrement des suppliciés, « sans aucun son de cloches ni chant d'église ».

Le père Fortunat, sous-prieur du couvent, dut promettre également de dire le lendemain la grand'messe avec les ornements blancs.

Génofa voulut ensevelir de ses mains le corps de son jeune époux ; elle ne pleurait plus, elle restait muette, absorbée dans un horrible désespoir. Quand les prières de l'Église eurent été récitées à voix basse sur les cadavres, les moines procédèrent à leur enterrement : le marquis de Pontcallec fut placé le premier, devant l'autel, du côté de l'évangile, vis-à-vis l'autel de Sainte-Anne ; à côté de lui on mit M. de Talhouët-Le-Moyne ; M. de Montlouis reposa près de l'autel Saint-Joseph, M. du Couëdic vis-à-vis de la porte du chœur. Chacune des fosses se trouvait de la sorte séparée par un espace de quelques pieds, et marquée par un carreau de faïence.

La haine de M. de Châteauneuf ne se trouvant point

assez satisfaite, il envoya M. de La Griolais chez les Carmes afin de leur répéter qu'il fallait prendre le lendemain des ornements blancs.

— Nous sommes en Carême, répondit le révérend père Fortunat, et les ornements violets nous sont seuls permis.

— Soit! répondit le grand-prévôt; ce que M. de Châteauneuf interdit, c'est le deuil... Il défend également que la grand'messe soit célébrée pour le repos de leurs âmes... Quant aux messes basses, il les tolérera...

L'échafaud, le glaive ne semblaient pas suffisants au *président savoyard;* sa haine poursuivait au delà de la mort les quatre victimes mortes en lui pardonnant; il défendait que les « cloches baptisées », selon la belle expression bretonne, conviassent les fidèles à prier pour les martyrs de la cause nationale.

On avait recommencé à Paris les fêtes de l'Arsenal; le « beau grenier de Sceaux » recevait encore les mécontents du Palais-Royal, on y lisait encore les odes de Lagrange-Chancel; mais il fallait défendre la prière et les chants de l'Église pour les victimes de la politique artificieuse de M<sup>me</sup> du Maine.

Mais qu'importait la défense de M. Châteauneuf? Ce fut la Bretagne tout entière qui porta le deuil de MM. de Pontcallec, du Couëdic, de Talhouët et de Montlouis.

Peu de temps après ce lugubre drame, le révérend père Nicolas, fidèle à la promesse faite à son pénitent d'informer M<sup>me</sup> de Talhouët de tout ce qui s'était passé le mardi de la semaine sainte de 1720, lui envoya la *Relation fidèle* à laquelle nous avons emprunté tous les détails de cette nuit de sang, de larmes et de deuil.

La réponse de la jeune veuve au père carme est empreinte d'un sentiment de douleur si vrai, d'une foi chrétienne si admirable, que cette page intime, d'une éloquence désolée, semble indispensable pour compléter l'étude du caractère des hommes qui peut-être se trompaient dans le but proposé, mais dont la conscience resta pure de toute faute :

« Mon cher époux n'est donc plus, mon très-révérend père, et j'ai été privée de recevoir ses derniers soupirs !... Oh ! mon père, que ce calice est rude et amer pour moi, et que mon cœur en est pénétré ! Je perds le plus aimable et le meilleur époux qui ait jamais été, et cela par ma faute. Je fus trompée, trompée, mon cher père, par des officiers qui le furent eux-mêmes, et je fus assez malheureuse que de le porter à s'aller rendre entre leurs mains, sur la parole qu'ils m'avaient donnée que c'était un sûr moyen pour obtenir sa grâce. Il suivit aveuglément tous mes désirs, et, par malheur, le plus insupportable pour moi, c'est son amour et le mien qui nous a perdus ! Quels étaient ses sentiments à cet égard, ô mon très-cher père ? Que vous a-t-il dit des quatre pauvres orphelins qu'il m'a laissés avec un bien qui ne va pas à deux cents livres, pas même à cent livres de rente ? Mandez-moi, je vous prie, par la sainte passion de notre Sauveur, tous ses sentiments et tout ce qu'il vous a dit à mon sujet. Que j'appréhende qu'il m'ait fait quelque injustice pour le malheureux avis que je lui ai donné ! Je vous prie, mon cher père, puisque vous êtes celui de mon cher époux, mandez-moi tout ce qu'il vous a dit de moi et de nos très-chers enfants ; dites-moi encore si vous êtes persuadé que son âme généreuse et noble ait trouvé grâce auprès de Dieu. Mon amour et mon cœur sont avec lui, mon père, et ce sera la dernière mort qui me donnera de l'attache à Dieu.

« Quel spectacle, mon très-cher père, d'une femme qui n'a pas encore vingt-quatre ans ! La voir perdre son cher époux qu'elle aimait d'une passion qui tenait de l'idolâtrie, de le voir périr innocent d'un crime imputé, et périr d'une main si criminelle et si barbare, et me laisser quatre petits enfants, dont l'aîné a cinq ans ! Voilà l'état pitoyable où je suis réduite moi-même ! Heureuse, hélas ! s'il ne m'avait jamais connue ! Encore une fois, mon père, que vous a-t-il dit, et croyez-vous pouvoir m'assurer qu'il soit devant le Seigneur ? Que n'ai-je été assez heureuse pour mourir le même jour, et de la même mort que lui ! Si vous voulez suivre mon avis, vous emploierez l'argent qu'il a donné à dire des messes ; je crois que son âme sera plus soulagée que si vous faisiez plusieurs services. Ne pouvez-vous point, ô mon père, m'obtenir du Seigneur de voir et de parler à mon cher Talhouët ? O mon père, si la compassion a quelque place dans votre cœur, obtenez-moi cette grâce, et veuillez vous souvenir dans toutes vos prières de la plus malheureuse et de la plus désolée femme qu'il fût au monde. Je recevrai de vous avec joie la consolation que vous voudrez bien me donner ; vous m'êtes cher, puisque vous reçûtes les derniers soupirs de mon cher époux.

« DE TALHOUET-LE-MOYNE. »

Cette page si chrétienne et si touchante n'éclaire-t-elle pas, ainsi que toutes les recherches de l'histoire, sur le caractère et les vertus de M. de Talhouët et de ses amis ?

## XVIII

### LA BALLADE DE GILDAS

A l'hiver succédait le printemps, un printemps radieux, faisant éclore les primevères le long des fossés, étoilant l'aubépine de ses fleurs teintées de rose, cachant les violettes sous les touffes d'herbes, mettant un bouquet de feuilles vertes à la place des bourgeons gommeux, et courbant tour à tour la cime des arbres et le brin d'herbe au souffle d'une brise caressante, embaumée par les aromes des forêts et des prés.

Et cependant le printemps de l'année 1720 semblait lugubre aux habitants de la Bretagne; dans les châteaux, la noblesse portait le deuil; dans les chaumières, un lambeau d'étoffe noire couvrait le sommet des ruches d'abeilles, et les ailes des moulins à vent indiquaient dans chaque paroisse la sombre douleur à laquelle le pays tout entier restait en proie.

On ne voyait plus de dragons rouges dans la campagne; après le sinistre drame de Nantes et l'exécution en effigie de cent cinquante gentilshommes condamnés par contumace, le calme semblait renaître; mais ce prétendu calme restait au fond une écrasante stupeur. Comment dans le pays de Berné, de Bice, de Lignol, aurait-on pu oublier, puis retrouver la joie, quand chaque jour, chaque heure rappelait le souvenir du marquis de Pontcallec? Le château de Porte-Neuve s'écroulait pierre à pierre sous le pic des démolisseurs; ne fallait-il point, d'après la teneur du jugement, que l'on pût semer du sel sur l'emplacement occupé jadis par les fortes murailles, les hautes tourelles, les salles immenses dans lesquelles bruissaient les armures? Tandis que les murs croulaient dans les fossés qu'ils devaient combler, la hache des bûcherons coupait les grands arbres; la forêt à son tour allait disparaître; les grands bois sombres tombaient, comme la tête du maître avait roulé sous le glaive de la justice.

Vers la chute du jour, quand le labeur achevé leur laissait quelques instants de repos, il n'était pas rare de voir arriver, des fermes, des maisons, des cabanes avoisinantes, des hommes graves et muets, des femmes tirant en silence le lin ou le chanvre qui chargeait leur quenouille.

Tous se rangeaient sur les bords de l'étang, et, sans parler, suivaient d'un regard morne la démolition du château et l'abatage d'un grand bois.

Alors les mendiants traînant pesamment leurs infirmités et leur vieillesse pensaient :

— Où trouverons-nous du pain, si l'on détruit les châteaux des nobles et si l'on fauche les jeunes têtes dans les grandes familles de Bretagne?

Nul n'insultait les bûcherons et les démolisseurs, mais les portes se fermaient devant eux, comme elles se fussent closes devant les aides du bourreau. C'étaient des gens étrangers, appelés de loin pour accomplir cette besogne. Ils sentaient avec une sorte de honte la réprobation dont ils étaient l'objet; mais leur pain dépendait de leur labeur, et ils poursuivaient leur tâche. Un jour elle s'acheva sur l'emplacement du manoir de Pontcallec; il ne resta plus que trois ou quatre gargouilles gigantesques couchées dans l'herbe comme des animaux antédiluviens.

Les mufles des lions gardaient une expression farouche ; les ailes des dragons palpitaient sous les rayons du soleil ; les salamandres tendaient le cou, tandis que des sapajous monstrueux répétaient d'étranges grimaces dont paraissaient s'effrayer des nains grotesques. En face de cet emplacement vide, la forêt déshonorée présentait à hauteur d'homme les troncs saignants des chênes séculaires, et des nuées d'oiseaux dépossédés de leurs nids et de leur dôme verdoyant passaient en poussant des cris de détresse au-dessus de l'étang réfléchissant un ciel brumeux dans ses eaux transparentes. Le soir l'aspect de ce lieu changeait complétement d'aspect. Les tronçons des grands arbres semblaient autant de fantômes, et les débris de sculpture paraissaient subitement reprendre vie. Il n'était pas rare alors de voir s'avancer lentement des hommes, des femmes, des enfants accomplissant aux ruines de Pontcallec une sorte de pèlerinage. Dès qu'ils se trouvaient en nombre, le plus âgé faisait le signe de la croix ; la foule se prosternait dans l'herbe, et toutes les lèvres murmuraient les prières des morts.

On était sûr de rencontrer chaque soir le comte de Kerglas et sa fille sur les bords de l'étang.

La jeune veuve avait gardé ses vêtements blancs ; elle portait son deuil comme le faisaient jadis les reines de France ; et rien n'était plus attendrissant que de voir cette virginale parure mêlée à l'expression d'une inconsolable douleur. Un voile cachait les cheveux blonds de Génofa, et sur sa poitrine brillait un crucifix d'argent. Elle ne ressemblait plus à une jeune druidesse des Gaules, mais à une fille du Seigneur vouée au service des souffrants et des pauvres.

Tout le jour, tandis que le comte de Kerglas conduisait *Arthus* et *Merlin* au labour, Génofa parcourait la campagne, entrant dans les chaumières, distribuant des secours ;

prodiguant ses consolations et demandant en retour des prières pour l'âme du marquis de Pontcallec. Elle ne se plaignait jamais, elle ne versait même pas de larmes; la sérénité de l'espérance reposait sur son beau front pâle. De temps en temps elle se rendait au moulin de Gildas et s'enfermait avec Épine-Blanche, la seule créature avec laquelle la jeune femme laissât parler ses regrets. Elle savait bien que son père l'écouterait avec bonté, mais elle devinait que Spern-Gwen la comprenait davantage. Sans que l'humble fille l'avouât, elle avait souffert dans le mystère de son cœur; et Génofa ne l'ignorait point, Épine-Blanche pleurait souvent.

Quand le gentilhomme laboureur revenait des champs, il soupait presque sans parler, puis, attirant Génofa sur sa poitrine, il l'embrassait avec une tendresse mêlée d'angoisse, et la soutenant, car elle devenait de plus en plus pâle et faible, il la conduisait sur les berges de l'étang.

Un soir elle y arriva plus tard que d'ordinaire ; la prière des morts s'achevait, et lentement se relevaient les travailleurs et les femmes, très-nombreuses ce jour-là. Nul ne paraissait disposé à s'éloigner. Quelques hommes, parmi lesquels se trouvaient Lorantz le marchand de toile, Thomas, Porzou le *pillawer*, Arfol le joueur de biniou, tous les amis qui se rendaient chez Gildas au temps où l'on gardait encore le courage de chanter des *guerz* et des *sories* et d'improviser des chants assez beaux pour rappeler les bardits de nos ancêtres. Fermiers, marchands, mendiants, appuyés sur leurs *pen-bas*, tenaient leurs regards fixés sur le meunier de Bice, et Tiphène l'aïeule, assise sur l'une des gargouilles étendues sur l'herbe, gardait appuyé sur son épaule le front décoloré d'Épine-Blanche. Une émotion nouvelle remplaçait sur tous ces visages l'expression recueillie de la prière. On devinait, à l'aspect de cette foule, qu'elle attendait un événement grave.

M^{lle} de Kerglas rejoignit Spern-Gwen, et le vieux comte s'approcha de Lorantz.

— Qu'attendez-vous? lui demanda-t-il.

— Gildas a composé un chant nouveau, répondit le marchand de toile ; nous restons ici pour l'écouter et pour l'apprendre.

En ce moment, Arfol tira de son biniou un son d'une poignante mélancolie, et la première phrase de la mélodie se fondit dans un sanglot.

Gildas, qui se tenait en arrière d'Arfol et paraissait sous le coup d'une émotion d'autant plus violente qu'il la concentrait davantage, s'avança de deux pas.

La lune inonda d'un éclat magique le visage de l'ancien *cloarek* qui commença d'une voix grave :

« Un chant nouveau a été composé ; il a été fait sur le marquis de Pontcallec.

« Toi qui l'as trahi, sois maudit! sois maudit! Toi qui l'as trahi, sois maudit! »

« Sur le jeune marquis de Pontcallec si beau, si gai, si plein de cœur!

« Toi qui l'as trahi, sois maudit! »

La foule frémissante poussa un cri renfermant l'expression de son mépris et de sa haine, et l'on entendit comme une clameur :

— *Traïtour ah! malloz d'id!*

Au même instant un voyageur, attiré par la curiosité, s'approcha des groupes, en ayant soin de rabattre sur son visage les larges bords de son chapeau de paille. Dès qu'il reconnut dans l'assemblée le meunier de Bice, le comte de Kerglas, Génofa et Spern-Gwen, il tressaillit de la tête aux pieds et parut sur le point de s'enfuir ; mais on eût dit qu'une volonté toute-puissante le clouait au sol et rivait ses yeux sur la pâle veuve de Pontcallec.

Le *cloarek* poursuivit :

« Il aimait les Bretons, car il était né d'eux ;

« Car il était né d'eux et avait été élevé au milieu d'eux.

« Il aimait les Bretons, mais non pas les bourgeois ;

« Mais non pas les bourgeois, qui sont tous du parti français ;

« Qui sont toujours cherchant à nuire à ceux qui n'ont ni biens ni rentes ;

« A ceux qui n'ont que la peine de leurs deux bras, jour et nuit, pour nourrir leurs mères.

« Il avait formé le projet de nous décharger de notre faix ;

« Grand sujet de dépit pour les bourgeois qui cherchaient l'occasion de le faire décapiter.

« — Seigneur marquis, cachez-vous vite : cette occasion, ils l'ont trouvée ! »

« Voilà longtemps qu'il est perdu ; on a beau le chercher, on ne le trouve pas.

« Un gueux de la ville qui mendiait son pain est celui qui l'a dénoncé.

« Un paysan ne l'eût pas trahi, quand on lui eût offert cinq cents écus. »

En entendant ces paroles de la complainte, le mendiant, qui avait paru surpris d'abord, puis terrifié à l'aspect de la foule au milieu de laquelle il reconnaissait Génofa et le comte de Kerglas, posa ses mains sur ses oreilles comme s'il ne pouvait en écouter davantage ; mais il lui sembla tout à coup que le regard de Gildas arrivait jusqu'à lui, et qu'une puissance surhumaine le condamnait à écouter la ballade dont les couplets le secouaient comme un fiévreux. Ses bras tombèrent le long de son corps, et le meunier continua :

« C'était la fête de Notre-Dame-des-Moissons, jour pour jour ; les dragons étaient en campagne.

« — Dites-moi, dragons, n'êtes-vous pas en quête du marquis ?

« — Nous sommes en quête du marquis : sais-tu comment il est vêtu ?

« — Il est vêtu à la mode de la campagne ; surtout bleu orné de broderies.

« Soubreveste bleue et pourpoint blanc ; guêtres de cuir et braies de toile.

« Petit chapeau de paille tissu de fils rouges ; sur ses épaules, de longs cheveux noirs ;

« Ceinture de cuir avec deux pistolets espagnols à deux coups.

« Ses habits sont de grosse étoffe, mais dessous il y en a de dorés.

« Si vous voulez me donner trois écus, je vous le ferai trouver.

« — Nous ne te donnerons pas même trois sous ; des coups de sabre, c'est différent ; nous ne te donnerons pas même trois sous, et tu nous feras trouver Pontcallec.

« — Chers dragons, au nom de Dieu ! ne me faites point de mal ;

« Ne me faites point de mal, je vais vous mettre tout de suite sur les traces.

« Il est là dans la salle du presbytère, à table avec le recteur de Lignol. »

Un gémissement s'échappa des lèvres du mendiant ; il chancela et tomba sur ses genoux, mordant ses poings afin d'étouffer les cris montant de sa poitrine à sa gorge. Nul ne le voyait, nul ne le distinguait dans cette foule en proie à une émotion dont rien ne saurait donner l'idée. Le drame raconté par la complainte de Gildas vivait dans toutes les mémoires, saignait dans toutes les âmes. Jamais poëte n'obtint un plus poignant succès que le meunier de Scorff, tandis que sa voix timbrée, soutenue par la basse douloureuse du biniou d'Arfol, chantait les couplets de la ballade nouvelle. Génofa s'était levée ; appuyée sur l'épaule de Spern-Gwen, elle paraissait aspirer les paroles du *cloarek* ; au souvenir de l'arrestation de celui qui, une heure auparavant, lui avait été donné pour époux par le curé de Lignol, deux larmes roulèrent sur ses joues...

Gildas, qui avait repris haleine pendant qu'Arfol jouait plusieurs mesures changeant le rhythme de la complainte, poursuivit en donnant à sa voix l'accent de l'épouvante :

« — Seigneur marquis, fuyez ! fuyez ! voici les dragons qui arrivent !

« Voici les dragons qui arrivent : armures brillantes, habits rouges.

« — Je ne puis croire qu'un dragon ose porter la main sur moi.

« Je ne puis croire que l'usage soit venu que les dragons portent la main sur les marquis ! »

« Il n'avait pas fini de parler qu'ils avaient envahi la salle.

« Et lui de saisir ses pistolets :

« — Si quelqu'un s'approche, je tire ! »

« Voyant cela, le vieux recteur se jeta aux genoux du marquis :

« — Au nom de Dieu notre Sauveur, ne tirez pas, mon cher seigneur !

« Au nom de notre Sauveur qui a souffert patiemment ! »

« A ce nom de notre Sauveur, ses larmes coulèrent malgré lui ;

« Contre sa poitrine ses dents claquèrent ; mais se redressant, il s'écria : — Partons !

« Comme il traversait la paroisse de Lignol, les pauvres paysans disaient :

« Ils disaient, les habitants de Lignol : — C'est grand péché de garrotter le marquis !

« Comme il passait près de Berné, arriva une bande d'enfants :

« — Bonjour, bonjour, monsieur le marquis : nous allons au bourg, au catéchisme.

« — Adieu, mes bons petits enfants, je ne vous verrai plus jamais !

« — Et où allez-vous donc, seigneur ? Est-ce que vous ne reviendrez pas bientôt ?

« — Je n'en sais rien, Dieu seul le sait : pauvres petits, je suis en danger. »

« Il eût voulu les caresser, mais ses mains étaient enchaînées.

« Dur eût été le cœur qui ne se fût pas ému ; les dragons eux-mêmes pleuraient ;

« Et cependant les gens de guerre ont des cœurs durs dans leurs poitrines.

« Quand il arriva à Nantes, il fut jugé et condamné ;

« Condamné, non par des pairs, mais par des gens tombés de derrière les carrosses.

« Ils demandèrent à Pontcallec : — « Seigneur marquis, qu'avez-vous fait?

« — J'ai fait mon devoir, faites votre métier ! »

Un frisson de terreur parcourut l'assemblée, en même temps que la brève et fière réponse de Pontcallec réveillait la mémoire de cet héroïque jeune homme tombé martyr de son dévouement à la cause des pauvres Bretons. Les gens du pays qui se trouvaient sur la place du Bouffay, le soir de l'exécution, virent passer devant leurs yeux la scène horrible et fantastique qui se déroula dans les murs de Nantes : le grand échafaud drapé de noir, sur lequel se groupaient les bourreaux et les aides, le confesseur et le condamné, puis les cadavres s'amoncelant, le sang ruisselant sur la place. Ils entendirent les cris de pitié de la foule, les prières latines des Carmes auxquelles répondaient les gentilshommes, et de toutes les poitrines gonflées s'échappa un long gémissement.

Le biniou d'Arfol se taisait, et Gildas acheva d'une voix lente et brisée :

« Le premier dimanche de Pâques de cette année, un message est arrivé à Berné.

« — Bonne santé à vous tous en ce bourg ; où est le recteur, par ici?

« — Il est à dire la grand'messe, voilà qu'il va commencer le prône. »

« Comme il montait en chaire, on lui remit une lettre dans son livre ;

« Il ne pouvait la lire, tant ses yeux se remplissaient de larmes.

« — Qu'est-il arrivé de nouveau, que le recteur pleure ainsi ?

« — Je pleure, mes enfants, pour une chose qui vous fera pleurer vous-mêmes ;

« Il est mort, chers pauvres, celui qui vous nourrissait, qui vous vêtissait, qui vous soutenait ;

« Il est mort, celui qui vous aimait, habitants de Berné, comme je vous aime.

« Il est mort, celui qui aimait son pays, et qui l'a aimé jusqu'à mourir pour lui ;

« Il est mort à vingt-deux ans, comme meurent les martyrs et les saints.

« Mon Dieu, ayez pitié de son âme ! le Seigneur est mort ! Ma voix meurt... »

Gildas prononça confusément cette dernière parole ; les larmes le suffoquaient.

Tout à coup l'indignation s'empara de nouveau du poëte, et ce fut avec un accent terrible qu'il répéta :

« Toi qui l'as trahi, sois maudit ! sois maudit ! Toi qui l'as trahi, sois maudit ! »

Le mendiant se roula sur le sol, en proie à une convulsion désespérée, puis, comme s'il attendait et souhaitait le châtiment de son crime, il fendit la masse des curieux, s'élança au milieu de l'espace vide laissé entre les paysans et Gildas, et, rejetant en arrière le chapeau que jusqu'alors il gardait baissé sur son visage, il laissa voir les traits convulsés de Torcol.

— *Traitour ! traitour !* crièrent les paysans en marchant vers lui.

— *Malloz d'id !* répétèrent Gildas, Lorantz et ses amis.

Tous les *pen-bas* se levèrent sur la tête grise du gueux de Quimper.

Sans doute le remords de son crime le terrassait assez pour qu'il souhaitât que la mort vînt abréger son supplice ; car au lieu de fuir il croisa les bras et parut attendre le châtiment.

Mais soudain Génofa se leva, et se plaçant devant le misérable :

— Au nom du martyr, dit-elle, ne touchez pas à cet homme !

Ce mouvement fut si prompt et si sublime que pas un n'osa enfreindre la défense de la fille du comte de Kerglas. N'était-elle pas juge dans cette cause sacrée ?

Si la veuve pardonnait, qui donc gardait le droit de punir ?

D'un geste, Génofa fit signe à la foule de se reculer et de faire place à Torcol.

Celui-ci, écrasé par la générosité de la veuve de Pontcallec, ne songea pas même à lui rendre grâce : peut-être pensait-il qu'en lui laissant la vie, elle le condamnait à un plus long supplice ; la tête baissée, le regard terne, la bouche contractée, chancelant comme un homme ivre, il s'avança dans l'espace resté libre, et au delà duquel, séparés sur deux lignes, se tenaient les laboureurs et les paysans.

Mais si les hommes gardaient inutiles leurs *pen-bas* et consentaient à renoncer à leur vengeance, ils voulurent du moins lancer pour la dernière fois la « malédiction rouge » sur le misérable qui avait livré leur bienfaiteur aux dragons des Cévennes, et tous ensemble hurlèrent d'une voix tonnante :

— Sois maudit ! maudit ! maudit !

En entendant cette imprécation formidable, Torcol leva sur la foule son regard livide, roula des yeux égarés par la folie, et s'abattant sur le sol comme si la foudre l'eût frappé il heurta du front contre une gargouille dont le mufle de granit ruissela de sang.

Porzou s'avança pour relever le misérable; Torcol ne donnait plus signe de vie; au moment où la miséricorde chrétienne de Génofa le couvrait de sa protection, le Dieu de toute justice le frappait à l'endroit même où M<sup>me</sup> d'Égoulas solda le prix de sa trahison.

FIN

# TABLE DES MATIÈRES

| | | |
|---|---|---|
| I. | Les gabelous. | 1 |
| II. | Le marquis de Pontcallec. | 18 |
| III. | Gildas le meunier. | 38 |
| IV. | La voix des opprimés. | 64 |
| V. | Le gentilhomme de la charrue. | 79 |
| VI. | Où la vipère commence à siffler. | 99 |
| VII. | Incidents de voyage. | 116 |
| VIII. | La volière de Sceaux. | 130 |
| IX. | Le carrosse du régent. | 154 |
| X. | Deux femmes. | 167 |
| XI. | L'espionne. | 182 |
| XII. | Un piége. | 200 |
| XIII. | Le feu et le sang. | 216 |
| XIV. | Le proscrit. | 227 |
| XV. | Le gueux de Quimper. | 240 |
| XVI. | La chapelle. | 253 |
| XVII. | L'exécution. | 267 |
| XVIII. | La ballade de Gildas. | 280 |

FIN DE LA TABLE DES MATIÈRES

SCEAUX. — Imp. M. et P.-E. Charaire.